12

山本順一
[監修]

図書・図書館史

図書館発展の来し方から見えてくるもの

三浦太郎
[編著]

ミネルヴァ書房

「講座・図書館情報学」刊行によせて

　（現生）人類が地球上に登場してからおよそ20万年が経過し、高度な知能を発達させたヒトは70億を数えるまで増加し、地球という惑星を完全に征服したかのような観があります。しかし、その人類社会の成熟は従来想像もできないような利便性と効率性を実現したものの、必ずしも内に含む矛盾を解消し、個々の構成員にとって安らかな生活と納得のいく人生を実現する方向に向かっているとはいえないようです。科学技術の格段の進歩発展の一方で、古代ギリシア、ローマと比較しても、人と社会を対象とする人文社会科学の守備範囲は拡大しこそすれ、狭まっているようには思えません。

　考古学は紀元前4000年代のメソポタミアにすでに図書館が設置されていたことを教えてくれました。図書館の使命は、それまでの人類の歴史社会が生み出したすべての知識と学問を集積するところにありますが、それは広く活用され、幸福な社会の実現に役立ってこそ意味があります。時代の進歩に見合った図書館の制度化と知識情報の利用拡大についての研究は図書館情報学という社会科学に属する学問分野の任務とするところです。

　1990年代以降、インターネットが急速に普及し、人類社会は高度情報通信ネットワーク社会という新しい段階に突入いたしました。4世紀あたりから知識情報を化体してきた書籍というメディアは、デジタルコンテンツに変貌しようとしております。図書館の果たしてきた役割はデジタル・ライブラリーという機能と人的交流と思考の空間に展開しようとしています。本講座では、サイバースペースを編入した情報空間を射程に収め、このような新たに生成しつつある図書館の機能変化と情報の生産・流通・蓄積・利用のライフサイクルについて検討・考察を加えます。そしてその成果をできるだけ明快に整理し、この分野に関心をもつ市民、学生に知識とスキルを提供しようとするものです。本講座を通じて、図書館のあり方とその未来について理解を深めて頂けたらと思います。

　　2013年3月

　　　　　　　　　　　　　　　　　　　　　　　　　　山　本　順　一

はじめに

　本書は司書養成「図書館に関する科目」のうち、選択科目「図書・図書館史」のテキストである。ここで中心となる図書館史とは何を対象とする領域なのか、最初にいくつか文献を参照しておこう。

　『図書館情報学ハンドブック 第2版』を見ると、「図書館の歴史は、それぞれの館の蔵書の発達史」であり、「そこで働いた図書館人の実験と失敗の記録でもあった。この意味で、図書館史は、図書館とは何かを理解するうえで基礎となる知識」を提供するものであるとしている[1]。一方、『図書館情報学用語辞典 第4版』では、図書館史を「図書館にかかわる現象を歴史学的方法で捉える研究領域、または図書館の歴史の記述」と定義し[2]、図書館の歴史を指すだけでなく、図書館の思想史や制度史も含めて、図書館を社会現象との関わりにおいて考究するものとしている。

　『最新図書館用語大辞典』では、図書館に限らず社会現象にはすべからく歴史的考察が不可欠であるとした上で、「科学としての図書館史は、歴史的事実を羅列するだけに終始するのでなく、現在の問題意識に立脚して追求される」べきものであると規定している[3]。日本の近代図書館史研究を進めてきた奥泉和久も、『図書館史の書き方・学び方』という啓蒙書を著すなかで、「図書館史とは、図書館にかかわるあらゆることについて、そのルーツに遡って現在を考えること、と言ってよい」と述べつつ、社会における図書館の役割や地域住民との関係づくりなど、図書館の活動を検証する上で、「どうしても現在の考え方、価値観が基準になる。…歴史に向き合うということは、過去だけでなく、現在についても評価の対象になるとの覚悟を要する、ということである」と、現在とのつながりの重要性を指摘している[4]。

　こうした、歴史を振り返る際の現在の意識という視点は、歴史学の分野でも

重視されている。たとえば、『歴史を学ぶ人々のために』には、「歴史学とは、昔のことを暗記する科目でもなく、戦争や事件や「裏話」に喜々とするような好事家的な趣味でもありません。…歴史とは、流れるものでも、うつろうものでもありません。現在に繋がるものなのです」と述べられる5)。さらに、無限・無数に存在する過去の出来事の中から、一定の目的・意図に従って、「断片的事実を確定しつつ選択し、それを現在に繋がるものとして紡ぐ（構築する）」ことこそが、歴史学の要諦であるとしている。

このように見てみると、図書館史で扱われる事柄とは、個別の図書館の設立や発達の過程も含まれるが、そればかりでなく、もっと広く、図書館に関わる社会事象、思想、制度の展開を指すものであり、それとともに、現在という視点を忘れることなく、過去のさまざまな出来事やコンテクスト（置かれた状況）を見ていくものといえる。

テキストというと、その性質上、重要な事象や人物を中心に取り上げることになるが、本書では歴史的な事実の羅列にならないよう、なるべくその時々の社会状況に目を配りながら、展開された事象の背景を整理し、理解に資するよう心がけた。構成は西洋8章、日本6章の全14章であり、各章では、図書館に関わるあらゆる出来事を網羅的に挙げるのではなく、トピックをしぼりながら丁寧な説明を付すように意識している。また、どのようなトピックに焦点化するかは、それぞれの章の執筆者の現在的な問題意識・関心にゆだねた。これは、テキスト全体を一つの「大きな歴史」(History) として描くよりも、むしろ、それぞれの時代・地域において「さまざまな歴史」(histories) に関する複眼的な見方を提示することに重きを置いた結果である。本書を手に取った学習者の方々には、本書を足掛かりにして、広大なひろがりをもつ図書館史の領域について、さらに学習を深めてもらうことを期待している。

最後に、メディア史の研究者・有山輝雄が、アメリカのレイ・ブラッドベリの近未来小説『華氏四五一度』を引きつつ、歴史をもたないことの危うさを次のように指摘した点を紹介しておきたい。

はじめに

[この小説では]「消防士」が活躍しているが、彼らは見つけ出した書物を焼却することを任務としているのである。小説の始まりの部分で、これに疑問をもった少女が「消防士」である主人公に「こんな話をきいたんだけど、ほんとうかしら？　ずっとむかし、火事をあつかうお役人の仕事は、火をつけるのじゃなくて、消すことだったんですね」と聞く。主人公は「そんなばかなことがあってたまるか」と断固否定する。この社会では過去は存在しないのである。…ここでは何の脈絡もなく、ばらばらにある現在しかない。自分たちがどのような歴史の流れのなかにあるのかという問題意識（歴史意識）はすでに失われている[6]。

現在の姿を正確にとらえようとすれば、過去の出来事がどのようにつながってきたかを考えることは不可欠である。図書館の現在を考える者にとって、図書館史を学ぶ意義はそこにあるといえよう。

注・引用文献

1）藤野幸雄[1999]「7.2 図書館の歴史」図書館情報学ハンドブック編集委員会編『図書館情報学ハンドブック　第2版』丸善, pp.706-707.
2）[2013]「図書館史」日本図書館情報学会用語辞典編集委員会編『図書館情報学用語辞典　第4版』丸善出版, p.176.
3）[2004]「図書館史」図書館用語辞典編集委員会編『最新図書館用語大辞典』柏書房, pp.397-398.
4）奥泉和久（2014）『図書館史の書き方・学び方：図書館の現在と明日を考えるために』（JLA図書館実践シリーズ24）日本図書館協会, pp.1-23.
5）須田努[2014]「現在『歴史を学ぶ人々のために』を出版するということ」東京歴史科学研究会編『歴史を学ぶ人々のために：現在をどう生きるか』岩波書店, pp.1-15.
6）有山輝雄[2017]「歴史学とメディアの現在」歴史学研究会編『歴史を社会に活かす：楽しむ・学ぶ・伝える・観る』東京大学出版会, pp.171-180.

2019年6月

三浦太郎

図書・図書館史
―― 図書館発展の来し方から見えてくるもの ――

目　次

はじめに

第Ⅰ部　世界編

第1章　古代アレクサンドリア図書館 …… 3
1. アレクサンドロス帝国　3
2. ムセイオンと図書館　5
3. アレクサンドリア図書館の創設と王の支援　7
4. アレクサンドリア図書館の発展――セラペウムの図書館　8
5. アレクサンドリア図書館のコレクション形成　10
6. 学者としての図書館長・司書　12
7. ピナケスをめぐって　14
8. アレクサンドリア図書館の破壊と終焉　17
9. アレクサンドリア図書館の影響と評価　20

第2章　中世修道院の図書室 …… 24
1. 修道院図書室の形成　24
2. 修道院図書室の発達　29
3. 修道院図書室の衰退と大聖堂、大学図書館の発展　35
4. 中世図書館の利用と環境、役割　42

第3章　近世グーテンベルク革命 …… 48
1. 活版印刷の「発明」　48
2. グーテンベルク以後の世界　55

第4章　啓蒙主義と図書館学思想 …… 64
1. 大広間図書館　64
2. 開明的な図書館人ノーデ　67
3. 啓蒙主義　70
4. 万能の学者ライプニッツ　73
5. 百科全書　75

　　　　6　シュレッティンガー図書館学　77
　　　　7　エーベルトの批判　80

第5章　アメリカのソーシャル・ライブラリー………………………84
　　　　1　討論クラブ「ジャントー」　85
　　　　2　フィラデルフィア図書館会社の設立　87
　　　　3　フィラデルフィア図書館会社の蔵書　89
　　　　4　ソーシャル・ライブラリー　93
　　　　5　ソーシャル・ライブラリーの展開　97
　　　　6　ソーシャル・ライブラリーの蔵書　99
　　　　7　ソーシャル・ライブラリーの分化　102
　　　　コラム　図書館史研究の現在　105

第6章　ボストン公立図書館の誕生………………………………106
　　　　1　マンの教育思想　107
　　　　2　マサチューセッツ州学校区図書館　112
　　　　3　マサチューセッツ州図書館法　115
　　　　4　ボストン公立図書館の誕生　119

第7章　アメリカ公立図書館の発展………………………………126
　　　　　　――デューイとカーネギー
　　　　1　1876年図書館員大会までの状況　126
　　　　2　1876年図書館員大会　132
　　　　3　デューイの図書館思想と実践　136
　　　　4　カーネギー図書館の誕生　140

第8章　イギリスにおけるコミュニティ・ライブラリアンシップの展開
　　　　………………………………………………………………146
　　　　1　1850年「公共図書館法」の性格　146
　　　　2　「公共図書館法」成立以前の読書施設　148

3 「公共図書館法」成立の経緯とその内容　151
4 公共図書館設立運動・サービス活動の展開　155
5 各種委員会報告の影響　159
6 事例研究　164

第Ⅱ部　国内編

第9章　古代から中世の日本の図書館　171
1 古代の図書館　171
2 中世の図書館　178

第10章　近世日本の図書館　187
――将軍・武士・民衆
1 将軍の図書館・紅葉山文庫　187
2 昌平坂学問所・藩校の図書館　194
3 庶民の図書館・蔵書の家　197

第11章　近代日本の図書館理解　203
――書籍館の展開
1 万延元年遣米使節の見た図書館――幕末遣外使節1　204
2 文久元年遣欧使節の見た図書館――幕末遣外使節2　206
3 大博物館構想　209
4 書籍館併合差し止め要求　211
5 東京書籍館　214
6 図書館報告　218
7 教育令と書籍館設置　220
コラム　日本における人物史研究　223

第12章　戦前の図書館　224
1 図書館令の制定　224
2 司書の法制化　226

3　佐野友三郎の実践　227
　　　4　小松原訓令　228
　　　5　東京市立図書館の活動　232
　　　6　改正図書館令　234
　　　7　図書館附帯施設論争　236
　　　8　中央図書館制度　237

第13章　戦後占領期改革 …………………………………… 241
　　　1　初代図書館担当官キーニー　241
　　　2　成人教育担当官ネルソン　245
　　　3　第2代図書館担当官バーネット　247
　　　4　図書館法制定へ　252
　　　5　ジャパン・ライブラリースクールの創設　255
　　　コラム　CIE映画「格子なき図書館」　261

第14章　『市民の図書館』とその時代 …………………………… 262
　　　1　戦後の図書館と「図書館の自由に関する宣言」　262
　　　2　『市民の図書館』前史──中小レポート　264
　　　3　『市民の図書館』の登場　272
　　　4　『市民の図書館』の影響　277
　　　5　おわりに　278

人名索引　279
事項索引　283

第Ⅰ部 世界編

第1章　古代アレクサンドリア図書館

1　アレクサンドロス帝国

　古代アレクサンドリア図書館ができる前提として、図書館のあったアレクサンドリアという都市の存在を抜きにして語ることはできない。
　その都市アレクサンドリアを建設したのがアレクサンドロス大王とも呼ばれるマケドニア王のアレクサンドロス3世（Alexandros Ⅲ）であった。アレクサンドロス3世は、マケドニアからの領土拡大に向けた東方遠征のなかで、征服した地域に自らの名を冠したギリシア風の都市を建設し、現地支配の拠点とした。アレクサンドロス3世の支配した領土が拡大するにつれアレクサンドロス帝国ともいわれた。紀元前332年にエジプトを征服し、地中海に面するナイル川河口にあるデルタ地帯の西端に建設した都市が、アレクサンドリアであった。そのため、アレクサンドリアはエジプト人の都市というよりは、ギリシア人がみずからのためにつくった都市と考えられている[1]。
　アレクサンドロス3世は、征服したペルシアを中心とするオリエント地域の文化との融合を考えていた。アレクサンドロス3世の死後、オリエント文化とギリシア文化とが融合してできた文化を、19世紀ドイツの歴史学者ドロイゼン（J. G. Droysen）は、ヘレニズム文化と呼んでいる。
　紀元前323年、アレクサンドロス3世は、メソポタミア地域のバビロンで死去し、部下が領土をめぐってディアドコイ戦争を繰り広げた。その結果、プトレマイオス朝エジプト、セレウコス朝シリア、アンティゴノス朝マケドニアに分割・統治されることになった。そして、都市としてのアレクサンドリアは、

---

1) 山花京子（2010）『古代エジプトの歴史』慶應義塾大学出版会, p.199.

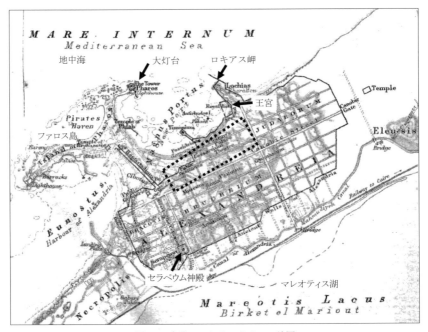

図1.1　古代アレクサンドリアの地図
(注) 古代アレクサンドリア図書館は点線で囲まれたギリシア人地区にあったと考えられている。
(出所) William, S., and George G. edited.（1874）*An atlas of ancient geography, biblical & classical : to illustrate the Dictionary of the Bible and the classical dictionaries*, J. Murray. をもとに一部改変。

　紀元前305年にプトレマイオス1世ソテル（Ptolemaios I Soter）が王（ファラオ）となったプトレマイオス朝エジプトの首都となった。
　プトレマイオス1世は「アレクサンドロスの遺したものを正確に理解できていたのは、子どものころからの親友であり、軍の総大将的な立場にあるプトレマイオスだけだった」[2]とあるように、アレクサンドロス3世の意志を都市アレクサンドリアの整備と宗教の融合、文化政策の点で推し進めた人物であった。アレクサンドリアは街を碁盤の目状にして、住宅や公共施設、王宮（ロキアス

---

2) Pollard, J., Reid, H.（2006）*The rise and fall of Alexandria : birthplace of the modern mind*, Penguin（藤井留美訳『アレクサンドリアの興亡：現代社会の知と科学技術はここから始まった』主婦の友社, 2009, p.41）.

岬付近）が整備された。そして港を整備したことで、「海から来る品物には良港があり、地方からの品はこれらをすべてナイル河が楽々と運んでは、人の住む世界のなかでもまさしく一番大きな交易の地」[3]として発展していった。また、マケドニア人、エジプト人、ユダヤ人の信仰を折衷するセラピス神が考え出され、セラペウム（第4節参照）という神殿に祀られた（図1.1）。

2 ムセイオンと図書館

　ムセイオンはミュージアムの語源とされ、ムーサイと呼ばれるギリシア神話のなかで文芸を司る9人の女神、カリオペ（叙事詩）、クレイオ（歴史）、エウテルペ（抒情詩）、タレイア（喜劇・牧歌）、メルポメネ（悲劇・挽歌）、テルプシコラ（舞踊・合唱）、エラト（恋愛・独唱）、ポリュムニア（讃歌）、ウラニア（天文）たちを祀る場所を意味した[4]。ギリシアのアテナイ周辺にあったプラトン（Platon）のアカデメイアやプラトンの弟子でアリストテレス（Aristoteles）のリュケイオンといわれる学園にもムーサイが祀られ、学術機関として図書館を附設していた。

2.1　ムセイオンの創設

　プトレマイオス1世は、少年期にアリストテレスを招聘してマケドニアに創設されたミエザの学園で、哲学、弁論術、文学、科学、医学をアレクサンドロス3世とともに学んでおり、学問や文芸（特に詩人ホメロス）に対する理解も深かった。また、プトレマイオス1世は、ギリシアから学者を受け入れ、『アレクサンドロス大王伝』を書くための資料の収集を行っていたという。この時、招かれた学者にファレレウスのデメトリオス（Demetrios of Phalereus）がいた。デメトリオスは、リュケイオン学園の2代学頭テオプラストス（Theophrastos）

---

[3] Jones, H.L.（1989）*The geography of Strabo : in eight volumes*, Harvard University Press（飯尾都人訳『ギリシア・ローマ世界地誌Ⅱ』龍渓書舎，1994，p.564）．
[4] 栗野頼之祐［1943］「古代アレクサンドリアに於ける學術研究所『ムウサイ學園』について」『社會經濟史學』第13巻9号，p.854．

の弟子であり、紀元前317年から紀元前307年にかけてアテナイ総督として辣腕を振るった政治家であった。失脚してアテナイを追われたデメトリオスは、紀元前298年頃プトレマイオス１世に招聘された[5]。デメトリオスは、プトレマイオス１世に対して、王国と統治に関する図書を取り寄せて閲覧することを進言したとされる[6]が確証は得られていない。この時期、集めた図書をもとに紀元前295年頃、創設されたのがムセイオンであった。ムセイオンの計画は、プトレマイオス１世とデメトリオスが共に薫陶を受けたアリストテレス学派（ペリパトス学派）の影響を大きく受けていた。すなわち、ムーサイを祀る神殿を有する学術機関ムセイオンとそこにアレクサンドリア図書館を附設した回廊（ペリパトス）をもつ建物である。

2.2　ムセイオンの施設と活動

　ムセイオンが一体どのような施設であり、そこではどのような活動が行われていたのであろうか。

　ムセイオンは、3節のアレクサンドリア図書館とともに、遺跡が確認されていない。そのため、遺されている史料や伝聞をもとに当時の姿が語られることが多い。紀元前24年にアレクサンドリアを訪れたストラボン（Strabon）が「ムセイオンも王宮の一画をしめて、そこには遊歩道（ペリパトス）、講義室、そして大きな建物が一棟あり、この建物のなかにムセイオンの会員である学究の徒の会食室がある。公共の財貨を当てると共に『ムセイオン付きの祭司』ひとりがつく」[7]と記している。こうした記述からムーサイを祀るためムセイオンは、柱が左右対称に並ぶ列柱からなる柱廊（ストア）建築で、回廊の外側に部屋、内側に庭園が置かれるギリシア建築を踏襲したものと考えられる。施設自体は、ムセイオンが設置された当初からストラボンの記録した時期まで大きな変化がなかった

5）前掲4），p.871.
6）Flower, D. A.（1999）*The shores of wisdom : the story of the ancient library of Alexandria*, Xlibris Corp（柴田和雄訳『知識の灯台：古代アレクサンドリア図書館の物語』柏書房，2003，pp.30-35）.
7）前掲3），p.559.

とみられる。

　ムセイオンの構成員は、各地から招聘された学者であった。それぞれが専門分野をもち、研究活動に従事するとともに、学徒を指導することもあったとされる。ギリシア人だけではなく、エジプト人、ユダヤ人、バビロニア人、ローマ人などの学者がアレクサンドリアに集まり、数学、天文学、占星術、地理学、神学の研究を促すことで、古代世界の知識の集積する一大拠点となっていった。

　ムセイオンは、短期間で発展したとされる。その背景には、プトレマイオス1世および、プトレマイオス2世（Ptolemaios II）からの手厚い報酬、税の免除、住まいと食事の提供といった庇護があったのである。

3　アレクサンドリア図書館の創設と王の支援

　アレクサンドリア図書館は、ムセイオンと一体的な施設であったと考えれば、プトレマイオス1世が創設者ということになる。その創設時期もムセイオンが設置されたとされる紀元前295年頃になる。

　プトレマイオス2世が父であったプトレマイオス1世の意志を受け継いで図書館を完成させたとする指摘もある[8]がその確証はない。その後のプトレマイオス朝の王たちも、アレクサンドリア図書館のコレクションの充実を図ることで権力と富を誇示しようとした。特に、力を注いだのが、プトレマイオス3世（Ptolemaios III）で、4節で取り上げるセラペウム神殿とその図書館を整備した。しかし、放蕩生活を送り毒殺されたプトレマイオス4世（Ptolemaios IV）、幼くして跡を継ぎ、紀元前195年戴冠式典を挙行した記録を記す石碑（ロゼッタストーン）で知られるプトレマイオス5世（Ptolemaios V）、ムセイオンやアレクサンドリア図書館から学者を追放したプトレマイオス8世（Ptolemaios VIII）などから、安定的な支援が継続して行われていたかは疑わしい。そうした浮き沈みのあるなかで、アレクサンドリア図書館は活動を継続していったのである（図1.2）。

---

8) 藤野幸雄（1999）『図書館史・総説』（図書館・情報メディア双書1）勉誠出版, p.23.

第Ⅰ部　世界編

図1.2　古代アレクサンドリア図書館（想像図）

（出所）Göll, H.（1876）*Die Weisen und Gelehrten des Atlerthums : Leben und Wirken der hervorragendsten Forscher und Entdecker auf dem Gebiete der Wissenschaft bei den Griechen und Romern*, Leipzig : O. Spamer, p.139.

④　アレクサンドリア図書館の発展
——セラペウムの図書館——

　1943年、アラン・ロウェ（Alan Rowe）によりセラピス神を祀っていたセラペウムという神殿遺跡で黄金の銘板が発見された。そこには、「南北の王プトレマイオスこの家屋図書館とセラピス神殿を建立する」[9]と記されていた。こ

9）粟野頼之祐［1952］「アレクサンドリア図書館目録の研究（１）」『関西学院史学』第１号，p.4．

の銘板の発見により、セラペウムに図書館が実在したことが確認された。この銘板にある王をプトレマイオス3世と解釈し、図書館の設置者とみなされている。セラペウムの図書館は、ムセイオン附設の図書館の後に設置されたことから、収蔵量能力を超えたムセイオン附設の図書館を補う図書館として設置されたと考えられている[10]。そのため、ムセイオン附設の図書館を大図書館や母（姉）図書館と通称するのに対して、小図書館や娘（妹）の図書館、分館[11]と呼んでいた。このセラペウムの図書館は、エジプト人が多く住む地区に位置し、広く一般に公開されていたという。そのため、セラペウムの図書館を公共図書館として理解する捉え方もある[12]。

紀元前24年に訪れたストラボンは、「セラピスの神殿は砂だらけで、吹き寄せる砂のせいでスフィンクスは身体半分埋まっているもの、頭しか出ていないものがある」[13]としている。この表現は、セラペウムの図書館の維持が容易ではなかったことを示唆している。そのような状況においても、セラペウムの図書館は、維持され続けていたようである。4世紀後半にアレクサンドリアを訪れたアフトニウス（Aphthonius）は、セラペウムについて「回廊の内側には研究室が建てられ、その中のいくつかの部屋は書庫として使用され、学問研究に生涯を捧げた人々に公開されていた。…いくつかの部屋は古い神々たちの礼拝のためにあてられていた」[14]と記している。この記述は、ムセイオンと同様の機能がセラペウムの図書館にあったことを意味している。

---

10) El-Abbadi, M. (1990) *Life and fate of the ancient library of Alexandria*, Unesco（松本慎二訳『古代アレクサンドリア図書館：よみがえる知の宝庫』〔中公新書1007〕中央公論社，1991, pp.81-82）.
11) 森貴史 [2013]「プトレマイス1世による都市アレクサンドリアの文化政策：＜図書館＞とセラピス神をめぐって」『Semawy Menu』第4号, p.120.
12) 草野正名 [1981]「図書館思想の文化的源流とアレクサンドリア図書館：文化主義による社会的考察を基調にして」『国士舘大学文学部人文学会紀要』第13号, pp.32-33.
13) 前掲3), p.564.
14) 前掲10), p.162.

第Ⅰ部　世界編

5　アレクサンドリア図書館のコレクション形成

　プトレマイオス朝の王によって図書館への関心度が異なっており、すべての王が図書の収集に情熱を傾けていたかは疑わしい。それでも、アレクサンドリア図書館は、集めうるあらゆる時代のあらゆる場所の図書をコレクションすることを目指していたと思われる。

5.1　パピルスと巻子本

　アレクサンドリア図書館のコレクションは、パピルスという書写材が用いられたと考えられている。パピルスは、当時からエジプトのナイル川デルタ地帯に群生していたカヤツリグサ科の多年草であり、それを用いた書写材もパピルスと呼ばれた。パピルスは、プトレマイオス朝エジプトの重要な輸出品であった。書写材としてのパピルス作成方法は、次のようなものであった。草の茎を薄く切り分け、数日水に浸す。その後、切った断面を直角に交差させて組み、上から叩くなどして、圧着する。そして、脱水し、乾燥させた後に表面を擦って滑らかにしたものであった。エジプトにおいて、第9節で後述するように羊皮紙を使用した例もあるが多くはなかった。アレクサンドリアでは動物の皮よりも豊富に生えているパピルスが安価であり、一般的な書写材であった。パピルスは、軽く持ち運びもしやすいが、難点もあった。燃えやすい点、片面しか文字を書くことができない点、そして折り曲げて使用することが難しい点である。そのため、パピルス写本はパピルスをつなぎ合わせて丸めて作られた。その形状からパピルス巻子本とも呼ばれている。アレクサンドリア図書館は、今日のような冊子体とは異なる巻子本のコレクションを収蔵する図書館であった。
　パピルス（papyrus）は、英語（paper）やフランス語（papier）やドイツ語（papier）といった紙を示す言葉の語源となったとされている。なお、ギリシア人がエジプト産パピルス貿易拠点グブル（gublu）（現在のレバノンのジュベイル）をブブロス（bblos）と呼び、その後ビブロス（byblos）へと転訛した。ビブロ

スからもたらされたものということで、パピルス巻子本はギリシア語でビブリオン（biblion）と呼ばれた[15]。さらに図書の入れ物＝図書館（bibliotheke）や聖書を示すバイブル（bible）という言葉が派生している。異説もあるが、パピルスは、紙、図書、図書館を象徴する言葉なのである。

5.2 コレクションの形成

　アレクサンドリア図書館のコレクションは、写本の収集もしくは写本の作成を基本とした。エジプトにも写本が多数存在していたが、エジプト語写本であった。エジプト語写本も収集されたが、アレクサンドリア図書館で使用された基本言語であるギリシア語の写本は、ギリシアのアテナイやロドス、キオス、シノープ、メッサリアなどで購入し、コレクションに加えられたという。その際には、書写による誤謬の少ないと思われる古い写本が好まれた[16]。

　写本の収集は、ギリシア語以外で書かれたアラム語、ペルシア語、ヘブライ語などの写本も対象とされた。こうして収集されたギリシア語以外の写本は、アレクサンドリア図書館においてギリシア語へと翻訳されることとなった[17]。ギリシア語に翻訳されたテクストは、写本として作成されコレクションに加えられたのである。

　写本作成は、購入したものの翻訳によるものだけではなかった。アレクサンドリア港へ入港した船舶に積載されていた図書を押収し、原本を図書館コレクションに加え、作成した写本を返還したという話も伝えられている。押収した原本には、「船からもたらされた」との目印がつけられていたとされる。このような強硬な収集を伝える話は他にもある。アテナイの図書館に収蔵されていた禁帯出の三大悲劇詩人アイスキュロス、ソポクレス、エウリピデスの写本を銀15タラント（現在の価値で約18万ドル）の補償金を払い貸出すことを認めさせ

---

15) Murray, S.（2009）*The library : an illustrated history*, Skyhorse Pub（日暮雅通訳『図説図書館の歴史』原書房，2011, p.20）．
16) Casson, L.（2001）*Libraries in the ancient world*, Yale University Press（新海邦治訳『図書館の誕生：古代オリエントからローマへ』〔刀水歴史全書76〕刀水書房，2007, pp.52-53）．
17) 前掲2），p.134.

11

た。そして良質なパピルスでその写本を作成し、違約金とともに返還することで、原本をコレクションに加えたという[18]。

こうして収集した原本コレクションは、テクストの確定に使われることもあった。学者たちは、異なる写本を比べ合わせて、テクストの異同を確かめたり誤りを正したりする校合の結果として決定版写本を作成したのである[19]。

アレクサンドリア図書館のコレクション規模については、記録が残されていない。後の時代のいくつかの推定[20]によれば、プトレマイオス1世の頃には5万4800巻（エピファノスの説）、もしくは20万巻以上（アリステアスの説）のコレクションを有していたという。さらに、ビザンティン帝国時代の学者・ツェツェス（J. Tzetzes）によれば、紀元前295年頃から紀元前240年頃のムセイオン附設の図書館のコレクションは1巻で完結する写本9万巻、ひとつの作品が複数巻にまたがる写本40万巻の計49万巻で、セラペウムの図書館に4万2800巻であったという[21]。コレクション数の真偽は別としても、アレクサンドリア図書館がその当時の最大の図書コレクションを有していたことは間違いないと考えられる。

6 学者としての図書館長・司書

アレクサンドリア図書館に司書や館長という職があったかは定かではない。司書そのものをさす特別な役職名があったわけではないにしても、王から任命された図書館の長、もしくは責任者たる者の職務があったことはたしかである。

エジプト中部のナイル川西岸にある遺跡オクシリンコスで発掘されたパピルス文書の中に、アレクサンドリア図書館の館長とみなされる人物が列挙されて

18）前掲10），pp.89-90.
19）箕輪成男（2002）『パピルスが伝えた文明：ギリシア・ローマの本屋たち』出版ニュース社，p.125.
20）菊池祖［1977］「アレクサンドリア図書館関係古文献断片訳稿」『図書館学』第30号，pp.24-27.
21）コレクション数は、単純に現在の冊子体に換算すれば少なくなる。当時8巻であったアリストテレス『政治学』は、現在は1冊で刊行されている。

第1章　古代アレクサンドリア図書館

表1.1　図書館の館長・主任司書を務めたと考えられる人物

紀元前290年頃～	デメトリオス（Demetrios of Phalereus）：図書館創設に寄与
紀元前284年頃～	ゼノドトス（Zēnodotos of Ephesus）：ホメロス研究と定本作成
紀元前260年頃～	カリマコス（Callimachus of Cyrene）：ピナケス編纂
紀元前240年頃～	アポロニウス（Apollonius of Rhodes）：『アルゴナウティカ』作者
紀元前235年頃～	エラトステネス（Eratosthenes of Cyrene）：地球の大きさを算定
紀元前195年頃～	アリストファネス（Aristophanes of Byzantium）：『レクシス』編纂
紀元前180年頃～	アポロニウス（Apollonius the Eidograph）：ピナケスの更新
紀元前160年頃～	アリスタルコス（Aristarchus of Samothrace）：ホメロス研究
紀元前144年頃～	キュダス（Kydas）：傭兵で、プトレマイオス8世により指名
紀元前116年頃～	オネサンデル（Onesander of Cyprus）：パフォス神殿神官
50年頃	バルビルス（Balbillo）：軍人、エジプト総督
59年頃	ディオニソス（Dionysius）：文献学者

（出所）粟野頼之祐［1942］「アレクサンドリヤ図書館長録の研究」『史学雑誌』第53編第6号, pp.677-733. El-Abbadi, M.（1990）*Life and fate of the ancient library of Alexandria*, Unesco（松本慎二訳『古代アレクサンドリア図書館：よみがえる知の宝庫』［中公新書1007］中央公論社, 1991. pp.82-86）. 原田安啓（2015）『中世イスラムの図書館と西洋：古代の知を回帰させ、文字と書物の帝国を築き西洋を覚醒させた人々』日本図書刊行会, p.21. Johnson, E. D.（1965）*A history of libraries in the Western World*, Scarecrow Press（小野泰博訳『西欧の図書館史』帝国地方行政学会, 1974, pp.62-64）. をもとに筆者作成。

いる。また、ツェツェスは、図書の校訂者、すなわち館長や主任司書に相当する人物として、ゼノドトスやアリスタルコスを挙げている。しかし、ツェツェスの記述の信憑性に疑問をもつ者もいる。

現存する資料のツェツェスの著書と、オクシリンクスで発見されたパピルス断片などから確認される図書館の館長もしくは主任司書を務めたと考えられる人物は表1.1の通りである。

表のように図書館長もしくは、主任司書の多くは、現在にまでその名を残す学者であった。アレクサンドリアのムセイオンや附設図書館の学者を追放したプトレマイオス8世以降は、軍人や政治家がアレクサンドリア図書館を代表することもあった。それは、アレクサンドリア図書館とそれを支える学者たちの地位の低下を意味していた。

13

第Ⅰ部　世界編

7　ピナケスをめぐって

　アレクサンドリア図書館に集められた写本は、校訂や注釈が付けられ整理されていた。そのコレクションに基づきまとめられたとされるのが、ピナケス（pinakes）と呼ばれる著者とその著作のリスト（文献書誌）である。アレクサンドリア図書館のコレクションをもとに編纂されたところから、アレクサンドリア図書館蔵書目録とする人もいるが、蔵書の実態を正確に反映していたかの確証は得られていない。しかし、後述するようにピナケスは、注釈や校訂作業でえられた仮の書名をつけながら編纂されたはずである。その作業が途上の写本はピナケスに採録し得るはずがなかったのである。

　ピナケスは、古代ギリシア語の粘土板、薄い板、銘板を意味するピナクス（pinax）の複数形である。つまり、ピナケスは、複数の粘土板を意味し、それらが書架に収められた状態をさしている[22]。ピナケスという呼び名は、古来の書写材としての粘土板のまとまりに由来し、紀元前4世紀頃から目録や書誌の意味に転じて使われるようになった。

　アレクサンドリア図書館のピナケスは、10世紀末頃にビザンティン帝国で編纂された古代ギリシア文化についての百科事典『スイダス』によれば、「あらゆる学問において脚光を浴びる人物及びその人物の書き記したものの複数の一覧表」、120巻がカリマコスの著者一覧の中に挙げられている[23]。これを基にして、ピナケスの編纂者としてのカリマコスが定説となっている。

7.1　ピナケスの編纂者カリマコス

　ピナケスを編纂したカリマコス（図1.3）は、どのような人物であったのだろうか。

　紀元前310年頃、カリマコスはプトレマイオス朝の支配下にあった地中海沿

---

22) 澁川雅俊（1985）『目録の歴史』（図書館・情報学シリーズ9）勁草書房, pp.40-41.
23) 前掲10), p.95.

第1章　古代アレクサンドリア図書館

図1.3　ピナケスの編纂者カリマコス
(出所) Callimachus ; Orpheus (1755) Theocritus, William D., Thomas W. *The Hymns of Callimachus: translated from the Greek into English Verse*, the translator.

岸の港町キュレネ(現在のリビア)の没落しつつあったギリシア人の名家に生まれた。カリマコスは、キュレネメサトメ家とバットス家出身の両親のもとで育ち、その出自をリビアのギリシア人王朝バットス家の末裔であると考えていた。カリマコスという名前は、キュレネの名高い将軍であった祖父(老カリマコス)の名に由来するものであった。カリマコスは、アテナイで教育をうけたのち、アレクサンドリアで教師をしていた。カリマコスの家族については、シュラクサイ(現在のイタリア)出身のギリシア人と結婚したが、子孫については不詳である。

　カリマコスは、各地の祭礼や習俗の縁起を取り上げた『アイティア』のような作品で詩人としても知られており、詩の断片が多数のパピルスに残されている。紀元前270年にプトレマイオス2世の同母姉で、妻でもあったアルシノエ2世が死去した際に碑銘詩を書いたとされる[24]。

15

カリマコスが、アレクサンドリア図書館とかかわりをもつようになったのは、プトレマイオス1世の治世であったとされるがはっきりしていない。そして、プトレマイオス2世の治世の紀元前260年から紀元前240年頃にかけてアレクサンドリア図書館の司書を務めたとされている。カリマコスは、アレクサンドリア図書館にいた他の学者と同じく、図書の収集と校訂・注釈に携わっていた。そうした作業のなかから、ピナケスが編纂されたものと思われる。さらに、ムセイオンにいた学徒を教え、そのなかから後のアレクサンドリア図書館の司書となったものがいると伝えられている。

7.2 ピナケスという文献書誌

カリマコスによって編纂されたというピナケスは、現存していない。パピルスの文書に記された断片や他の文献への引用から全体像を推測するしかない。カリマコスは、アレクサンドリア図書館のギリシア語写本をもとにピナケスを編纂した。その編纂については、ギリシア語写本を詩文書（叙事篇、悲歌調篇、短歌調篇、歌謡調篇、悲劇篇、喜劇篇）と散文書（法律篇、哲学篇、修辞学篇、歴史学篇、医学篇、雑篇）に篇別したといわれるが、散文書に数学篇と科学篇を加えた異説もある。ピナケスは、主題別書誌の一種であった。

各篇別のもとで著者名を α β γ というアルファベット順に排列した[25]。その記述様式は著者名、出身地、家柄（父親の名前）、教育歴（師の名前）、ペンネーム・異名、年代などからなる著者の解説を先に記し、続いて、書名や本文冒頭の数行とともに、本文の総行数が記された解題書誌や文献総覧のようなものであった[26]。特に書名については、古代のパピルス巻子本に現在の標題紙に相当するものがなく、書名（標題）をつける習慣もなかったため、本文や当時の通称を参考に便宜的な書名が付けられ記述されたという。

---

24) 粟野頼之祐［1953］「アレクサンドリア図書館目録の研究（2）」『関西学院史学』第2号, p.3.
25) 前掲9), p.8.
26) 粟野頼之祐［1959］「アレクサンドリア図書館目録の研究（3）」『関西学院史学』第5号, pp.8-9.

カリマコスの編纂した文献書誌は、一応の完成を見たのか、それとも未完のままであったのかはわからない。ただ、カリマコスが教えた学徒のひとりであったアリストファネスは、ピナケス補遺を編纂したという。このことから、カリマコス以後も文献書誌に関して、何らかの更新が行われていたと考えられる。

8 アレクサンドリア図書館の破壊と終焉

現在、ムセイオンにあったとされるアレクサンドリア図書館は、遺跡も発見されておらず、存在した痕跡さえわからない。それでも古代最大の図書館であったアレクサンドリア図書館が、破壊と終焉を迎えたことは確実である。その終焉は、ひとつの出来事であったのか、徐々に衰退したのかについてもさまざまな説がある。そのなかでも、アレクサンドリア図書館の破壊や終焉と深く結びついていると考えられているのが、紀元前48年のローマ内戦におけるカエサルの戦役における大火、391年のキリスト教徒によるセラペウム図書館の破壊、642年のアラブのアムル・イブン・アル＝アース将軍によるエジプト征服に伴う、アレクサンドリア占領の3つの出来事である。

8.1　紀元前48年のカエサルの戦役における大火

ギリシアの著述家であったプルタルコス（Plutarchus）は、『英雄伝』で次のように述べる。ユリウス・カエサル（G. Iulius Caesar, 図1.4）が、紀元前48年のローマ内戦でアレクサンドリアにおいて狙われた際（カエサルは）それを逃れるために自身の船隊に火を放った。この火が「船渠を焼いたのち、さらに燃えひろがってついにかの大書庫を灰燼に帰せしめた」[27]としている。この記述を根拠に火事が原因で図書館が焼失し、終焉を迎えたという説を提起する者もいる。他方、大書庫は図書を保管していたアレクサンドリア図書館とは別の港近

---

27) Plutarch; *Plutarch's lives*, translated from Greek by several hands edited by John. Dryden（鶴見祐輔訳『プルターク英雄伝6』〔潮文庫〕潮出版，1971，p.179）．

第Ⅰ部 世界編

図1.4 ユリウス・カエサル
(出所) L'Homond, C. F., (1897) *Selections From Urbis Romae Viri Inlustres: with notes, illustrations, maps, prose exercises, word groups, and vocabulary*, Ginn & Co.

くの倉庫という説を主張する者もいる[28]。この後、アントニウスがクレオパトラに対して、焼失したアレクサンドリア図書館のコレクションの代わりとして、ペルガモン図書館のコレクションから20万冊を贈ったとされている[29]。

　図書館の消滅を否定する根拠になるのが、カエサルの死後に、アレクサンドリアを訪れた人による、立派な図書館が存在し続けていたとの証言である[30]。その後も、3世紀後半パルミラの女王ゼノビア（Zenobia）とローマ皇帝アウレリアヌス（L. D. Aurelianus）との戦いで炎上したとの伝説もある。

　こうした伝説から確証を得ることはできない。しかし、数度にわたる戦火により、アレクサンドリアにあった図書が何らかの損傷を被ったことは想像にしやすい。403年に没したサラミスのエピファニオス司教が、アレクサンドリア図書館やムセイオンのあったところは、いまは荒れ果てた一角だと書き残している[31]ことから400年よりも前にその機能を失っていたと考えられる。

8.2　391年のキリスト教徒によるセラペウム図書館の破壊

　313年にローマ帝国では、コンスタンティヌス帝（Constantinus Ⅰ）のミラノ

---

28) Canfora, L.; translated by Ryle, M. (1989) *The vanished library*, University of California Press, pp.96-102.
29) 前掲27)，p.150.
30) Battles, M. (2004) *Library : an unquiet history*, Thorndike Press（白須英子訳『図書館の興亡：古代アレクサンドリアから現代まで』草思社，2004, p.32).
31) 前掲2)，p.430.

勅令によりキリスト教が認められた。さらに388年にテオドシウス1世（Theodosius I）はキリスト教を国教とし、それ以外の宗教が異教ということになった。391年、アレクサンドリアの総司教テオフィルス（Theophilos）の求めに応じ、テオドシウス1世は、アレクサンドリアにある異教の神殿破壊を許可する勅令を与えた。テオフィルスは、キリスト教信者を従えて、セラペウムを徹底的に破壊し、略奪しつくした。事実上、セラペウムの図書館が消滅した瞬間であった。なお、セラペウムの図書館が破壊された頃、天文学や数学に通じた学者アレクサンドリアのテオン（Theon of Alexandria）がアレクサンドリア図書館の館長を務めていたとされる。415年には、テオンの娘で天文学や数学、哲学に通じた学者ヒュパティア（Hypatia）[32]が異教徒迫害のなかで虐殺された。

415年にキリスト教の聖職者で神学や歴史を著した学者でもあったオロシウス（Orosius）は、アレクサンドリアを訪問した。彼はセラペウム図書館について「われわれがかつて見た神殿は今なお存在する。しかしその書架はわが信仰の友たちによって空しくされたのだ。この事実は疑いようがない」[33]と記した。

8.3　642年のアルム将軍によるアレクサンドリア占領

12世紀から13世紀の著述家イブン・アル＝キフティ（Ibn al-Qifti）の『賢者の歴史（ターリフ・アル・フクマ）』には、次のような記述がある[34]。

642年にアラブのアムル・イブン・アル＝アース（Amr ibn al-As）将軍によるアレクサンドリア占領の際に、知り合ったアレクサンドリアの文法家でコプトの僧であったヨハネ（Johannes）が、プトレマイオス2世が死ぬまで収集し続けた図書が王家の宝物の中にあり、自分たちに役立つかもしれないと申し出た。アムル将軍は、カリフの許可なくその図書を勝手に処分することはできないと答え、図書の取り扱いに関する問い合わせをカリフのウマル（Umar）へ行った。その返事は、図書について、そこに書かれた内容がイスラム教の神の

---

32) 2009年公開のスペイン映画「アレクサンドリア」は、ヒュパティアを主人公とする創作だがセラペウム図書館の破壊をイメージするには有用である。
33) 前掲10），p.167.
34) 前掲2），pp.455-460.

書と一致するならばそれらの図書は必要ない。もし反するものならば、それらは望ましくないものであるから、すべてを焼却せよ。この指示を受け、アムル将軍は、図書をアレクサンドリアの浴場に配分し、燃料として利用させたという。

　アラブの征服は、宗教や文化、風俗、慣習に干渉しない、宗教的に寛容であったとされていることは[35]、アムル将軍の行為と矛盾する。さらに、イブン・アル＝キフティによる記述は、アレクサンドリア占領から500年以上経過して書かれたものであり、史実を裏付けるものと考えられていない。ひとつの伝承としてとらえるべき話である。いずれにしても、アレクサンドリア図書館が一度に消滅したか、徐々に衰退していったのかははっきりしていないのである。

9　アレクサンドリア図書館の影響と評価

9.1　ペルガモンの図書館

　アレクサンドリア図書館と比較されるのがアッタロス朝ペルガモン王国（現在のトルコ）の図書館であった。紀元前241年から紀元前159年にかけてのアッタロス1世（Attalos I）、エウメネス2世（Eumenes II）の治世には、学問や芸術が奨励され、学者の招聘や図書の収集に力を注いだ。図書館は、アテナ・ポリアスという山上の王宮と劇場に挟まれた神殿に隣接して設置された。

　一説にこの図書館は、アレクサンドリアに対抗してペルガモンに整備しようとしたが、アレクサンドリア図書館の規模に及ぶことはなかったとされる。そうしたなかでプリニウス（Plinius）の『博物誌』には「プトレマイオス王とエウメネス王が図書館のことで敵対関係にあったとき、プトレマイオスがパピルスの輸出を抑えたときペルガモンで羊皮紙が発明された」[36]という話がでてく

---

[35] 佐藤次高編（2002）『西アジア史Ⅰ　アラブ』（新版世界各国史8）山川出版社，p.146.
[36] Translated by Rackham, H. (1938) *Plinii naturalis historia* (*Loeb Classical Library*), Harvard University Press（中野定雄・中野里美・中野美代訳『プリニウスの博物誌Ⅱ』雄山閣，1986，p.578）.

る。この羊皮紙は「ペルガモンの」意味する「ペルガメノン」という名前で呼ばれた。これがのちに羊皮紙を「パーチメント」と呼ぶ由来とされている。実際には、プリニウスの話よりも、エジプト国内のパピルス不足という説、エジプトとセレウコス朝の戦争が激化し、パピルスの輸出が不可能となった説、乾燥していない地域でカビの発生しやすいパピルスではない書写材が求められたという説のいずれかが妥当な説である。同時期のエジプトで重要な記録にパピルスと併用して羊皮紙が使用された例もある。ペルガモンで羊皮紙が発明されたというよりも、改良を行ったか、大きな生産拠点をもちペルガモンの羊皮紙が広く流通したことでパーチメントの由来となったととらえるべきであろう（なお、羊や山羊等の皮を鞣した書写材を鞣皮紙〔第2章参照〕とも呼ぶ）。

　ペルガモンの図書館も多くの学者たちの活動の場となった。だが、ペルガモン王国が消滅したのちのローマ帝国属州時代に、コス島アスクレピエイオンへとコレクションは移転した。その後のコレクションの行方はわかっていない。

9.2　現代のアレクサンドリア図書館

　古代アレクサンドリア図書館は、図書を収集することで、当時の知的遺産を引き継ごうとした。そこから、約2300年を経て、「古代アレクサンドリア図書館を継承するにふさわしい存在になること」[37]を目指して、ユネスコの支援を得たエジプト政府が新たな図書館を再建した。新しいアレクサンドリア図書館（ビブリオシカ・アレクサンドリア、図1.5）は「知の創造と普及を担う優れた中心的存在になること」と「人と文化を結ぶ対話と相互理解の場となること」を使命としている。再建された場所は、王宮やムセイオン、古代アレクサンドリア図書館のあったとされるロキアス岬の至近（ブルケイオン地区）に位置している[38]。この図書館は、800万冊収蔵可能な図書館、3つの博物館、5つの調査研究施設、展示ギャラリー、プラネタリウム、約3000席の国際会議場で構成さ

---

37)「館長あいさつ」アレクサンドリア図書館公式日本語サイト（http://www.bibalex.jp/Japanese/aboutus/rebirth/director.htm, アクセス 2018.9.16).
38) 前掲15), pp.353-356.

第Ⅰ部　世界編

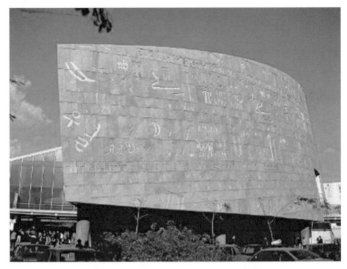

図1.5　現代のアレクサンドリア図書館
（出所）Hajor "Bibliotheca Alexandrina" CC BY-SA 3.0（https://en.wikipedia.org/wiki/Bibliotheca_Alexandrina#/media/File:Egypt.Alexandria.BibliothecaAlexandrina.01.jpg, アクセス 2019.3.22）

れており、各国の学者の参画する理事会により運営されている。図書館と博物館、研究施設を備え、学者が運営に関わるという点は、古代のムセイオンやアレクサンドリア図書館を彷彿とさせる現代のアレクサンドリア図書館なのである。

9.3　アレクサンドリア図書館の現在的な意義

　アレクサンドリア図書館以前の図書館は「個人の蔵書を集めたプライベートなコレクションか、または公務の参考にするために法的な書類や文書記録を集めた政府の書庫のいずれか」[39]であった。それに対して、アレクサンドリア図書館は、原典を重視するコレクション形成を行っていたことが特徴である。それは、翻訳作業も含めた多様な異本の徹底した収集と学者たちによる文献学の

39) Manguel, A.（2006）*The library at night*, Yale University Press（野中邦子訳『図書館：愛書家の楽園』白水社，2008，p.24）．

原典考証を経てテクストを決定し写本にしたことである。
　つまり、既存の情報を網羅的に集めて、新たな情報を作りだしていくという学術のための図書館であった。それゆえに、ムセイオン附設のアレクサンドリア図書館は学術図書館の祖ともいわれているのである。また、セラペウムの図書館もムセイオン附設の図書館と同様の機能をもっていたが、一般市民にも公開されたことで公共図書館としてみなすことができる。だが、学術図書館の市民開放活動としてみなしたほうが妥当かもしれない。

第2章　中世修道院の図書室

　西洋史では西ローマ帝国崩壊（5世紀）からルネサンスが始まる15世紀までの約千年間を「中世」と名付けて時代区分している。中世にはヨーロッパ各地でキリスト教を基盤とした社会・文化が形成された。ヨーロッパ南東部は東ローマ（ビザンティン）帝国の領域であり、ギリシア正教に基づくギリシア文化圏であった。ヨーロッパ西部ではローマ教皇を頂点とするカトリック文化圏であり、宗教的、学問的にはラテン語が共通語であった。

　本章では中世の図書館に関する研究が進んでいるカトリック文化圏の修道院の図書室を中心に述べる。中世の図書館の発展は概ね5世紀から8世紀、8世紀から12世紀、13世紀から15世紀の3期に区分されている。第1節では5世紀から8世紀における修道院の誕生から修道院図書室の形成について、第2節では8世紀から12世紀における修道院図書室の発展について、第3節では13世紀から15世紀における修道院図書室の開設と衰退、大学図書館および大聖堂図書室の発展について、第4節で中世の図書館の利用とその環境および役割について述べる。

1　修道院図書室の形成

1.1　修道院の誕生

　修道院の起源は3世紀エジプトで孤独の中で清貧と禁欲の修行を積んだ隠修士アントニオス（Antonius, St）のもとに多くの隠修士たちが教えを求めて集まったこととされる。そして、ローマ帝国におけるキリスト教公認（313年）後にエジプトのパコミオス（Pachomius, St）が修道士たちと共住生活をして修行

するために修道院を創設した。そしてカイサレイアのバシレイオス（Basilius, St）は共住型修道院の規則を編纂して修道院内の規律を定め、定時の祈りと労働、厳しい節制を旨とした生活を説いた。修道院は東方各地に設立され、バシレイオスの修道院規則は東方正教会の修道院の統一規則となった[1]。

1.2　ベネディクトゥスの『戒律』

　東方の修道院で修行したヒエロニュムス（Eusebius Sophronius Hieronymus, St）等によって修道院が西方に伝えられた。ヌルシア出身のベネディクトゥス（Benedictus, de Nursia, St）はローマ東郊のスビアコで修行した後にモンテ・カッシーノ（Monte Cassino）に修道院を創設して、修道院生活の慣習や規律を定めた『戒律』（Regula）をまとめた。『戒律』は序文と73章からなる文書で、修道士と修道院長の心得、聖務日課、修道院の管理・運営、食事と服装、労働、外部との関係等について規定している。労働について定めた第48章では労働と祈りとともに読書と学習の重要性を認めている。復活祭から10月1日までは朝食後の第4時課から6時課を朗読の時間に当て、昼食後の自由時間にも他の修道士の邪魔にならなければ読書を行ってもよいとする。10月1日から四旬節（復活祭前の日曜日を除く40日）のはじめまでは第2時課の終わりまでを読書の時間とし、朝食後に再び読書を行う。四旬節中は朝から第3時課の終わりまでを読書に当て、各自図書室から本を1冊貸出して通読しなければならず、日曜日には指定された仕事がない場合は読書を行う。そして、修道士が読書に従事している時間には長老あるいは指名された2名の者が読書に専心しているかどうか見回らなければならないとされ、読書が非常に重要視されていた[2]。ベネディクトゥスの『戒律』では修道士には私有財産が禁じられていたため、修道院は図書室を設けて修道士全員分の冊数の書物を所蔵しなければならなかった。そればかりでなく、教会の典礼にも多くの書物が必要であったことから、修道

---

1) 修道院の成立については、杉崎泰一郎（2015）『修道院の歴史：聖アントニオスからイエズス会まで』創元社、pp.19-30参照。
2) ベネディクトゥスの『戒律』の日本語の部分訳は、上智大学中世思想研究所（1993）『中世思想原典集成5』平凡社、pp.245-328参照。

院には修道士の人数分以上の書物が必要であった。

　ベネディクトゥスの『戒律』は中世を通じてすべての修道院規則の基本であったため、修道士にとって読書・学習の重要性は変わることはなかった。なお、10世紀までのローマ・カトリック教会の修道院はすべてベネディクト会の修道院であった。

1.3　カッシオドルスの『綱要』

　ベネディクトゥスと同時代にイタリア半島南端のカラブリアではカッシオドルス（Cassiodorus, Flavius Magnus Aurelius）が聖書研究のためにウィウァリウム（Vivarium,「養魚池」）と呼ばれる図書室（bibliotheca）と書写室（scriptorium）を中心とする修道院を設立して、キリスト教および古代ローマのラテン語作品の書写と保存を行った。彼は聖書並びに世俗の諸学の研究のための教育課程を説いた『綱要』（Institutiones divinarum et humarum）全2巻を執筆した。第1巻は聖書の内容と学習方法、公会議の意義、聖書の区分と卓越性、初期教父たち、修道院長等について語る。第2巻は世俗の諸学である文法学、修辞学、論理学、数学的諸学科（算術、幾何学、音楽、天文学）について詳しく述べ、それぞれの分野の代表的な著作を取り上げて解説する。これらは中世の教育の基礎となる学問体系に沿った文献案内であった[3]。『綱要』に取り上げられた書物はウィウァリウムの図書室の蔵書に基づいているが、未所蔵書には「探求すべき」と記されていた。つまり、『綱要』は今日的意味では蔵書目録とは言えないが、蔵書の解説目録の役割を担っていたことは確かである。本書は中世初期の修道院図書室の目録に影響を与えた。アルザス地方のムールバッハ（Murbach）修道院図書室の蔵書目録は『綱要』を典拠にして編集され、未所蔵の書物を収集希望図書として示した[4]。

　ウィウァリウムでは聖書の写本が3部制作された。そのうちの1部がコーデ

3）カッシオドルスの『綱要』の日本語訳は前掲2）、pp.336-417参照。
4）北村直昭［2004］「カッシオドルス『綱要』への新たな視座：カロリング期の図書館カタログとの関連から」『藤女子大学キリスト教文化研究所紀要』第5号，pp.41-67.

クス・グランディオル（Codex grandior）と呼ばれる写本であった。700年頃この写本を手本にしてイングランド北部のウェアマス＝ジャロウ（Wearmouth=Jarrow）修道院では院長セオルフリド（Ceolfrid）のもとで教皇に献呈するためにコーデクス・アミアティヌス（Codex Amiatinus）が制作された。本書は現存最古の１冊本のラテン語ウルガタ（Vulgata）訳『聖書』の写本である。この写本の巻頭の挿絵には扉付きの５段の棚があるアルマリウム（armarium 本棚、英語 press）とその前で律法を執筆する預言者エズラ（Ezra）（あるいはカッシオドルス）が描かれている（図2.1）。アルマリウムのなかには聖書の各書が棚に２冊ずつ背表紙を手前にして平置きで収納されている。最下段のみは３冊が重ねて置かれており、そのうち２冊はまだ未製本の状態である。この挿絵はウィウァリウムの写本に由来すると考えられていることから、往時の図書室の様子を描いているとみなされる。図書室では古代からの伝統に従ってギリシア語書とラテン語書を区分してアルマリウムに保管していたと考えられている[5]。

図2.1　コーデクス・アミアティヌスの挿絵
(注）アルマリウムの前で書写する預言者エズラ（カッシオドルスという説もある）。
(出所）メディチェア＝ラウレンツィアーナ図書館所蔵（８世紀、フィレンツェ）（Amiat. 1, f. 5r）（Florence, Biblioteca Laurenziana (Laurentian Library). ©2018. DeAgostini Picture Library/Scala, Florence）。

---

5) Christ, K. (1984) *The handbook of medieval library history*, translated and edited by T.M. Otto, The Scarecrow Press, pp.60-61.

1.4 ローマ教皇の図書館

ローマ教皇の図書館はダマスス1世（Damasus I, 在位366-384）によってサン・ロレンツォ聖堂（San Lorenzo in Damaso）に設置された文書庫に由来する。4世紀末までにはラテラノ大聖堂（San Giovanni in Laterano）に文書館が設置され、歴代の教皇の公文書や図書を収蔵する聖ローマ教会文書館つまり聖ラテラノ閲覧室（Archivum sanctae romae ecclesiae scilicet sacrum Lateranense scrinium）として発達する。教皇グレゴリウス1世（Gregorius I, 在位590-604）が教会改革に乗り出した580年頃にモンテ・カッシーノがランゴバルド族によって破壊されたことから、教皇はベネディクトゥス『戒律』を保護するために原本をラテラノの図書室に移した。その後、教皇マルティヌス1世（Martinus I, 在位649-655）が文書館長（primicerius notariorum）を任命して図書室・文書館の管理に当たらせたが、教皇ハドリアヌス1世（Hadrianus I, 在位772-795）は文書館と図書室を切り離して図書館長を任命して図書室を独立させた。図書室は公開されていたという。一方、ヴァチカンの地に建設された聖ペテロ聖堂にも7世紀に図書室が開設された。コーデクス・アミアティヌスを教皇に献上したセオルフリドは本書を聖ペテロ聖堂に安置したかったという。また、教皇ザカリウス（Zacharius, 在位741-752）は読誦集を寄贈しており[6]、教皇にとって重要な図書館となっていた。

1.5 イシドルスの『語源誌』

スペインのセビリア司教イシドルス（Isidorus, St）は中世初期の最高の知識人の一人であった。彼の主著『語源誌』（Etymologiae）はキリスト教的な観点で物事の起源を論じた分類別の百科事典であり、古代の学問を中世に伝えるのに大きな役割を果たした。本書の第6書「教会の書物と役割について」のなかで、古代の図書館の起源について言及し、さらに聖書をラテン語に翻訳したヒエロニュムスの図書室をキリスト教史上最初の図書館であるとした。さらに、聖書学について論じ、書物や書写の材料について言及した。

---

6) 前掲5), pp.69-70.

セビリアの司教館のイシドルスの図書室の壁にはアルマリウムの内容と利用方法が銘文（tituli）として刻まれていた。アルマリウム1－2が聖書、3－9が初期教父、10がキリスト教徒の詩人、11が歴史家、12－13がグレゴリウス1世と聖レアンドロ（San Leandro de Sevilla）、14が法学書に当てられていた。隣の部屋は「薬局」と名付けられ、16-18の銘文には古代の医学者の名が記され、医学書が置かれていた。続く部屋の25-27の銘文には静粛が求められていたことから書写室とみなされている[7]。

　7世紀以降ヨーロッパ各地で修道院の設立が盛んになる。アイルランド出身のコルンバヌス（Columbanus, St）は590年以降にフランスのリュクスイユ、614年にイタリアのボッビオに修道院を開設した。彼の弟子のガルス（Gallus, St）は613年にスイスでザンクト・ガレン修道院を創設した。また、662年にはフランスのコルビィ、744年にドイツのフルダにも修道院が設立され、図書室と書写室が置かれ、多くの写本が制作された。

② 修道院図書室の発達

2.1 カール大帝時代の図書館

　フランク族のメロヴィング朝を倒したピピン3世（Pippin III）がカロリング朝を開き、王権を長男のカール大帝（シャルルマーニュ）（Karl der Grosse, Charlemagne, 在位768-814）に世襲させた。カール大帝は各地を征服して領土を拡大するだけでなく、さまざまな改革を行って「カロリング・ルネサンス」（Carolingian Renaissance）と呼ばれる文化発展期を出現させた。カール大帝はイングランドのヨーク大聖堂付属学校の校長アルクィン（Alquin）をアーヘンの宮廷に招聘して教会改革、修道院・大聖堂付属学校の教育改革、書物の革新と文字の改良を進めた。アルクィンは宮廷学校で多くの学生を育て、フランス、トゥールのサン・マルタン修道院長となり写本の制作に関わった。

　カール大帝の宮廷には書写室を備えた図書館が開設された。大帝は各司教区

---
[7] 前掲5), pp.81-82.

と各修道院に詩篇、注釈、聖歌集、教会暦、文法書、よく校訂された宗教書を備えることを命じた。そして、成人の写字生を置いて利用に耐えられる新しい書体による写本を作ることを要請した。この書体はカロリング朝小文字書体（Carolingian minuscule）と呼ばれ、この書体によって多くの写本が制作されて大帝の図書館に収蔵された。それらのなかには遠方の高官、司教、修道院長、使節に宛てた文書も含まれていた。宮廷図書館の目録によれば、図書館には古代ギリシア・ローマ古典のルキアノス（Lucianus）、スタティウス（Statius, Publius Papinius）、ユウェナリス（Juvenalis, Decimus Junius）、ティブルス（Tibullus）等のほかに中世の尊者ベーダ（Bede, the Venerable, St）やイシドルス等の書物も所蔵されていた[8]。

2.2　ザンクト・ガレン修道院の平面図

　スイス北東部のザンクト・ガレン修道院には5枚の鞣皮紙(じゅうひし)を縫い合わせて赤インクで修道院平面図を描き、裏面に黒インクで説明を記した文書が保存されている（図2.2）[9]。これは825-830年頃に近隣のコンスタンツ湖に浮かぶ島ライヒェナウの修道院でザンクト・ガレン修道院の計画図として制作され、修道院長ゴツベルト（Gozbert, 在任814-836）に贈られたものである。しかし、平面図はザンクト・ガレン修道院の実際の設計図ではなく、当時の理想的な修道院の建物の配置を描いた平面図とみなされている[10]。この図面で注目されるのは聖堂の祭壇のある場所の南北両脇にある1対の施設である。北側に1階が書写室で2階が図書室となる部屋があり、南側に聖具室と典礼用衣服室がある。そのことから、写本の制作・保管が教会の典礼上で聖具室と同様に重要であったことが判明する。書写室には北側と東側の壁に明り取りのために窓が3か所ず

---

8) Riché, P. (1989) De la Haute Époque à l'expansion du réseau monastique, *Histoire des bibliothèques françaises*, t. 1, Promodis, p.27.
9) ヴェルナー・フォーグラー編，阿部謹也訳（1994）『修道院の中のヨーロッパ：ザンクト・ガレン修道院に見る』朝日新聞社，p.163, 図87参照．
10) W. ブランフェルス著，渡辺鴻訳（2009）『図説西欧の修道院建築』八坂書房，p.72. 前掲1），p.88.

第2章　中世修道院の図書室

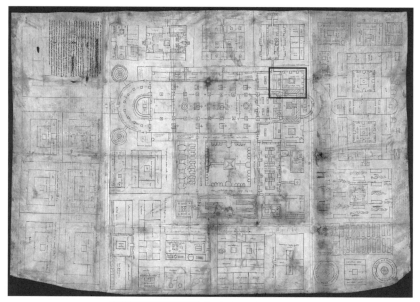

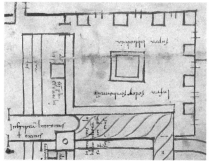

図2.2　ザンクト・ガレン修道院蔵の理想的な修道院平面図（上）と書写室の拡大図（下）
(注) 上図は825〜830年頃ライヒェナウ修道院で制作、112×77.5cm、5枚の鞣皮紙を縫い合わせて作られたもの。枠で囲んだ部分が書写室（下図）と図書室の場所。
(出所) ザンクト・ガレン修道院図書館 ms. 1092（Photo by the courtesy of the Stiftsbibliothek St. Gallen, St. Gallen）.

つあり、窓と窓の間に書写のための机7台が設置されている。部屋の中央には大きな方形の机が設置され、部屋の西壁にはインク、顔料、鞣皮紙とお手本を入れた長持が置かれている。一方、2階の図書室へは聖歌隊席から入るようになっているが[11]、室内の設備の説明はない。なお、書写室の管理者は司書を意

味する「アルマリウス」(armarius) と記載されていた。後に図書室は大寝室の階下の回廊沿いに移されたという[12]。

2.3 ザンクト・ガレンとライヒェナウの修道院図書室

ザンクト・ガレン修道院図書室は修道院長ゴツベルトの時代に始まり、コンスタンツ司教でもあった修道院長ザロモン3世(Salomon III, 在任890-910)に至る約100年間が最盛期であった。図書館長リュートハルト(Liuthart, 在任858-886)、ウート(Uto, 在任886-890)、ノートカー(Notker der Stammler [Balbulus], 在任890-912)等が活躍し、書写室では多数の写本が制作された。それらの中にはベネディクトゥス『戒律』、ノートカー『カール大帝伝』(Gesta Caroli Magni imperatoris)、『縦長の福音書』(Evangelium Longum)、ギリシア語テクストを含む『詩篇』(Psalterium)、アイルランドの書物である『スコットランド語で書かれた書』(Libri scottice scripti) 等がある。この時代に編纂された蔵書目録『ザンクト・ガレン修道院の書物概要』(Brevarium librorum de Coenobio s. Galli) にはこのような写本とともに司書の名前も記録されていた[13]。

一方、ライヒェナウ修道院図書室は8世紀前半に創設され、修道院長ヴァルド(Waldo, 在任786-806)、ハイト(Heito, 在任806-823)、ヴァラフリト・ストラボ(Walafrid Strabo, 在任842-849)の時代に発展した。イタリアから多くの写本がもたらされたが、図書室は修道士レギンベルト(Reginbert)の指導の下で写本制作が盛んになり、ザンクト・ガレン、ムールバッハ、トゥール、サン・ドニ、コルビィ等の修道院と写本をやりとりした。また、聖書注釈学の中心地となり、ヴァラフリト・ストラボの名で『聖書注解』(Glossa ordinaria) が編纂された。842年までに415冊の写本を収蔵した。

各地の修道院図書室の発達で9世紀には写本の数が急増して約7000点になった。そのうち350写本がフランス、トゥールのサン・マルタン修道院に由来す

---

11) Tremp, E., J. Huber, K. Schmuki (2007) *The Abbey Library of Saint Gall: the history, the Baroque hall and the collections of the Abbey Library*, Verlag am Klosterhof, p.27.
12) W. ブランフェルス著,渡辺鴻訳 (2009)『図説西欧の修道院建築』八坂書房,p.77.
13) 前掲9), pp. 9-12.

るという[14]。しかし、当時の修道院図書室の蔵書数はザンクト・ガレン、ボッビオ、ライヒェナウ、ロルシュ等の修道院でも約400〜600冊程度、ムールバッハで約300冊、サン・リキエで200冊以上[15]であり、フルダ修道院の目録では20冊であった。しかし、12世紀にはクリュニー修道院で570冊、コルビーで400〜500冊、ライヒェナウで800〜900冊、ザンクト・ガレンで約1000冊に達し、モンテ・カッシーノやボッビオでは700冊ほどに増加した。蔵書内容としてはアウグスティヌス（Augustinus, Aurelius, St）、ヒエロニュムス、アンブロシウス（Ambrosius, St）等の教父や大グレゴリウスや尊者ベーダの著作は必ず備え付けられ、同時代の神学者の著作も収集され、蔵書の半数以上が神学書であった。

2.4　シトー会修道院の回廊

　清貧と禁欲を旨としていた修道院も11世紀に至ると世俗の有力者から多額の寄進が集まる特権的な団体へと変貌した。その例は910年に創建されたフランス、ブルゴーニュのクリュニー大修道院である。ベネディクトゥスの『戒律』の精神から離れて、巨大で豪華な大聖堂を献堂し、多数の修道院を傘下に置いた。このような修道院を批判して改めて『戒律』の精神に立ち返り、清貧と禁欲を取り戻そうとしてモレームのロベール（Robert de Molesmes）がブルゴーニュのシトーに1098年に修道院を設立しシトー会を開いた。第２代院長ハーディング（Harding, Stephan）は修道院発展に貢献し、近隣のポンティニーやクレルヴォーに大修道院を設立した。ハーディングの下で修行したベルナール（Bernard, St）も修道院の拡張に努力して65の修道院を開設した。彼の尽力によって12世紀中にシトー会傘下の修道院がヨーロッパ全土に急速に普及した。

　シトー会修道院では回廊にアルマリウムを作り、書物を備えて回廊での読書を奨励した。また、食堂にもこのようなアルマリウムを設けて食事中に朗読するための図書を備えた。シトー会修道院の多くで東回廊の角にアルマリウムが

---

14) Barbier, F. (2013) *Histoire des bibliothèques d'Alexandrie aux bibliothèques virtuelles*, Armand Colin, pp.67-69.
15) ベルンハルト・ビショップ著，佐藤彰一・瀬戸直彦訳（2015）『西洋写本学』岩波書店，p. 283.

第Ⅰ部 世界編

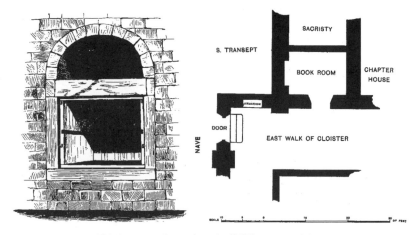

図2.3 フォッサ・ヌオーヴァ修道院のアルマリウム
(注) アルマリウム (armarium)（左）と回廊に接して設置された「図書室」(book room)（右）。図書室には窓がない。
(出所) Clark, J.W. (1902) *The care of books: an essay on the development of libraries and their fittings, from the earliest times to the end of the eighteenth century*, 2nd ed., Cambridge: at the University Press（reprint ed. by Thoemmes Press, Bristol in 1997）p. 72, Fig. 19 & p. 75, Fig. 21.

作られた。ローマの南にあるフォッサ・ヌオーヴァ修道院でも同じような場所に作られ、修道士以外も利用できたという（commune armarium claustri）（図2.3)[16]。また、クレルヴォー大修道院では大寝室に通じる階段の下にある聖ベルナールの秘書の部屋で書物を保管し、さらに小回廊の北側に大図書室（magna libraria）を設けた。シトー会ではすべての修道院にシトー会修道院規則、詩篇、祈祷書、聖歌集、聖務日課を備えることを規定していたことから、それらが回廊のアルマリウムと図書室に備え付けられた。そして、修道士は個室の静寂の中でこれらの書物を書写した。12世紀にはクレルヴォー大修道院では350冊の写本を所蔵していたが、書物の寄進が相次ぎ14世紀末には約1000冊、1472年には1714冊に達した[17]。

16) Clark, J.W. (1902) *The care of books: an essay on the development of libraries and their fittings, from the earliest times to the end of the eighteenth century*, 2nd ed., Cambridge: at the University Press（reprint ed. by Thoemmes Press, Bristol in 1997）pp.72-73, Figs. 19 & 21.
17) 前掲5), p.204.

2.5 カルトゥジオ会修道院の図書室

シトー会同様にベネディクトゥスの『戒律』に立ち戻ろうとしてケルン出身のブルーノ（Bruno von Köln）がグルノーブル郊外の山上に孤独と共住を組み合わせた修行の地として1084年にラ・グランド・シャルトルーズ修道院を設立してカルトゥジオ会を創設した。1109年に修道院長に就任したグイゴ1世（Guigo de Castro）は修道院規則の成文化を図り、『シャルトルーズ修道院慣習律』を編纂した。この規則によれば修道院内では孤独による沈黙の生活が重視されるため、修道士は一日の大半を個室で祈りと手作業、読書の修行に勤しんだ。読書のための書物は図書室から2冊貸与され、大切に扱うよう定められていた。しかし、修道士が集まり書物の誤りを訂正したり、製本したりする際には沈黙を解くことができた。12世紀にはすでにラ・グランド・シャルトルーズ修道院には立派な図書室があったことが記録されている。また、修道院間での写本の受贈や貸出も盛んであった。1305年にはイタリア、トリズルティのサン・バルトロメオ修道院がパドヴァのサン・ロレンツォ修道院に書物を贈り、また1419年にはラ・グランド・シャルトルーズ修道院が25冊をサルバトールベルク修道院に送付した[18]。こうして、各地の修道院に図書室が備えられるようになった。

3 修道院図書室の衰退と大聖堂、大学図書館の発展

3.1 托鉢修道会の図書室

スペイン出身のドミニクス（Dominicus, St）がフランスで創設したドミニコ会とイタリアのアッシジでフランチェスコ（Francesco d'Assisi, St）が創始したフランシスコ会（正式名称は小さな兄弟会）は財産を否定して清貧の中で托鉢をしながら福音の言葉を説いたため「托鉢修道会」と呼ばれている。両会とも都市で托鉢するために修道院を都市に開設したことが従来の修道院と異なる。

ドミニコ会の第2代総長ヨルダヌス（Jordanus Saxo）は大学都市に250以上の

---

18) Bondéelle, A. (1989) Trésor des moines. Les Chartreux, les Cisterciens et leurs livres, *Histoire des bibliothèques françaises*, t. 1, Promodis, p.71.

修道院を開設して修道士を集めた。そのうちの一人がドイツ出身のアルベルトゥス・マグヌス（Albertus Magnus, St）である。彼はパリ大学神学部教授に就任して『神学大全』（Summa theologiae）やアリストテレス注解を執筆して百科事典的な著作を成した。彼の弟子の一人がイタリア出身のトマス・アクィナス（Thomas Aquinas, St）であり、パリ大学で教鞭を執り『神学大全』（Summa theologica）を執筆してアリストテレス哲学とキリスト教神学とを融合させる決定的な役割を果たした。

　ドミニコ会では修道士たちは書物を書写することに時間を使うよりも職業写字生を雇って写本を作らせて、学問研究に専念しようとした。すべての修道士は図書室から書物を借用する権利を持ち、図書室は貸出用の図書リストを持たなければならなかった。1253年にフランスのリモージュ聖堂参事会はリモージュおよびトゥールーズ、ボルドー、モンペリエ、ナルボンヌ、カオール、ル・ピュイ、マルセイユの修道院長に図書室を開放するように要求して[19]、修道士の図書の利用の便を高め、修道院図書室のネットワーク化を進めた。ボローニャの聖ドメニコ修道院図書室の1381年以前の目録によれば472冊が52の書見台（lectern）に鎖でつながれていた。図書室は15世紀に改築されて室内は38.3×14.5メートル、中央通路を挟んで左右に書見台が並べられた[20]。

　フランシスコ会はアッシジに修道会の本拠を置いて瞬く間にイタリア、南フランス、低地諸地方から北欧、東欧各地に拡大した。フランシスコ会は一切の財産を否定する立場から、修道士は書物を所有できないが書物の使用許可は与えられるとして修道院図書室が設置された。

　フランシスコ会を代表する神学者の一人がパリ大学神学部教授となったボナヴェントゥラ（Bonaventura, St）である。彼は『霊魂の神への旅路』（Itinerarium mentis in Deum）等の神秘的な神学書を著した。彼の著作は2269点もの写本によって伝わっているが、名前が知られた修道士の写字生は20名にも満たな

---

19) Humphreys, K.W.（1989）Les bibliothèques des Ordres mendiants, *Histoire des bibliothèques françaises*, t. 1, Promodis, p.126.
20) O'Gorman, J.F.（1972）*The architecture of the monastic library in Italy 1300-1600: catalogue with introductory essay*, New York University Press, pp.39-40.

かったことから職業写字生による書写が行われていたとみなされている。

1336年に教皇ベネディクトゥス12世（Benedictus XII, 在位1334-42）は、修道院図書室の図書の散逸も紛失もないようにして、文法、論理学、哲学、神学の書物を十分に備えよという勅令を出した[21]。アッシジ修道院図書室の1381年の目録によれば、図書室は鎖で繋がれた171冊の写本からなる共通文庫（Bibliotheca publica）[22]と、修道士への貸出用の537冊からなる内部文庫（Bibliotheca secreta）に区分されており、修道士ばかりでなく、書物を必要とする者の利用を認めていた。目録には写本の最初と最後の言葉と折丁数が記載されて写本の同定を可能にしていた。そして、各写本には函架記号（press mark）がふられていた。オックスフォードのフランシスコ会の学寮でも修道院文庫（Bibliotheca conventus）と学者・学生文庫（Libraria scholarum et studentium）とに分かれていた[23]。しかし、修道院における学問活動は次第に衰退に向かい、書写室における写本制作も減少していった。

3.2 大学の発達と学寮図書室の誕生

近代的な大学の起源は9世紀に遡るイタリアのサレルノ医学校や11世紀に起源するボローニャ大学、12世紀に設立されたオックスフォード大学、12世紀に起源するパリ大学等に求められる。これらの大学はさまざまな学寮（college）を中心として発展した。大学は教皇勅書でストゥディウム・ゲネラーレ（Studium generale, 中世の学校）と呼ばれた。各地に大学が設立されると高等教育の中心が修道院から大学に移り、修道院における学問活動はますます衰退していった。

パリ大学はスコラ学の階梯に基づいた学芸、医学、法学、神学を教育する4学寮を創設して、ヨーロッパの学問研究の中心にあった。これらの学問を修めるためにはそれぞれの分野の充実した図書資料が必要であったため、学寮では

---

21) 前掲19), p.131. なお、K. Christ は1382年の目録に181冊が Bibliotheca publica に入ってるとしている（前掲5), p.257参照）。
22) Humphreys, K.W. (1989) p.131.
23) 前掲5), pp.257-258.

寄贈・遺贈によって収集された資料を保管・提供するために図書室を開設した。

中世ヨーロッパを代表する大学図書館は、パリ大学のソルボンヌ学寮図書室であった。神学者ソルボン（Sorbon, Robert de）によって1257年に神学研究の中心としてパリ大学にソルボンヌ学寮が設立され、翌年には神学書や聖書、教父文献等の図書が遺贈され、1275年頃にソルボンヌ学寮図書室が開設された。学寮メンバーから図書の寄贈・遺贈が次々と寄せられて1280年代末までに1000冊を超えるまでになった。1289年に図書室は「大図書室」（libraria magna）と「小図書室」（libraria parva）に分けられた[24]。大図書室は2階に設けられた細長い部屋に、26台の書見台が並ぶ閲覧室で、学寮メンバーが共通して利用できた。聖書注解、ペトルス・ロンバルドゥス（Petrus, Lombardus）の『命題集4書』（Sententiarum libri IV）、同時代の学者の注釈書等の基本図書が書見台に鎖でつながれていた。一方、小図書室は貸出用の図書を収蔵する閉架書庫であった。

1290年の図書室概要には1017書が記載されていたが、1338年の目録では1720冊に増加していた。目録ではそれぞれについて寄贈者名、図書の内容、請求記号、査定額が記述された。そのうち大図書室所蔵の300冊以上については「鎖でつながれている」（cathenatus）と記載されるのみで詳しい情報は記録されなかった[25]。残り約1400冊が学寮のメンバーや大学の構成員で貸出を希望する者への貸出用であった。ソルボンヌ学寮の図書館のシステムは中世の大学図書館としては画期的であった[26]。

イギリスではオックスフォードのマートン学寮で13世紀末に図書施設が作られたのを嚆矢として、14世紀以降オックスフォードとケンブリッジの学寮に

---

24)「大図書室」は最初は「共通図書室」（libraria communis）と呼ばれ、「小図書室」は貸出用の本を置く場所で適当な名前がなかった。「大図書室」「小図書室」の名称は14世紀中葉になって使われた。Rouse, R.H., M.A. Rouse（1989）La bibliothèque du collège de Sorbonne, *Histoire des bibliothèques françaises*, t. 1, Promodis, p.119参照。
25)前掲5），pp.241-242. 永嶺重敏［1982］「中世ソルボンヌ図書館成立史に関する一考察：利用者の観点から」『図書館界』34（4）pp.268-276. 松浦正博［1990］「中世パリ大学ソルボンヌ学寮における学問研究」『広島女学院大学論集』40，pp.155-180.
26)前掲24），pp.116-120.

次々と図書室が設置され、教師への貸出も行われた。オックスフォードでは14世紀に大学共通の図書室が形成され[27]、15世紀にハンフリー公（Humphrey of Lancaster, Duke of Gloucester）の遺贈によって大学図書館が確立した。一方、14世紀に大学が設立されたプラハやウィーンでは学芸学部に図書室が開設されて書物の収集が始まり、やがて大学図書館となっていった。プラハでは15世紀に1866写本を所蔵していた[28]。

　大学に多くの学生が集まるようになると多数の教科書が必要になった。大規模な大学では、その解決策としてペキア（pecia）・システムを考案した。それは、校訂のしっかりした標準の原本（exemplar）を作らせて、それらを大学公認の書籍業者（stationarius）に預けて写本を作らせる新たな方法であった。業者は原本をペキア（二折判2欄組の折丁で決まった文章量があるもの）単位に分割して職業写字生に書写させて、出来上がったペキアの数に応じて代価を支払った。出来上がった写本はさらに大学の点検を受ける必要があった。しかしペキア・システムは15世紀には衰退していった[29]。また大学都市での写本生産が盛んになると、改革を迫られていた修道院の書写室における書写作業は衰退していった。

3.3　司教座聖堂あるいは大聖堂の図書室の発達

　司教座聖堂あるいは都市の大聖堂に図書室が開設されるのは12世紀以降である。パリでは13世紀後半に神学を学ぶ貧しい学生のためにノートルダム大聖堂に遺贈された図書の利用を進めた。その後も遺贈が続き、1300年には聖書注解、神学書、哲学書など97写本を所蔵した。大聖堂の特別な場所に閲覧室を設けて書物を机に鎖でつないで閲覧させた。

　フランスのランス大聖堂では学校教育の伝統があり、13世紀末から14世紀初めには大学教科書を受け入れた。15世紀初めには大聖堂の回廊に図書室が設置され158冊の写本を所蔵した。聖堂参事会の命で1456年から1479年にかけて詳

27）前掲16), pp.142-145.
28）前掲5), pp.245-248.
29）前掲15), pp.55-56.

第Ⅰ部　世界編

図2.4　リンカーン大聖堂図書室と15世紀の書見台（復元図）
（出所）Streeter, B.H.（1931）*The chained library*, McMillan, p. 17.

細な蔵書目録が作成された。目録によれば、左列の13台の書見台に278冊が置かれ、右列の15台の書見台に191冊が置かれた。その他に価値の低い16写本がアルマリウムに収納されていた。

イギリスでは大聖堂に図書室が設置されたのは14世紀から15世紀である。イングランド東部のリンカーン大聖堂は11世紀に献堂され、12世紀から写本が保存された。15世紀初めに図書の寄贈・遺贈が続いたため、図書室を東回廊の上階に増築した。天井高9フィート8インチで、幅7フィート9インチの書見台が2列に並ぶ南北に長い方形の図書室であった。その後南側半分が取り壊されたが、中世の書見台が保存されている（図2.4）。

また、イングランド南西部のウェルズ大聖堂では1424年に回廊の上階に図書室が増築された。図書室には聖堂の南翼廊の螺旋階段から入ることができる。南北106フィート、東西16フィートの非常に細長い方形のプランで、東西両側の壁に一定間隔で小さな窓が作られ（西壁に11か所、後に一部閉塞、東壁は後の改造で窓の多くが閉塞された）（図2.5）、窓際に書見台を置き、書物をそれに鎖でつないで配置した[30]。

中世最大規模の図書館はローマ教皇庁図書館であった。教会分裂（大シスマ, 1378-1417）の前からフランスのアヴィニョンには教皇の図書館がおかれた。アヴィニョンに最初に教皇の宝物（書物を含む）が移転したのは、クレメンス5世（Clemens V, 在位1305-1314）がアヴィニョンに移った1309年であった。教皇ボニファティウス8世（Bonifatius VIII, 在位1294-1303）が収集した430点の写本

---
30) 前掲16), pp.111-117.

第 2 章　中世修道院の図書室

図2.5　回廊中庭から見たウェルズ大聖堂図書室（1階が回廊で2階が図書室）
（出所）筆者撮影。

図2.6　図書館を訪問する教皇シクストゥス4世を描くフレスコ画
（出所）ローマ，サント・スピリト病院，メロッツォ・ダ・フォルリ画（Rome, Hospital of Santo Spirito in Sassia. ©2018. Photo Scala, Florence）。

はイタリアのペルージャとアッシジにあったため、クレメンス5世は新たに書物の収集を始めた。その後グレゴリウス9世（Gregorius IX, 在位1370-1378）に至るまでにアヴィニョンの宝物は充実し、教皇の居館に造られた「天使の塔」（Tour de Anges）に保存された。1377年のリストによれば写本は1677冊を数えた[31]。

その後、ローマの教皇庁では教皇ニコラウス5世（Nicholaus V, 在位1447-1455）がヴァチカン宮殿内にギリシア・ローマの古典文献を収集した人文主義の図書館を開き、シクストゥス4世（Sixtus IV, 在位1471-1484）が今日のヴァチカン教皇庁図書館の基礎となる図書館を1477年に設立した。図書館内部を描いたフレスコ画には2列に書見台が並び、その上で鎖につながれた書物を閲覧する閲覧者がいた（図2.6）。

④ 中世図書館の利用と環境、役割

4.1 中世における読書

中世では人びとは図書室（館）でどのように読書していたのだろうか。通常は音読であった。ルクレールは次のように述べる[32]。

見たものを唇で発音しながら語り、発音された語に耳を傾けながら、「書物の声」（voces paginarum）を聞いたのである。人々がもっぱら行うのは、まさしく聴覚による読書である。

聖書の甘美な言葉を発音してそれを耳で聞いて理解する読書は、修道士にとって誠にふさわしい修行であった。

ところが、中世の早い時期から黙読も存在し、12世紀以降に教育の場に浸透

---

31) Jullien de Pommerol, M.-H., J. Monfrin（1989）La bibliothèque pontificale à Avignon au XIVe siècle, Histoire des bibliothèques françaises, t. 1, Promodis, pp. 147-150. 前掲5）, pp. 287-288.
32) ジャン・ルクレール著, 神崎忠昭・矢内義顕訳（2004）『修道院文化入門：学問への愛と神への希求』知泉書館, p.21.

していった。当時、書物が増えて音読で理解することが不可能になっていた。そこで修道士たちは著者たちの言葉を素早く引用できるように抜粋集や詞華集、内容索引などの種本を編集した。13世紀に大学が確立すると知識の迅速な獲得が必要になり、14世紀にはこれらの種本が教科書として使われはじめ、読書が知識獲得のための「スコラ学的読書」に変質した[33]。また、12世紀以来シトー会の修道士たちは書写作業において単語を分かち書きして目で文章を確認できるようにしていた[34]。一方、大学では講義に教科書を持参することが求められ、鎖付きの図書館では隣り合って図書を閲覧するため黙読が必然となり、14世紀には個人の読書に黙読が普及した[35]。すなわち、読書が神の声を聞く修行から教育における知識獲得の手段に変容した過程で、中世の図書館が少なからぬ影響を与えていたということになる。

4.2 中世図書館の目録と利用

　中世の図書館を利用するためには蔵書目録を利用する必要があった。中世の図書館で所蔵された書物のほとんどは仔牛、山羊、羊等の皮を鞣して作った鞣皮紙に筆写された冊子本（コーデクス、codex）である。冊子本は必ずしも1タイトルを1冊に製本していたわけではなく、小冊であれば同じ著者や同様な主題の書物をまとめて合本製本していた。そのため、修道院図書室が所蔵する冊数とタイトル数には大きな差があった。

　そのため、中世の修道院図書室等では多様な目録が作成された。初期には蔵書目録と言えないような収蔵すべき図書目録があったが、図書が増加するとともに、写本を同定するために書誌情報の記述を工夫した目録や、分類、排架の実際がつぶさに理解できる目録が多数編集されるようになる。

---

[33] ジャクリーヌ・アメス著，横山安由美訳（2000）「スコラ学時代の読書型式」ロジェ・シャルチエ／グリエルモ・カヴァッロ編『読むことの歴史：ヨーロッパ読書史』大修館書店，pp.135-156.
[34] ポール・サンガー著，横山安由美訳（2000）「中世後期の読書」ロジェ・シャルチエ／グリエルモ・カヴァッロ編『読むことの歴史：ヨーロッパ読書史』大修館書店，p.162.
[35] 前掲34），p.171.

15世紀のランス大聖堂図書室目録は、著者名あるいは書名、葉数、2番目の葉の最初の言葉、最後から2番目の葉の最後の言葉、寄贈者名の要素で記述され、紙本の場合は「紙」(papier) と記され、貴重な製本や未製本の場合も注記された。このような詳細な記述は何よりも蔵書管理のためであるが、利用者にも写本を検索するために有用な情報を提供していた。これらの記述によって今日フランス国立図書館等いくつかの図書館に分蔵されたこの修道院の旧蔵書のうち336写本が同定されている[36]。

　イギリスカンタベリーのセント・マーティン小修道院でホワイトフェルド (Whytefeld, John) が1372年から1389年に編集した3種類の目録は図書館管理者と利用者にともに有益であった。図書室の図書はA-Iの9分類され、各分類は1台ずつの本箱に収納され、本箱には棚が7段あり棚番号が下からI～VIIとふられた。そこに図書が平置きで置かれ、棚ごとに排架順にアラビア数字で番号が付けられた。第1目録は所蔵する440冊のシェルフ・リストであり、目録の記述は各冊子の先頭に製本された本の著者と書名、冊子の全葉数と冊子に含まれた写本数である。第2目録は各冊子に含まれた作品を製本順に著者、書名、作品が始まる葉番号と表・裏面の別、作品の最初の数語を記述する内容目録である。全作品数は約1500タイトルに及んだ。第3目録は書名順に作品を簡略に記述してその分類記号、棚番号、図書の位置、作品が始まる葉番号と表・裏面を記した索引である。第1目録は図書館管理者のための目録であり、第2目録は利用者が目的の作品を探す場合に実際にどの冊子の何番目に綴じられているのかを知ることができ、第3目録は利用者がどの作品がどこに排架されているのか簡便に知るためのものであった[37]。

　また、14世紀に英国のフランシスコ会修道士たちはイングランドにある186の修道院・大聖堂の図書室に所蔵された写本を調査して1330年頃に『英国における古の学者と著者の書物の一覧』(Registrum Anglie de libris doctorum et aucto-

---

36) Garand, Monique-Cécile (1989) Les anciennes bibliothèques du XIIIe au XVe siècle, *Histoire des bibliothèques françaises*, t. 1, Promodis, p.54-56.
37) Stoneman, W. (1999) *Dover Priory*, The British Library (Corpus of British medieval library catalogues 5).

rum veterum)を編纂した[38]。目録ではイングランドの教会8管区順に所蔵館を1〜186に番号付けして、99名のキリスト者の約1400作品がどこに所蔵されているのか作品ごとに所蔵館番号で示している。巻頭の著者アウグスティヌスの著作だけでも324に及んでいる。写本の個別の情報は記述されなかったが、修道士たちが書物を求めて訪書するために役立つ初期の全国総合目録であった。

4.3 中世図書館の環境と完成形

中世の図書館には3点の大きな問題があった。1点目は、閲覧のためには照明が必要であるが、図書室内にろうそくやランプを持ち込むことは火災の危険性が大きかったため、窓から自然光を採光するほかはなかった。中世にはまだ大きな窓を作ることができなかったため、窓は小さく採光も限られていた。そのため、窓に合わせて書見台を配置した。

2点目は鞣皮紙の書物を湿気からどのように守るかである。ザンクト・ガレン修道院の平面図では1階に書写室、2階に図書室が指示されていた。これは書物を湿気から守る手段であろう。湿気は2階までは上がらず書物を保護できたからである。シトー会修道院では地上階の回廊にアルマリウムを設置して書物を配置していたので書物が湿気で相当に痛んだはずである。中世後期にはほとんどの図書室は回廊や建物の上階に開設された。

3点目は書物の盗難防止であった。中世には書物はきわめて高価で貴重で希少なものであった。書物を閲覧に供しながら盗難を防ぐためには書物の表紙の上端か下端に鉄製の鎖の一端を取り付けて他端を書見台の鉄製バーにつなげて書物を容易に持ち運びできない手段がとられるようになった。この「鎖付き図書館」(chained library)は修道院図書室から始まり、大学図書館や大聖堂図書館に広まり中世後期の図書室(館)の一般的な姿となった。

中世の図書館のなかで当時のままの姿で現存している例は、北イタリアのチェゼーナの太守マラテスタ(Malatèsta, Domenico, 通称 Malatèsta Novello,

---

[38] Rouse, R.H., M.A. Rouse (1991) *Registrum Anglie de libris doctorum et auctorum veterum*, British Library (Corpus of British medieval library catalogues [2]).

第Ⅰ部 世界編

図2.7 チェゼーナ、マラテスタ図書館
(注) 上は入口からの全景，下は書見台に収められた写本。
(出所) 筆者撮影。

1418-65) がフランシスコ会修道院の上階に1454年に開設した公共図書館マラテスタ図書館（図2.7）が唯一である（Biblioteca Malatestiana）。図書館は東西に長い方形で40.85×10.4m、南北の壁の各20か所の窓と東側の壁上方に作られた円形の明り窓から採光している。中央通路の左右に29台ずつ書見台が並ぶ。書見台下の物置には修道院が収集した写本とマラテスタが制作・収集させたギリシア語、ラテン語、ヘブライ語の写本343冊が鎖でつながれて収納されている。マラテスタ図書館は中世後期の典型的な図書館の様相を保持しており、中世の図書館の完成形を見ることができる。

4.4 中世の図書室（館）の役割

　ヨーロッパ中世には修道院、大学、大聖堂等に図書室（館）が設置され、聖書、聖書注解、神学書をはじめ、法律、医学、古典を含む諸学の書物が収集・保存・提供された。しかし、書物の大半がラテン語であったため、ラテン語を読むことのできる聖職者、王侯・貴族、学者・学生等の人々が図書館を利用したにすぎない。それでも図書館では修道士や学者による学問研究が続けられ、古代の学問が保存され、中世の文化が築かれていった。古代ギリシア・ローマの学問のなかで中世に直接伝えられたものは限られていた。アリストテレス哲学はアラビア語を通してラテン語に翻訳されてようやく詳しく知るに至ったが、古代ローマの文献は修道院で新たに写本が作られて図書室で保存された。14世紀以降に人文主義者たちがそれらを次々と発見したことで、ルネサンス文化が開花したことは中世の図書室が果たした役割の一つと言える。

　また、中世の鎖付き図書館は書物を盗難から守り保存する役割を果たした。鎖付き図書館に排架された書物は聖書、基本図書、重要な文献、辞書等が多いことから、鎖付き図書館は近代の参考図書館（reference library）の原型と言えよう。一方、中世の修道院図書室では修道士に貸出が行われ、大学図書館では教師に貸出が許可されていたことから、それは近代の貸出図書館（lending library）の役割を果たしていた。つまり、西洋近代の図書館の基本的な役割が中世にすでに萌芽していたのである。

第3章 近世グーテンベルク革命

1 活版印刷の「発明」

　図書の歴史に大きな影響を与えた事項としてしばしば取り上げられるのが、1450年頃のヨハネス・グーテンベルク（Johannes Gutenberg）による活版印刷の「発明」[1]である。その評価と社会への影響について、本章では見ていく。まず本節では活版印刷がどのように「発明」されたのか、そしてどのように普及していったのかを見ていく。

1.1 「発明」の前提
　グーテンベルクが活版印刷を「発明」するにあたっては、いくつかの前提があった。まず、ヨーロッパの経済と都市の発展である。ジェノアやヴェネツィアのようなイタリアの都市は地中海貿易の拠点となり商業的に大きく発展した。そして、それにともない、帳簿や公文書、書簡を書いて読むための実用的なリテラシー（読み書き能力）の普及も進んだ。

　次に、キリスト教と王権との争いが挙げられる。中世の長きにわたって、キリスト教はヨーロッパの宗教として君臨していた。だが、キリスト教の中でも権力闘争と腐敗が進んでいった。その一方、王権の力はフランスなどで発展していき、相対的に力を増していった。グーテンベルクが多くの時間を過ごしたマインツもキリスト教と王権、さらにはギルドと貴族の間での争いがなされていた。

---

[1] 中国では、グーテンベルクに先立って、11世紀にすでに畢昇によって活版印刷の発明がなされている。

三番目に、人文主義によるルネサンスである。これはそれまでの古典復興の運動の最終段階として14〜15世紀にイタリアを中心に広まった運動を指す。古典復興のため、多くの人文主義者たちが古代の文献を探索した。人文主義者たちは、中世の写本のテキストは写字生の誤字、恣意的な追加などがあるなどの問題があるなかで、辛抱強く校訂を重ねていった。大学での教育でもこうした本は必要とされた。

最後に、技術的な発展である。まずは良質の紙が製造されるようになったことが挙げられる。紙は、中国からアラビアを経由してイタリアへ12世紀に輸入された。紙は、耐久性が羊皮紙より低かったので公文書に使われることは初期には禁じられていたが、徐々に製法などが発展していくことでヨーロッパ中に広がり、13世紀後半ごろから各種の記録簿に使われるようになった。さらには写本の作成にも使われるようになっていった。次に、金属活字である。金属活字を作り出すための鋳型による鋳造技術と打ち出し技術が、金属細工師などによってすでに可能となっていた。最後に、プレスの技術もブドウ絞り機、布の捺染などの開発がなされるようになっていた。

1.2 グーテンベルクの生涯と「発明」

ヨハネス・グーテンベルク（図3.1）は、1400年ごろにマインツで生まれた。だが、彼についての資料は乏しく、特に誕生から青年時代にかけての資料はほぼ存在していない。明らかになっている資料をたどっていくと、1434年、グーテンベルクは上記のように貴族とギルドの争いによりマインツを離れて、シュトラースブルクに移り、そこで活版印刷の発明にとりかかっている。

グーテンベルクが「発明」した活版印刷技術は以下のような仕組みである。まず「父型」と呼ばれる文字を浮き彫りにした硬い金属を、「母型」と呼ばれるやや柔らかい金属に叩きつける。そして、その母型に合金を流し込む。そうすると、まったく同じ大きさの活字がいくつも作ることができる。そして、その活字を並べて枠に入れ、列を揃えてページにする。これは非常に簡単な仕組みであったため、500年余り活字の鋳造の基本的な方法であり続けた。

図3.1 グーテンベルクの肖像画
(出所) https://commons.wikimedia.org/wiki/File:Johannes_Gutenberg.jpg（アクセス 2019.3.29）

そしてグーテンベルクは、1444年あるいはその翌年にマインツに戻り、活版印刷を実践することとなる。まずは、実業家のヨハネス・フスト（Johannes Fust）から1449年かその翌年に施設の整備のために800グルデン（現在の価値にして15万ドル）を金利6％で借り受け、さらにその後も紙やインクの購入、賃金の支払いのために800グルデンを借り受けた。そして、どの程度の印刷の規模かによるところも大きいがおおよそ1450年ごろから数年をかけて、42行聖書を作成した。1455年ごろ42行聖書はついに出版された[2]。

42行聖書はおおよそ160〜180部ほど印刷され、2段組、フォリオ（二つ折り）判で名前の通り42行からなっている。完全な形で現存するのは48部で、そのうち1部は日本の慶應義塾大学が保有している。これをはじめとして、1600年までに印刷された活版印刷の出版物をインキュナブラ（揺籃期本）と呼ぶ[3]。

42行聖書の前評判はかなり高かったようである。のちに教皇となるピッコロミーニ（Aeneas Sylvius Piccolomini）はスペインの枢機卿フアン・デ・カルバハル（Juan de Carvajal）に対して、「本文に全く誤りがなく素晴らしい優雅さと正確さで印刷されており」「眼鏡を使用することなく読めましょう」、そして「完

---

[2] 初期の印刷業者は出版者、書籍商の役割を兼ねていた。印刷業者の役割は徐々に分化されていったが、出版者と書籍商は17世紀まで分かれていなかった。
[3] インキュナブラの数は約4万点、そのうち現存するインキュナブラは、約3万点である。その45％が宗教書である。また、生産された書物の量はおおよそ2000万部と言われている。インキュナブラの目録として、大英図書館が作成したITSC（http://www.bl.uk/catalogues/istc/）がある。

成前にすでにこれらを購入したい人々がいるという噂も」あると送っている。

だが、その完成の直前フストはグーテンベルクを訴えてその印刷機械一式と印刷工ピーター・シェーファー（Peter Schöffer）を取り上げて、独自に42行聖書を完成させる。フストとシェーファーは、その後、印刷の日付と印刷者の名前の入った最初の活字本である『マインツ聖詩集』などを出版するが、1462年、マインツが略奪を受けた結果印刷所は破壊され、活版印刷の技術もドイツ各地に伝播していった。一方、グーテンベルクは36行聖書や贖宥状の印刷をその後行ったと考えられる。

1.3　活版印刷の普及

印刷術は、まず1460年代にはケルン、バーゼル、イタリアなどへと及ぶ。そして、1470年代にはフランス、スペイン、イングランドへと次々普及していく[4]。1480年には110以上の都市に印刷工房が存在していた。例えば、学僧ヨハン・ノイマイスター（Johann Neumeister）は、1460年頃グーテンベルクの元で働いたのち、イタリアへ赴く。1470年にはウンブリアの小さな都市、フォリーニョに移り、ダンテの最初の活字本を出版する。だが、借金の返済ができずしばらく牢に入り、その後は、マインツ、南フランスのアルビ、リヨンと移っていった。イングランドに印刷術を導入した毛織物商人ウィリアム・キャクストン（William Caxton）は、ブリュージュでまず印刷を行ったのち、1477年ロンドンのウェストミンスター修道院の近くで印刷所を開業し、英語の印刷本のなかで最古の日付の記された『哲人の箴言金言集』を印刷する。

こうした印刷術の（当時としては）素早い普及は、大学で学ぶ学僧、法律家、ブルジョワが書物を必要としていたこと、また初期の印刷工は中世のギルド制度の外にいたため自由に移動ができたことが理由として挙げられる。

当時のヨーロッパは繁栄を謳歌した時期であり、この波に出版業は乗ることで、初期資本主義の企業として国際的に展開していった。そしてその結果、利

---

[4] ただし、東部ヨーロッパに普及するのは時間がかかり、1563年にモスクワでやっと行われるようになる。アメリカやアジアにも同時期に伝わった。

益を得ることが優先され、そのためにできるだけ多くの人びとの好みに合う作品を送り出すことが求められた。

印刷の改良も続けられ、例えばヴェネチアのアルドゥス・マヌトゥス（Aldus Manutius）は、古典をポケットサイズで安価に読むために、人文主義者ペトラルカ（Francesco Petrarca）の書体を真似たイタリック体や八つ折りのサイズの書物を作成した。

フランス語や英語など諸国の言語の形成と固定化も、活版印刷は促していく。それまでの書物に用いられていた言語はラテン語であった。だが、ラテン語の市場は150年ほどで飽和してしまったため、君主たちの中央集権化のための手段である行政的な言語としても発達していた諸国の言語が、活版印刷や後に述べる宗教改革との相互作用により普及していった。

だが、活版印刷の普及と発展には抵抗もあった。宗教的権威や王権は当初は印刷術を好意的に受け止めていたが、「悪書」が流通するようになりはじめると、民衆への悪影響を恐れ、出版を規制しはじめる。例えば、1491年にヴェネチアでは教皇大使ニッコロ・フランコ（Niccolò Franco）が、宗教的な内容を含む著作は司教の許可を得なければ出版できないとし、哲学者ピコ・デラ・ミランドーラ（Pico della Mirandola）などの本を焚書とした。ただし、これらに実際に効果があったのかは不明である。

1.4 グーテンベルク革命の評価

以上のように、グーテンベルクにより、書物や知識の世界に、即座ではないにせよ、大きな革命が起こったと捉えられるのが少し前までは一般的であった。例えば、17世紀にフランシス・ベーコン（Francis Bacon）は、ルネサンスの三大発明として、火薬、羅針盤と並んで活版印刷をあげ、これらが世界を変えたと述べている。近年でもエリザベス・アイゼンステイン（Elizabeth L. Eisenstein）は活版印刷を重要視し、活版印刷によって非常に正確なコピーを作ることができるようになり、また誤りに対しても非常に素早い対応ができることになったため、学問に適した統一的なテキストが作成され学問が発展した、と述

べている。これは、ウォルター・オング（Walter Ong）やマーシャル・マクルーハン（Marshall McLuhan）などによる、近代初期の西洋における声の文化から文字の文化、さらには印刷の文化への不可避な変化という論を、ある種まとめ上げたものであると言える。

ただし、活版印刷の影響をあまり高く見積もっていない説もある。ロジェ・シャルチエ（Roger Chartier）は、ページを重ねて片方を綴じた平行六面体という冊子体の発明がより重要だとしている[5]。なぜならば、黙読という本の読み方の新しい実践はこの発明により確定していき、また、写本がすでに技術的に高度なものとなっており、初期の印刷本はそれを真似たにすぎず、書物の物体性は印刷によっては変わらなかったと考えられるためである。

黙読は、中世の早い時期にはすでに登場していた。特に、10世紀のイングランド南部のエセックスを中心にした修道院改革であるベネディクト改革によって、黙読が分かち書きや古英語の標準化とともに大陸にまで広まった。また、分かち書きはイスラムの文献の翻訳を通じても伝わった。アラビア語は分かち書きをされており、また当時注目された文献は科学関係の書物であったので正確な読解のためには分かち書きが必要であったためである。

そして修道院から、13世紀には大学へ、そして14世紀には王侯貴族にまで黙読は広まった。まず、語と語の間を規則的に空ける分かち書きが定着しはじめたことで音読の必要性が減じ、またラテン語の語順についての慣用の変化も起こり、これら2つにより思想を容易に伝えられるようになった。そして、構文の把握、字義通りの理解、そしてさらに深い理解へ、という読書の視覚的なプロセスが促進された。

分かち書きは、さらに筆者と原稿との間の関係も変化させ、それまでの口述スタイルから、行間に加筆をしつつ自筆するスタイルに変化させていった。写字生も聴覚から視覚を通じた形に筆記のスタイルを変化させていった。テクストの内容も、同じ図書の中の相互参照が積極的に利用されるようになり、読者

---

[5] ロジェ・シャルチエ著，福井憲彦訳（1992）『読書の文化史：テクスト・書物・読解』新曜社．

もまたそれに合わせて、テクスト内の離れた場所の議論と議論を結びつけるようになった。それまで章より小さなカテゴリーに分けられることのなかった古典や中世初期のテクスト、さらには新しく作られるテクストも、合理的に節や項に分けられ、参照機能が高まり、索引や欄外見出しがつけられた。

13世紀ごろに成立した大学の図書館では、音読することは他者の勉強の邪魔になるため、黙読が推奨された。また、音読中心の世界では誰かの考えは常に公刊される前に誰かにチェックされるおそれがあったが、黙読や原稿の自筆化によってその恐れが減ったため、批判的精神や、さらには異端思想が育まれやすくなった。

14世紀中頃になると、フランス語などの諸国の言語も分かち書きや語順の変化が起き、また、王国を統治するための事務がそれまでの朗読係による音読のみでは間に合わなくなったため、王侯貴族が諸国の言語で黙読や原稿の自筆を行うようになった。スコラ学も諸国の言語に翻訳されていくことで、王侯貴族は、唯名論と実在論などの微妙な問題についても自分の立場を独自に設定できるようになった。また、黙読は、反体制的な皮肉や古典古代のエロティックな芸術、そして宗教的な経験の深化にも貢献した。非聖職者であっても、黙読においては神との個人的なつながりを追求することができ、それに合わせて多くの宗教作品が黙読とそこから起こる洞察を重視し、非聖職者向けの時禱書も生産が増加した。これは、のちに述べる宗教改革につながる精神性を育むこととなった。

そして、14世紀から17世紀の間になると、民衆の読書の中では音読と黙読は競合関係にあった。例えばスペインを例に出すと、他者の音読を通じてテクストを享受するのは叙情詩や叙事詩だけに限ったことではなく、『ドン・キホーテ』などの当時の喜劇や騎士道物語などの作品でもそうだった。そういったテクストの中には、テクストを「見る」だけでなく、「聞く」読者についても言及されていたためである。こうした音読を通じて、テクストは社会のさまざまな層に広がっていった。

その一方で、黙読も社会に広がっていた。フィクションが幻影への誘惑など

を引き起こすものであることへの敵意からだけでなく、そういったものに対する黙読がテクストの世界と読者の世界の間の垣根を取り払い、テクストに没頭させしまうものでもあったため、当局は『アマディス・デ・ガウラ』などの物語に対して度重なる禁令を出していた。

だがシャルチエも、活版印刷によって一度に理論的には無限の書物が再生産できるようになったこと、書物の制作時間が圧倒的に短くなったこと、読者により多くの本が行きわたるようになったことは認めている。

そして、アイゼンステイン、シャルチエ両者ともに共通していることとしては、書物の生産のありようが変化したことと、読書の実践について注目したことが挙げられる[6]。

2 グーテンベルク以後の世界

グーテンベルクの活版印刷の「発明」により、ヨーロッパ社会は大きく変化していく。本節ではその内容についてトピックごとに見ていく。

2.1 人文主義

ヨーロッパですでに影響力を持ちはじめていた人文主義は、活版印刷によってますます広がっていった。例えば、エラスムス（Erasmus）は、教会の堕落を糾弾し、福音主義への復帰を説いて、後の宗教改革へとつながっていく人物であったが、『格言集』などその思想は活版印刷によって広まっていった。

2.2 宗教改革

人文主義と印刷が相互作用をすることによって、人文主義とそれに伴う民族主義、反聖職者主義はいよいよ高まった。それを宗教改革にまで最終的に高めたのがマルティン・ルター（Martin Luther）である。1517年、ヴィッテンベルクの教会に、彼は「95ヶ条の提題」という贖宥状をはじめとする教皇庁の特権

---

6)清水徹（2001）『書物について：その形而下学と形而上学』岩波書店.

を非難する文書を貼り出した。何者かによりこれは印刷され、瞬く間にドイツ全土に拡がった。ルターは、広く民衆に伝えるためにドイツ語でその後も出版を続け、1520年に出版したパンフレットである『ドイツのキリスト教貴族に与える書』は4000部が数日のうちに売り切れ、彼の訳した聖書も1522年から1546年までで430版を数えた。こうしてルターは活版印刷によって、宗教改革の中心的人物となった。

　ルターと活版印刷により、キリスト教についての争いがヨーロッパ全土に広がっていったことに対して、書物への規制はより厳しくなった。そして、ルターが中心となったプロテスタントとの和解の試みが失敗した1540年代以降、統制は厳しくなった。そのなかで生まれたのが『禁書目録』である。挙げられているものは、カトリック信徒ではない著者のもの、特定の印刷所で印刷されたもの、教会の公認しない版の聖書などであった。　特に、スペインではプロテスタントの書物を抑え込むことに成功していた。ただし、それによりサラマンカ大学などにおける新たな学問的な活動も抑え込まれることになってしまった。

　書物への統制を厳しくする一方で、プロテスタントに対してのカトリックの対応も活版印刷を用いて行われた。唯一の正しい聖書としてラテン語の『ウルガタ聖書』を公認し、典礼の大幅な見直しを行った。これは書籍商の大きなビジネスチャンスとなった。

2.3　科学革命と学術コミュニケーションの発達

　ルネサンスによって、それまでは既存の知識を述べるにとどまっていたことが、新しい知識を発見することに展開していった。発見を成していく新しい科学者たちに共通していたのは、「さらに広大な知識の帝国が新たにいくつも見出され、それらは征服されるのを待ち受けており、そしてその遠征には、結集できる限りの多くの頭と手を動員する必要がある、という確信である」[7]。科

---

7) ブライアン・C. ヴィッカリー著, 村主朋英訳（2002）『歴史のなかの科学コミュニケーション』勁草書房.

第3章　近世グーテンベルク革命

学者間での交流が積極的に行われ、16世紀にはヨーロッパをまたがる大きく緩やかなネットワークが出来上がっていた。

また、活版印刷の発達により諸国の言語の使用が広まったため、それまで学術の世界にいない人びとも新しい知識に触れられるようになった。例えば、技術者、金属細工師、航海技師などであり、彼らは自分たちの仕事に関する著作を著していく。

すでに見たように、宗教革命によりヨーロッパ自体は混沌のうちにあったが、そのなかでも、こうしたいわゆる学問（文字）の共和国といわれるものは長きにわたって成立し続け、ヨーロッパの学問をまとめ上げていた。

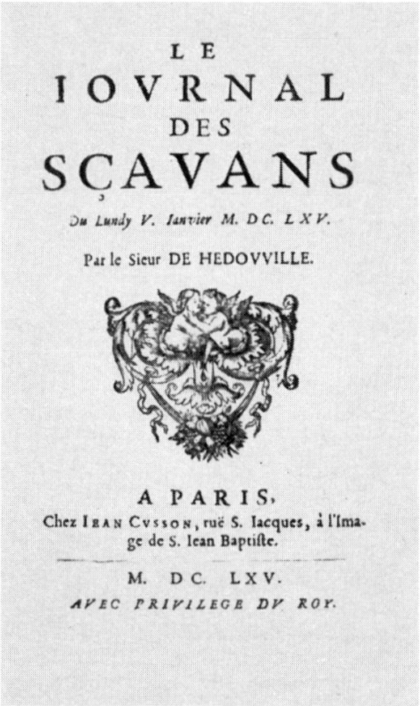

図3.2 *Journal des sçavans* 第1巻の表紙
（出所）https://commons.wikimedia.org/wiki/File:1665_journal_des_scavans_title.jpg（アクセス 2019.3.29）

このなかでは、さまざまな人々が宗教や地位や学位や国に関わらず、平等に参加することができた。

この共和国は最初のうち手紙を通じてのやりとりで成立しており、間に報知者と呼ばれる人びとが立っていた。その役割を担ったのは、商人や学者や外交官などさまざまな人びとであった。

17世紀を通じて大幅に科学者の人数が増え、議論が行われていくなかで、報知者は印刷機を利用してニュースレター、学術雑誌を発行するようになった。最初の学術雑誌編集者は、フランスのドゥニ・ド・サロ（Denis de Sallo）である。彼は、1665年1月に *Journal des sçavans*（図3.2）を週刊で発行する。その内容は5つあり、新刊書の紹介、著名人の訃報、科学の実験や機械に関するニュース、裁判の判決、学術界のニュースである。1665年3月、イギリスでも

第Ⅰ部　世界編

　同じ動きが起こり、ヘンリー・オルデンブルク（Henry Oldenburg）によって *Philosophical Transactions* が1665年3月に創刊される。*Journal des sçavans* は2年で休刊してしまったが、こちらは現在もイギリスの王立協会の編集の元刊行されている。この2誌の後にも *Acta medica et philosophica*、*Acta eruditorum* など続々と学術雑誌は刊行されていった。

　出版量の増加は、図書のリストの必要性も高めることとなり、書誌学の誕生をみた。書誌学の父と呼ばれるチューリヒのコンラート・ゲスナー（Conrad Gesner）は、約1万5000点の図書を採録した『世界書誌』を1545年に作成し、その3年後にはその文献を体系的に分類した総覧を作成している。この総覧は21の分野およびその下位区分に図書を分け、2万4000項目に及ぶ見出し語が並ぶ主題索引も付されているという驚異的なものであった。

　16世紀から旧態依然とした大学の外で研究を行うアカデミーが誕生しはじめた。その最も有名なものがイギリス王立協会である。1660年に設立され、化学者のロバート・ボイル（Robert Boyle）、経済学者のウィリアム・ペテ（William Petty）、作家のジョン・ウィルキンズ（John Wilkins）、オルデンブルグなどが参加した。1662年には国王の認可状を交付され、「王立」という名称を冠することとなり、科学者たちは公認の地位を得た。他の多くの都市にも1750年までにアカデミーが設立された。このアカデミーでは、さまざまな分野が論じられていたが、徐々に科学の諸科学への分割がなされるようになる。それぞれの分野の関心事は、他の分野の専門家にとっては理解できないものとなっていった。

　そして、1770年代になると、学術雑誌も専門的なものが登場するようになる。アカデミーによる出版物は掲載までに時間がかかり、かつさまざまな言語で書かれているため、科学者はすでに解決された問題に取りかかっている可能性がありえるということが、専門的な学術雑誌誕生の理由である。また、国ごとのアカデミーが発展していくなかで、国際的な交流が減ってきているため、新しいコミュニケーション機構が必要とされたことも挙げられる。

2.4 啓蒙思想

　活版印刷が浸透していくにつれ、17世紀から18世紀にかけて、啓蒙思想と呼ばれる一連の思想が影響力を持つことになる。この思想では、古い迷信、特に宗教を批判的に捉え、理性による（ただし、感覚や感情も完全には否定されない）進歩で精神は自由になっていくと考えられていた。

　啓蒙思想を担う人びと（フィロゾーフ）は主にフランス人であり、最も有名な人物は『百科全書』を編纂したドゥニ・ディドロ（Denis Diderot）や『法の精神』を著したモンテスキュー（Montesquieu）、『エミール』などを著したジャン・ジャック・ルソー（Jean-Jacques Rousseau）、さらには『哲学書簡』などを著したヴォルテール（Voltaire）である。イギリスでもジョン・ロック（John Locke）、ドイツでもイマニュエル・カント（Immanuel Kant）などがおり、彼らの思想は、書物という形態をとって国を超えて流通していった。

　特に『百科全書』は、宗教的権威などからの反対やルソーをはじめとする寄稿者の離脱などを乗り越え、1751年から1772年に28巻を出版した。当時の学問全て、さらに工芸なども含んだ大事典であった。また、この事典はフランスでは初めて大規模な販売促進活動が行われた。それは予約購読制、新聞広告、見本の送付、予約者へのプレゼントなど現在の出版業界の慣例となったものである。

　啓蒙思想は、モンテスキューなどを通じて政治にも及び、フリードリヒ1世（Frederick the Great of Prussia）など啓蒙専制君主を生み出した。君主たちは、官僚制の整備、教育の改革、さまざまな規制の廃止などの改革を行った。そうしたなかで、人間が生得的に持っている権利である自然権という考え方も生まれ、フランス革命やアメリカ独立戦争につながっていく。

2.5 ジャーナリズムの誕生

　活版印刷はまた、新聞を中心とするジャーナリズムを生み出した。活版印刷によってまず、新たに起こったさまざまな出来事を記述する「リレーション」などと呼ばれる印刷物が出現するようになった。書物は出版までに時間がかか

第Ⅰ部　世界編

図3.3　18世紀のコーヒーハウスの様子
（出所）William Hogarth, *A Midnight Modern Conversation*（https://www.metmuseum.org/art/collection/search/401582, アクセス 2019.3.29）.

り、かかる費用も莫大であったからである。ドイツ、イギリス、フランス、ポーランド、ハンガリーなど各地でこれは出現し、その内容は、政治や宗教などだけではなく、天災や疫病、凶事の前兆などのセンセーショナルな話題も含まれていた。

　そして、17世紀の初めには郵便網や地域的な流通体制も整った。また、アムステルダム、パリ、ロンドンの人口が25万人に達するなど人口も増加していったことにより、市民たちの間で王や諸外国の事情など公共の事柄について知りたいという関心が高まった。

　こういった流れに乗り、定期的なニュースの出版が始められ、フランスでは『ガゼット』、イギリスでは『ウィークリーニューズ』、オランダでも140種類もの新聞が飛び交っていた。

　こうした新聞の成長は、イギリスで1640年から始まる清教徒革命により、大きな転機を迎える。この革命により、出版認可やニュースを出版するための規制は一時的に機能しなくなった。すぐに新聞の検閲は始められるようになったが、ジョン・ミルトン（John Milton）などの反対にあい、それが直接の原因で

はなかったにせよ1695年廃止になる。そして、ダニエル・デフォー（Daniel Defoe）やジョナサン・スウィフト（Jonathan Swift）などのジャーナリストが登場し、『レビュー』や『エグザミナー』といった雑誌を発刊する。だが、1712年印紙税法により、再び新聞への圧力が高まり、新聞を購読するのも発行するのもかなりの資産が必要となった。それでも、ロンドンのコーヒーハウスが各種新聞雑誌を揃え、情報交換、経済活動の場所として機能した（図3.3）。そのなかでユルゲン・ハーバーマス（Jürgen Habermas）の言うところの公共圏が生まれた。公共圏とは、誰でも参加ができ、対等な議論ができる空間のことであり、これを市民が獲得しようとする動きが一方であり、権力者がそれを押さえつけようとする動きが対立する形で他方にある、というのがこの時代であった。

2.6 国民国家の誕生

国民国家と国語の形成にも活版印刷は大きく寄与した。大量の印刷物は、一定の広がりの元にある言語を均質化し、異なる言語を用いるもの同士の壁を厚くしていった。それを明瞭に指摘したのが、ベネディクト・アンダーソン（Benedict Anderson）である。それまでの宗教的共同体や王朝という共同体に代わって、「国民」という目に見えない存在が、イメージとして心に描かれた想像の政治共同体として、ドイツ語やフランス語といった諸国の言語を印刷する書籍商たちの活躍により出現した。

すでに述べたように彼らは、ラテン語の市場が飽和したのち、諸国の言語を市場化しようとした。個々の細かな言語を単位としていては、読者規模は大きくならない。そこで、お互いに近い言語をまとめ、新たな書物市場として魅力のある出版市場を生み出した。

2.7 著作権の誕生

著作権については中世末期からその必要性が重要視され、1486年にはすでにその記録がある。だが、それでも（ギルドや教会などの社会的集団内における）共有財産としての文章という意識はその後も残存し、著者、あるいは印刷業者と

いう個人の所有物としての文章という意識との共存がなされていた。例えば、科学の世界においてもアイザック・ニュートン（Isaac Newton）とゴットフリート・ライプニッツ（Gottfried Leibniz）の間の微積分法の発見については、人類一般のために広めるべきという理想が一方でありつつも、もう一方でその先取権が争われていた。

　1709年にはイギリスで著作権法が成立し、サミュエル・ジョンソン（Samuel Johnson）などごく少数の、特にノンフィクションを書く著者だけではあるが、パトロンの元から去っても独立した生計を立てられるようになった。フランスでも1791年と1793年にイギリスと同様の著作権法が成立し、19世紀の著作権制度の基礎となった。

参考文献

ベネディクト・アンダーソン著、白石隆・白石さや訳（2007）『定本 想像の共同体：ナショナリズムの起源と流行』書籍工房早山.
伊藤明己（2014）『メディアとコミュニケーションの文化史』世界思想社.
マリオ・インフェリーゼ著、湯上良訳（2017）『禁書：グーテンベルクから百科全書まで』法政大学出版局.
ブライアン・C. ヴィッカリー著、村主朋英訳（2002）『歴史のなかの科学コミュニケーション』勁草書房.
江尻進・渡辺忠恕・阪田秀（1983）『ヨーロッパの新聞（上）』日本新聞協会.
大黒俊二（2010）『声と文字』岩波書店.
エウジェニオ・ガレン著、澤井繁男訳（2011）『ルネサンス文化史：ある史的肖像』平凡社.
ロジェ・シャルチエ／グリエルモ・カヴァッロ編、田村毅・片山英男・月村辰雄・大野英二郎・浦一章・平野隆文・横山安由美訳（2000）『読むことの歴史：ヨーロッパ読書史』大修館書店.
清水徹（2001）『書物について：その形而下学と形而上学』岩波書店.
アンソニー・スミス著、仙名紀訳（1988）『ザ・ニュースペーパー』新潮社.
高宮利行（1998）『グーテンベルクの謎：活字メディアの誕生とその後』岩波書店.
ピーター・バーク著、井山弘幸・城戸淳訳（2004）『知識の社会史：知と情報はいかにして商品化したか』新曜社.
リュシアン・フェーヴル／アンリ＝ジャン・マルタン著、関根素子ほか訳（1985）『書

物の出現（上下）』筑摩書房．
ブリュノ・ブラセル著、木村恵一訳（1998）『本の歴史』創元社．
イアン・F・マクニーリー／ライザ・ウルヴァートン著、冨永星訳（2010）『知はいかにして「再発明」されたか：アレクサンドリア図書館からインターネットまで』日経BP社．
ジョン・マン著、田村勝省訳（2006）『グーテンベルクの時代：印刷術が変えた世界』原書房．
吉見俊哉（2012）『メディア文化論：メディアを学ぶ人のための15話（改訂版）』有斐閣．
Finkelstein, David and Alistair McCleery（2013）*An introduction to book history* 2nd edition, London: Routledge.

第4章 啓蒙主義と図書館学思想

1 大広間図書館

　第3章で見たように、グーテンベルク革命によってヨーロッパ世界に活版印刷技術が広まると、印刷本が広く流通するようになった。その数は、16世紀を通じてパリで2万5000点以上、リヨンで約1万3000点、ドイツではほぼ4万5000点、ヴェネツィアで1万5000点余りが刊行されたほか、オランダでも世紀前半だけで4200点以上、イギリスで1640年までで2万6000点以上の出版点数が想定されている。点数では15万～20万点にのぼり、仮に平均出版部数として1点につき1000部を印刷したとすれば、16世紀だけで印刷本の総数は1億5000万から2億という部数に達したと考えられている[1]。

　また、印刷本の普及は国語の広がりにもつながった。この新技術が商業出版として経済的に軌道に乗るか否かは、新たな市場の開拓、すなわち読者層をどれだけ拡大させるかということにかかっていたからである。その動きは宗教改革運動とも密接に関わった。ドイツでは、ルターが免罪符頒布の喧伝に反対しはじめた1520～1525年に大々的な「プレスキャンペーン」が展開されたが、このとき数ページを綴じた小さな4つ折り判のパンフレット（挿し絵を付したものもあった）が、神聖ローマ帝国の中で広範に流通した。宗教改革が各地で組織的に展開されるようになるにつれ、聖書、教理問答書、詩篇集、典礼書といった宗教書に対する日常語での需要も拡大した。ルターのドイツ語訳聖書は、1546年の彼の死に至るまでの間に、完全なもの部分的なもの双方を合わせると

---

[1] リュシアン・フェーヴル／アンリ＝ジャン・マルタン著, 関根素子・長谷川輝夫・宮下志朗・月村辰雄訳（1985）『書物の出現 下』筑摩書房, pp.151-155.

400以上の再版を数えるに至ったという。ルターは、「私は、無知な在俗信徒の為に、俗語を使って説教したり執筆したりするが、それで赤面したりはしない。…［各国語の使用は］学校の中で、学識ある者たちだけが扱っている著名かつ偉大な書物や問題群よりも、ずっと大きな」利益をもたらすと主張した[2]。

　新旧両宗教勢力の間で激しい論戦が交わされる中で、ヴィッテンベルク、マールブルク、ケーニヒスベルク、イェーナ、ヘルムシュタット、ギーセンなどに福音教会系の大学が設立された。また一方、ヴュルツブルク大学は反宗教改革の拠点となった。こうした大学には神学書を中心に数多くの図書が収められたが、多くは領主たちの庇護のもとで発展した。啓蒙専制君主や領主たちの中には自ら大規模な図書館を造営する者も現れており、今日に影響を及ぼしている。バイエルン公アルブレヒト5世はハンス・ヤコブ・フッガーの助言のもとで、1558年、皇室図書館を建設し、これが今日のバイエルン州立図書館の基礎を築いた。選帝侯アウグスト・フォン・ザクセンによって築かれたザクセン選帝侯図書館はドレスデンのザクセン州立図書館の母体となり、1643年にブラウンシュヴァイクのアウグスト大公はヴォルフェンビュッテルの厩の上に図書館を設置し、のちにこれが名高い学術図書館となった。ドレスデンのアウグスト3世は、ブリュール、ビューナウなどの蔵書を買い上げ、ヨーロッパ有数の図書館に発展させた。ただし、一般に領主図書館は領主がその権勢を誇るための蔵書であり、貴重書が公開されることもなく、図書館は豪華絢爛を旨とし、利用者の便が図られることもなかった。

　同じ時期のスペインでは、1563〜1584年、マドリード近郊に国王フェリペ2世がエスコリアル宮殿を建設した。フェリペ2世は1571年にレパントの海戦でオスマン帝国に勝利し、「無敵艦隊」を率いて、地中海から、新大陸、インド、マラッカに至る広大な版図を手に入れ、「太陽の沈まぬ帝国」を築くなど、強大な権力を誇示した王である。エスコリアル宮殿には、王宮と合わせて図書館

---

2) ロジェ・シャルティエ／グリエルモ・カヴァッロ編、田村毅・片山英男・月村辰雄・大野英二郎・浦一章・平野隆文・横山安由美訳（2000）『読むことの歴史：ヨーロッパ読書史』大修館書店、pp.280-297.

図4.1　エスコリアル宮殿の図書館（1892年）
（出所）https://commons.wikimedia.org/wiki/File: 097_-_Escorial_-_die_Bibliothek.jpg（アクセス 2019.3.29）

や修道院などの機能が併設され、バロック建築の華麗な建造物として名を知られた。国王の趣味を満足させる約2万冊の図書が所蔵され、大広間を取り巻く壁面に、天井に至るまで図書を排架した「大広間図書館」の先駆けとなった（図4.1）。

　ゴットフリート・ロストは『司書』の中で、次のように指摘している[3]。
「ただ、住むことだけが目的で城を建てた君主は、いまだかつてあったためしがない。政治権力は建築にもおのれの威勢と鞏固さを見たがる。ロマンス語系の国々からいわゆるバロックの図書館が広まった。その構想のなかには、書物への愛着と、書物を本来とは別の目的に利用する傾向とがいりまじっている。（ときにはただの見世物にすぎないこともある。）大きな、非常に天井の高い広間、そのところどころ歩廊に仕切られた四囲の壁に本が陳列され、中央には散歩用の空間が広く設けられている。最も重要な古いヨーロッパのホール式図書館［大広間図書館］は、1567年にマドリード近郊のエスコリアル、スペイン国王フィリップ2世［フェリペ2世］の宮殿に生まれた」。
　フランスでもルーブルの収集室の閉鎖後（1430年頃）から、ブルワに国王の

---

3) ゴットフリート・ロスト著，石丸昭二訳（2005）『司書』（新装復刊）白水社，pp.48-49.

第4章　啓蒙主義と図書館学思想

図書館が維持されてきたが、15世紀後半、シャルル8世とルイ12世の在位中に、イタリア遠征の掠奪品として人文主義の著作が収集された。フランソワ1世の治世に入ると、1537年にモンペリエの勅令によって納本制度がつくられ、検閲を目的として、国内で印刷された本はすべて1部が治められることになった。1544年には、ブルワから1890冊余りがフォンテンブローの居城に運ばれた。このとき新たに「文庫長」として、ギリシア語学文学研究者ギヨーム・ビュデが任用され、蔵書の管理に当たった。図書館はその後、シャルル9世がパリに移し、フランス革命後に国立図書館となった。現在のフランス国立図書館（Bibliothèque nationale de France: BnF）を基礎づけている。

納本制については、17世紀初頭にイギリスでも制度化されている。1610年、オックスフォード大学図書館の再興に尽力したトマス・ボドリー卿が印刷出版業組合と協定を結び、同組合に所属する印刷業者が印刷出版会館で登録したすべての新刊図書を1部ずつ、オックスフォード大学図書館が受領できるようにしたものである。この図書館は、ボドリー卿の偉業を称えて「ボドリー図書館」（Bodleian Library）と呼ばれている。その後、1662年に出版許可法が出されると、勅許を受けた新刊図書1部を王室図書館へ納入することが出版者に義務づけられた。

２　開明的な図書館人ノーデ

領主や貴族によって図書館が造営されるなか、図書館の蔵書利用に関して開明的な考えを示す人びとも現れてくるようになった。17世紀を代表する図書館人として知られるのが、ガブリエル・ノーデ（Gabriel Naude）（図4.2）である。

ノーデは、1600年、下級官吏の息子として生まれた。パリ大学医学部に進学したのち、ド・メムス家（アンリ3世の顧問官でパリ高等法院院長）の図書館の管理運営を手伝うようになり、27歳で『図書館設立のための助言』をまとめた。この書でノーデは、著作の新旧や宗教的立場の相違に配慮しつつ、知識の全分野にわたる収書を説き、公開性を主張した。その後、1631年にイタリア・ロー

図4.2 ノーデ
(出所) https://commons.wikimedia.org/wiki/File: Gabriel_Naude.jpg (アクセス 2019.3.29)

マへ渡りド・バクニ卿らの図書館を手伝い、1642年にフランス宰相リシュリューの招きで帰国した。そしてリシュリュー死後、マザラン枢機卿の図書館の運営を任されるようになった。同館は一般公開され、1日平均80〜100人の来館者（1648年頃）を迎えたという。1648年、フロンドの乱が起こるとマザランとともに国外へ脱出し、1652年にスウェーデン王宮に招かれたが、翌年死去した。

ノーデの図書館観について、『図書館設立のための助言』から少し見ておこう[4]。同書第4章では、さまざまな見解が存在する論争的な主題について、図書館であらゆる立場を代表させることが重要であると主張している。

「知的な対決に取り組み、一組になっているので、一方をもう一方から切り離して聞き入れたり判断したり、あるいは反対者抜きに相手を取りあげるのはまったくの間違いであり、そうした者すべてを除外すべきではないのです」。

ひとつの見方を示してこと足れりとするのではなく、教義の対立や見解の相違を克服して、複眼的な視座から主題を整理していこうとするところに、ノーデの開明的な考えを見て取ることができる。

収書の基本的な態度に関しても、ノーデは、「最良の版で選んだ古今の主要著者の作品をすべて、さらには、あらゆる学問領域に見いだしうる最善でもっとも学問的な解釈や注釈を、あまり一般的でないが結果としては面白いものも忘れることなく、すべてを図書館に備えること」を重視した上で、

「学問における何かを紹介したり修正する者のすべても除外すべきではない、なぜなら、こうした著作者についてわれわれが持っている乏しい知識すら無

---

[4] ガブリエル・ノーデ著，藤野幸雄監訳（2006）『図書館設立のための助言』金沢文圃閣，136p.

第 4 章　啓蒙主義と図書館学思想

　視して、それがため古代の人たちにたいして反論することもできず、伝統を
　受け入れている人たちから学ぶこともできないのならば、それは人間のひ弱
　な知性の束縛に屈することにしかならないからであります。…コペルニクス
　やケプラーやガリレオが天文学をまったく変えたのであり、…他の多くの者
　たちも新しい原理をたて、それに則して、これまでになかったような聞いた
　こともないような不思議な理論を確立している以上、これらすべての著者は
　図書館には必須のものだと確信するのです」

と主張している。図書館の蔵書は学問の発展を反映するとともに、そうした蔵
書を通じて学問の進歩が招来されてゆくのである。

　言語についても、聖書やユダヤ教の経典はヘブライ語のものを集め、ローマ
教皇に関連する文献はギリシア語とラテン語で、また、詩人のボッカッチオ、
ダンテ、ペトラルカの著作はイタリア語で集めるなど、それぞれの原書に応じ
て収集することを説いている。

　『図書館設立のための助言』第 5 章には、資料収集の留意点が論じられる。
第一の教訓として盗難への備えに触れたのち、

　「第二に、どんな理由にせよ、われわれにとって、および、他の人にとって
　有益でありうるもの一切を無視しないことです。風刺文であろうと、片面印
　刷、論文、スクラップ、校正刷り、その他、そうしたものは種類および主題
　により、いっしょにまとめておくだけの手間をかけるべきです、こうした手
　段によってのみ考察が可能となるからです」

と主張している。ここでは図書だけでなく、それ以外の形態の資料についても
図書館で整理し提供することの重要性が述べられており、主題ごとに資料を組
織化し、これを通じて学問的考察に貢献することが図書館の責務として捉えら
れている。また、同じ箇所でノーデは、「目的もなく本の製本や装丁に浪費す
る余分な出費を減らし、その節約分を欠けているものの購入に使う」べきこと
も述べる。限られた予算を意識しながら、多様な図書を収集する方途を示そう
としたのである。

　同書第 9 章では、利用公開の重要性が指摘される。

「図書館とは、自然そのものとまったく同じく、『立派すぎ、注目すべきもの、華麗なもの、美しいもの』と見なされると、その良さを失いかねない、それはたんにながめるだけのものではなく、吟味されるべきものであります。ですから、…図書にたいへんな出費をかける者が、それを公衆の利用に向けず、そこで利益を受け取ろうとする貧しい者に使わせないとしたなら、その者の努力は無駄となります」。

図書は利用されてこそ価値をもつとの考えを示している。閉鎖的な運用の少なくなかった当時において、際立った特徴を示す文言といえよう。そしてその上で、図書館運営の要諦として以下を挙げている。

「第一に、…少なくとも時に利用する者が、遅滞も難儀もなく、図書館に入る権利を図書館長から得られるようにしておくこと、第二に、まったくの余所者で、通りかかったさいに関心を持った者が、必要とする刊行本はすべて取り出すことができるようにしておくこと、第三に、良く知られた貴顕の人物が、何冊かの普通の本を自宅に借り出すことを許可すること」。

3 啓蒙主義

17世紀後半に入ると、ヨーロッパでは啓蒙主義が展開された。啓蒙主義については第3章でも少し触れているが、本章第6節で取り上げるシュレッティンガーの図書館学思想と深く関わっており、ここで改めて時代的な特徴をまとめておきたい[5]。信仰色が薄まり、判断のよりどころを人間の理性と知識におくこの時代の特徴について、カントは1784年に著した『啓蒙とは何か』の中で、次のように記している[6]。

「啓蒙とは何か。それは人間が、みずから招いた未成年の状態から抜けでることだ。…人間が未成年の状態にあるのは、理性がないからではなく、他人

---

[5] 啓蒙主義の展開については,河井弘志(2012)『マルティン・シュレッティンガー:啓蒙思想と図書館学』日良居タイムス,pp.47-56を参照。
[6] カント著,木田元訳(2006)『永遠平和のために/啓蒙とは何か』光文社古典新訳文庫,p.10。

第4章　啓蒙主義と図書館学思想

の指示を仰がないと、自分の理性を使う決意も勇気ももてないからなのだ。だから人間はみずからの責任において、未成年の状態にとどまっていることになる。こうして啓蒙の標語とでもいうものがあるとすれば、それは『知る勇気をもて（サペーレ・アウデ）』だ。すなわち『自分の理性を使う勇気をもて』ということだ」。

カントによれば啓蒙（Aufklarung）とは、自分自身の心に光を投じて、klar（澄んだ、曇りのない）状態、真実が明らかとなった状態になろうとすることを指した。

政治の世界で啓蒙を志向したのは啓蒙君主たちであった。農奴制を廃止し、マニュファクチュアを振興し、修道院を廃止したヴィーンのヨーゼフ2世や、フランス風の自由思想を享受したプロイセンのフリードリヒ1世など、行政の合理化につとめる君主たちが登場した。とりわけ力が注がれたのは役人の養成であり、工芸学校や商業学校から全人教育にいたるまで教育が普及した。志向されたのはおおむねエリート階層の育成であったが、子どもたちへの教育機会の提供も図られた。

また、啓蒙の精神は、アカデミー、サロン、読書協会、公益団体、経済団体、農業団体、フリーメーソン、その他の団体、雑誌や書物においても培われた。人びとは自由な討議を行う団体を組織し、私信や機関誌を通じて知識を交換した。すでに1635年に「アカデミーフランセーズ」、1660年にイギリス王立協会が結成されていたが、各国にアカデミー創設の機運が広がり、自然科学から言語、歴史、文学など幅広い領域において自由な研究が展開された。1700年にはプロイセン学術アカデミー、1725年には帝室ロシアアカデミーが創設されたほか、バイエルンでは1758年にバイエルン学者協会が発足し、翌年から「バイエルン学術アカデミー」となった。その中心には修道院の学者たちがいたが、反イエズス会の風潮のもとで、とくに実証史学や自然科学の研究が奨励された。真実と有益が研究の基本指針であり、「真実以外は何物にも配慮しない」ことが謳われ、論文審査に合格した会員の数は300人を超えた（1785年）。

フランスではサロンが展開し、人びとが知的関心のもとで文学や試作、哲学

問題の話題について会話を楽しんだ。近代合理主義を体現した「百科全書派」の人びともまたサロンで知識を交換し合った（『百科全書』の意義については、第5節で後述する）。ディドロやダランベール、モンテスキュー、ルソー、デカルト、カントら、啓蒙主義者の影響を受けた人びとには、社会は人間理性に基づいて成立するとの考えが共有された。とりわけ、国家は国王と人民の契約によって成り立ち、人間はすべて自由、平等、独立であるとするロックの政治思想や、共和制が理想的な統治形態であるとするルソーの社会契約論は、ヨーロッパ世界に革命的な影響を及ぼすこととなった。

啓蒙主義は人間性の解放、新しい可能性への道を開こうとする。かつて貴族に列することを願った富裕な市民は、自由と権利の平等を求めた。アメリカ独立戦争は新世界を旧世界の鎖から解き放ち、フランス革命は教会、修道院の世俗化を推し進め、市民の政治権力を実現させた。

この時期、1734年にゲッティンゲン大学の詩学教授と図書館長を兼務したヨーハン・マティアス・ゲスナーは、『図書館員はいかなる人間であらねばならぬか』を書いている（以下はロスト『司書』からの引用)[7]。

「図書館の監督者は、…あらゆる国々の、あらゆる言語を話す大勢の新旧の、大部分が学識の豊かな人たちとつきあうことで、細かいことにこだわる人間や気難し屋になるのではなく、気持ちのいい、人間的なつきあいのできる男になったとさとることによって、勉強に良い意味での偏見をもたなければならない。…さらに、官房の官吏などとは違って、かれにまかされた宝を、ここで資本といえるもの、つまり本そのもののことだが、それを保存することによってなしうる範囲で公共のものにし、余所から来た来館者やその地に在住している来館者たちに、愛想よく、親切に応対するばかりでなく、かれらの意向にたいして可能なかぎりの実際的な援助をなし、学者といわれる人たちの大部分が示す無礼や恩知らずにもひるまず、その人の役に立ちそうなものを誠実に教え、こころよく渡してやって、人びとの研究と努力を助けてやらねばならない」。

---

7)前掲3)，pp.135-137.

ここでは、図書を公共のものとすること、すなわち人びとに提供する役割が重視されている。彼は続けて、

> 「図書館の設備や、もしあるのならその特別な長所について必要なことだけ手短に述べ、そのほかには、相手に申し出てその特別な要求をかなえてやるとか、どのような本がその来館者にいちばん役に立つか調べてやれば、それで十分なのである。…最も重要なことは、本の書名と値段（これはなかなか大変なことで、あまり広範に、ひとつひとつについてというわけにはいかないが）のみならず、内容と内的性質、良さと価値についても、少しばかり広範な知識をもつことである」

と述べているが、図書の主題を把握する力や利用者要求に応える力を図書館員の資質として挙げている。図書の保存・管理を中心視する整理主義ではなく、図書館サービスの立脚点に利用者ニーズを置く見方は、人間の理性と知識を重視したこの時代の図書館観を体現したものと言えよう。こうした考えは、次の第4節で見るライプニッツにもうかがえるし、シュレッティンガー図書館学の中で体系化されることとなった（第6節）。

4 万能の学者ライプニッツ

プロイセン学術アカデミー創設に関わったのが、哲学者、数学者、科学者など幅広い分野で活躍した学者・思想家として知られているゴットフリート・ライプニッツ（Gottfried Wilhelm Leibniz）（図4.3）である。同アカデミーは、1700年、ブランデンブルク選帝侯フリードリヒ3世がライプニッツの助言をもとにブランデンブルク選帝侯立科学協会として創設したもので、ライプニッツは初代会長を務めた。翌1701年にフリードリヒがプロイセン王国を建国しフリードリヒ1世に就くと、プロイセン学術アカデミーに改称された。他の多くのアカデミーが特定分野を扱ったなかで、プロイセン学術アカデミーでは自然科学も人文科学も扱われた。

ライプニッツは万能の学者として、後世に名高い数多くの業績を残している。

図4.3 ライプニッツ
(出所) https://commons.wikimedia.org/wiki/File:Gottfried_Wilhelm_Leibniz,_Bernhard_Christoph_Francke.jpg (アクセス 2019.3.29)

とりわけ数学、自然科学の分野で活躍するとともに、この時代の学問と神学の総合を模索した。しかし天才といえども、生きているかぎりは食べていかなくてはならなかった。1667年にライプチッヒ大学で法学博士の学位を取得したライプニッツは、翌年からマインツ選帝侯に仕え、1673年、大臣で愛書家のヨーハン・クリスティアン・ボイネブルクと出会った。その書庫の管理をまかされたのが図書館で働く最初となった。蔵書管理に関心を向けない学者図書館員も少なくないなかで、ライプニッツは整理作業でも傑出した能力を発揮し、体系的に仕事を進めた。ボイネブルクの書庫の目録にはおよそ1万冊が記され、ライプニッツの図書館員としての大きな功績となった。1676年にカレンベルク侯ヨハン・フリードリヒによって顧問官兼図書館長に任ぜられ、ハノーファーに移住した。この間、1675年には微積分法を発見している。その後、ブラウンシュヴァイク公図書館長（在任1677-1679）、ヴォルフェンビュッテル大公図書館長（在任1691-1716）などを歴任した。ハノーファー選帝侯エルンスト・アウグストの娘ゾフィー・シャルロッテ（プロイセン国王フリードリヒ1世妃）の招きでベルリンを訪れ、アカデミー創設に関わったのもこの時期である。1711年には神聖ローマ皇帝カール6世によって帝国宮中顧問官に任命された。

　藤野幸雄によれば、回想録、書簡の類に現れるライプニッツの意見は、次の3点に要約される[8]。ひとつは、図書館を「人間精神の宝庫」と位置づけたことであり、独創的な思想は、それが書かれたものとして存在するかぎりすべてを保存しておく必要があるとした。ふたつ目は、毎年のしっかりした予算立てが必要なことであって、これにより学術上価値ある新刊書すべてが「調和のと

---

8) 藤野幸雄（1999）『図書館史・総説』勉誠出版、pp.96-100.

れた継続」として利用者に提供される。そして3つ目は、図書館に所蔵される貴重な文化的財産を、系統立った目録により利用しやすいようにすること、また、開館時間はできるだけ広げ、設備を快適に整え、貸出を自由にして、利用を容易にすることであった。

　こうしたライプニッツの考えはゲッティンゲン大学図書館において実現され、のちに「ゲッティンゲン方式」と謳われることになった。ここでは充分な経常予算をとって、毎年新たに出版される学術書と学術雑誌を系統的に購入する仕組みが作り上げられたほか、1752年から批評誌『ゲッティンゲン学術批評』が発行され、新刊書の評価を大学内の各分野の専門家の手で行い、これをもとに蔵書内容の充実を図るようになっていた。また、ゲッティンゲン大学図書館では「利用図書館」の理念のもと、自由な利用規定が定められ、開館日は毎日、学生に対して10冊以上の館外貸出が認められた。

5　百科全書

　18世紀になって啓蒙主義は広がりを見せた。この世紀半ば以降、各国の王立図書館が拡充されたほか、ドイツではハンブルク商業図書館、フランクフルト・アム・マインのゼンケンベルク医学研究所、ライプツィヒの祖国言語・考古学研究協会、ケーニヒスベルクの自然経済協会など、多様な主題領域で図書館の設置が進んだ。イギリスでは1759年にロンドンに大英博物館が開館し、ハンス・スローン卿の蔵書4万冊の購入にはじまり、その後も貴族のコレクションを次々に購入し蔵書を拡張した。

　本節では、フランスの啓蒙主義を代表する図書として、『百科全書』を取り上げておきたい（第3章でも『百科全書』について少し触れているが、改めてその意義を見ておく）。『百科全書』は1751〜1772年にフランスの啓蒙思想家ディドロとダランベールが中心となって編集・完成した百科事典である[9]。近代におけ

---

9) 三浦太郎（2013）「ディドロ・ダランベール『百科全書』パリ版」『図書の譜』第17号, pp. 111-114.

る「知の編纂」を試みた文献として、学術史、印刷史、書誌学史上きわめて重要な地位を占めている。「技術と学問のあらゆる領域にわたって参照されうるような、そしてただ自分自身のためにのみ自学する人びとを啓蒙すると同時に、他人の教育のために働く勇気を感じている人びとを手引きするのにも役立つような」事典であり(「序論」)、本文17巻および図版11巻の全28巻からなった。総項目数は7万を超える。

刊行の発端は、パリの出版業者ル・ブルトンがイギリスで評判のチェンバースの『百科事典』全2巻(1728年)のフランス語訳を試みたことにある。当初ささやかな出発であったこの事業は挫折と修正を重ね、若き思想家ディドロが一介の翻訳者から編集責任者(ダランベールと共同)として関わるようになるなかで、単なる翻訳ではなくチェンバースを超えたフランス独自の大百科事典構想の実現に向かうこととなった。

『百科全書』は、産業革命を背景として学術・工芸の分野が社会生活へと波及していく近代18世紀において、新たな知識領域を横断的に記述しようとする試みであった。そして、同時に当代の研究者たちの共同によって「近代的な編集知」をはじめて体現したものでもあった。近代科学技術の知識体系が集約され、前近代的な旧来の世界観を打破し、合理的思考を招来した文献として高く評価されている。

世界を一冊の書物に収めてしまおうとする試みは『百科全書』が初めてではない。例えば、古代ローマのプリニウスが著した『博物誌』全37巻は、ルネサンス期に印刷されて知識人の間に広まったが、宇宙、元素、天体、気象など、天文関係の事柄にはじまり、地理、人間、動植物、鉱物など、自然現象を網羅する内容であった。また、1545年に博物学者コンラート・ゲスナーは浩瀚な『世界書誌』を書いたが、これはラテン語、ギリシア語、ヘブライ語で記されたすべての書物の収集を目指した網羅的書誌で、1万2000点に上る図書について、内容の要約、抜粋、序文の内容を記したものであった。古代から同時代までの著述家、通説によれば3000名について、アルファベット順索引で引けるような工夫もこらされていた。

第 4 章　啓蒙主義と図書館学思想

　しかし18世紀に入ると、個人の博学的な才能によって知識の全領域を網羅することはできなくなり、知識体系を横断的に展望する新たな枠組みが必要とされるようになった。学問領域が拡大・細分化され、産業の成果が社会の各所に波及するようになったためである。『百科全書』は、集団による「知の産出」の試みであった。

　執筆者は「百科全書派」と呼ばれ、その中にはヴォルテール、モンテスキュー、ルソーら、当代屈指の思想家も含まれていた。ディドロが執筆協力を依頼したのは愛好家、学者、技芸家の人びとであり、特権階級や聖職者、秩序側に与する知識人や法律家は遠ざけられた。主要な寄稿者は圧倒的に第三身分が多く、「百科全書派」とは、新しい経済的社会的秩序が育まれつつある中で、硬化した過去の桎梏から解放され、それぞれの活動領域で探求や革新を推進しようとしている人びとを指した。在野の出版事業を通じて、巨大な「知の体系」が世に出された点は画期的であり、当時の先進的な技術や科学的知識を網羅したこの図書は、旧来の世界観を打破し、合理的で自由な考え方を人びとにもたらしたといえる。

　1751年に「本文」第 1 巻が出てから完成まで22年の歳月を要したが、これは教会勢力からの発行禁止令など激しい攻勢に見舞われた結果であった。『百科全書』は同時代的な支配的権威に抗う性格を有していた。当時、「真理」を語るには教会やソルボンヌ大学神学部の影響を無視しえなかったが、『百科全書』では、例えば復活祭の「四旬節」に付された参照項目の「断食」に、四旬節の絶食の習慣がいかに身体に悪影響を及ぼすか医学的な立場から記している。これは、検閲官の意識する項目を意図的に避けて、キリスト教批判を展開した一例と捉えられる。

6　シュレッティンガー図書館学

　こうした啓蒙主義の時代風潮を受けつつ、とりわけカントの批判哲学を素地としながら、新たに図書館学（Bibliothekswissenschaft）を構想したのが、マー

第Ⅰ部　世界編

図4.4　シュレッティンガー
(出所) https://openlibrary.org/authors/OL6642527A/Martin_Schrettinger#seeImage
(アクセス 2019.3.29)

ティン・シュレッティンガー（Martin Schrettinger）（図4.4）であった。シュレッティンガーについては、ドイツ図書館学研究の第一人者である河井弘志による研究がある[10]。図書館学とは何を目的とするものであり、また、同時代の人びとにはどのように受け取られたのか、見ておきたい。

シュレッティンガーは、1790年、ヴァイセノーエ修道院でカント哲学を独学で学び、1800年から修道院図書館の運営を任されるようになった。このとき、図書の排架法を考案している。1806年、バイエルン皇室図書館に奉職し、閉鎖修道院から皇室図書館に集められた蔵書の整理にあたった。1808～1828年に『図書館学教科書試論』（以下、『試論』）を著したが、これは「図書館学」を掲げた世界最初の著作である。1834年、『試論』の要点をまとめた『図書館学ハンドブック』（以下、『ハンドブック』）を刊行している。

シュレッティンガーは図書館を、「相当数の図書の集合であり、知識を求める人が、その中にある個々の論文を、不必要な時間のロスなしに、自分の要求にしたがって利用できるように整理されているものである」と定義した。すなわち、単なる図書の集合体であるだけでなく、必要な図書を探し出せるように整理されていることを図書館の要件としたのである。「目的にかなった整理は図書館の基本的要請である。建築資材の山を家と呼ぶことができない」ように、整理されていない図書の集群を図書館とは呼ばなかった。探す対象としては、ノーデの主張と同様、図書だけではなく雑誌記事・論文までを想定した。その際、図書館の目的とは、「すべての文献要求を敏速に充足すること」であった。

10) 前掲5)、および、河井弘志（2001）『ドイツ図書館学の遺産』京都大学図書館情報学研究会、pp.155-216.

第4章　啓蒙主義と図書館学思想

図書館は学者だけでなくすべての人の利用に開かれ、利用者に無駄な時間をかけず、利用者が自分の要求に沿って利用できることが重視される。利用者要求の重視という考えは、ゲッティンゲン大学で確立された「利用図書館」の理念に通底するものであった。

では、図書館学とは何か。『試論』では、「図書館学とは、目的にしたがって図書館を整理するのに必要なすべての命題の総体であり、これらの命題は確実な原理［複数］の上に体系的に組み立てられ、ひとつの最高原理へと立ち還る」と定義している。これを『ハンドブック』では、「目的にかなうように図書館を整理するのに必要なすべての命題の総体で、これらの命題はひとつの最高原理へと立ち還り、またこの最高原理から導き出される」と再定義した。図書館学の目的は、「多様な文献要求に従って、図書をすばやく発見するのに役立つ有効な手段を、完全に記述すること」となる。また、図書館学におけるひとつの「最高原理」とは、「図書館の整理は、個々の文献要求を充足するために必要な図書をすばやく発見しようとするとき、最大限に役立つものとなっていなければならない」ことを指す。このように文献発見の効率化を最高原理に置くことで、現実の利用者に向き合うところにシュレッティンガー図書館学の特色があった。これは整理主義に傾きがちな、従来の図書館運営に対する批判であった。

最高原理を頂点とし、整然とした体系をなす命題群を図書館学とする構想は、個々のプラグマティックな実務知識の集群を図書館学とみなす見方とは対極的である。河井はヨーフムを援用しながら、この体系志向の由来をカントの批判哲学にあるとしている。カントが批判哲学によって人間のすべての認識を見直したように、シュレッティンガーは図書館の実務から図書館学の理論を抽出するのではなく、先験的に決定される図書館の最高原理によって、過去と現在の図書館実務を批判的に見直そうとしたのである。このときシュレッティンガーにとって、これまで図書館がどのように管理され、構成され、維持されてきたかは問題ではなかった。実践経験では「図書館とは何か」という問いに答えを出すことはできないのである。経験を取りまとめることではなく、可能なすべ

ての経験の批判の上に図書館を理念的に描き出すことが必要であった。そして最高原理によって、すべての図書整理と図書館運営の経験を批判した結果が、シュレッティンガー図書館学であった。

図書館の最高原理は経験から帰納されるのではなく、理性の先験的な働きによって定立される。経験はこの最高原理によって批判され、再編されるものであった。「すべての文献要求をすばやく充足する」という目的に照らして、過去、現在の図書館実務を批判し、再編するところにシュレッティンガー図書館学の特色があった。

さらにシュレッティンガーは、図書館学を教授するための「図書館学校」についても構想している。それまで図書館の管理は、ときに学者や聖職者などに兼務の形で委ねられることが多かったが、彼らは図書館に関する実務教育を受けてはいないし、献身的な精神をもってもいない。これに対しシュレッティンガーは、図書館の設置主体である国家が、一般教養のうえに図書館学の理論と実際を学び、「道徳性」「賢明さ」「ヒューマニティ」などの徳性をそなえた専任の図書館員を任用すべきであると説いた。そして、領邦全域で有能な図書館員を供給するために、中央図書館に図書館員養成学校を設置することを提言したのである。これは世界で最初の図書館学校の構想であった。『ハンドブック』のタイトルには、「図書館学にかんする講義の指針として使用するために」と付記されており、図書館学教育の教科書として活用することが意図されていた。

7 エーベルトの批判

利用者要求に応える図書館理念を提示したシュレッティンガーであるが、同時代の図書館人からは痛烈な批判を受けた。批判の先頭に立ったのはエーベルト（Friedrich A. Ebert）である[11]。エーベルトは、1808年にライプチヒ大学に入学し、神学のち古典文献学を学ぶ傍ら、1811年に最初の著作『公共図書館論』を執筆した。これは一利用者としてみた大学図書館の管理と整理を解説したも

---

11) 前掲10).

のであった。1813年からはライプチヒ大学図書館で非常勤として働き始め、いかに図書館蔵書を収集・形成し、それを維持管理するかに腐心した。1820年に『図書館員の養成』、1822年に『ドレスデン王立図書館史』を執筆し、その後、1823～1825年、ヴォルフェンヴュッテル大公図書館長を務めている。ロストは、エーベルトの有名な言葉を紹介している[12]。

「司書の座右の銘はこうでなければならない。他人の世話をしてわたしは消耗する。自分のためにではなく、他人のために働かなければならないのであり、人にあたえる喜びを自分自身には進んで絶たねばならないのである」。

「図書館とは何か」についてのエーベルトの見解は、シュレッティンガーの図書館学に対する一種のアンチテーゼとして提示された。エーベルトは、シュレッティンガーが述べた図書館理念を一括して論駁する。「われわれは〈相当量の蔵書〉を以て、図書館そのものの全概念が尽くされていると考える」。なぜなら、人びとに利用されない図書館や、整理が不十分で、所蔵する図書を見つけるのに労苦と時間を必要とするような図書館、あるいは、蔵書中の個々の論文をすべて即座に見いだすことができないような図書館を、もし「図書館」とよべないならば、図書館という一般的な用語法が誤りであることになってしまう。これでは、古代から今日に至るまで、全世界に図書館は存在しなかったことになってしまうからであった。シュレッティンガーの示す図書館の「あるべき姿」を、これまで存在してきた図書館一般に適用しようとすると、大部分の図書館がこの定義から外れることになる、図書館の定義は理念から導かれるべきではなく、現実の図書館に共通する特徴を図書館の一般的定義となすべきだ、というのである。

河井は、これを「定義」に関する両者の見解の相違から生ずる対立であるとし、「この『定義』の定義の違いこそが、実は啓蒙主義と歴史主義の根本的な違いに根ざしている」と指摘している[13]。すなわち、シュレッティンガーに代表される啓蒙主義は、人間の理性の先験的な活動から生み出される合理的、か

---

12) 前掲3)，p.149-153.
13) 前掲10).

つ普遍的な理念を完全とみなし、不完全な現実や経験はこの先験的な理念によって批判されねばならないとする。完全な図書館像は実現可能なものであり、不完全な図書館は、完全にいたる過渡期的状態ないし誤りとなる。こう捉えると、図書館はつねに人知の限りをつくした理念にむかって、その実現に傾注しなければならない存在となり、あるべき図書館像に向かって前進していく成長体となる。

　これに対して歴史主義では、人間の理性によって描かれる普遍的理念そのものが否定される。非合理主義的な、理性によってほとんど説明できないような人間の「生」、普遍に到達しないローカルなものこそが、世の中の発展してきた現実像である。図書館もそれぞれの時代、それぞれの図書館種のありかたで存在してきた。古代には古代の、中世には中世の図書館が存在し、それぞれ蔵書提供や組織化、資料保存といった機能を果たしてきた。こうしてエーベルトは、歴史上存在したすべての図書館を肯定するのである。ただし、これによって彼の図書館観は、過去と現実に対する批判眼を失い、現状肯定を志向するという限界をもつことになった。

　また、エーベルトの図書館観では、利用提供より資料保存に重きが置かれた。「図書館員の仕事は今やむしろ後世のために、忠実で有能なる保管者とならねばならないのである。同時代人とのかかわり合いはおおむね機械的なものにすぎない。後世のために図書館員は、同時代あるいは前代のものの中から、慎重かつ公平な吟味の結果、収集の価値ありと考えるものを収集し、後世へのつながりが保障されている諸原則にしたがって、収集したものを整理する」。
　すなわち、過去から現代にいたる図書資料を後世のために収集保管する機能こそが第一義的となるのであって、図書館が現代社会の利用者の文献ニーズにこたえて図書資料を提供し、また利用しやすい図書館とするために整理する機能は第二義的になってしまうのであった。
　シュレッティンガーの示した図書館学校構想も、エーベルトにとっては批判対象となった。エーベルトは図書館員の要件として、古典や言語に関する学識、秩序愛を求め、先の「司書の座右の銘」にあったように、きわめて禁欲的な自

己犠牲精神に基づく厳しい倫理性を説いた。図書館の実務的なスキルを画一的に教授するのではなく、現場での自学を通じて、図書館員としての資質を磨くことを重視したのである。

　図書館のあるべき理念に向けて、図書館サービスの現状を変えていこうとするシュレッティンガー図書館学が時代の人びとに受け入れられるには、まだ時間が必要とされたといえる。

第5章　アメリカのソーシャル・ライブラリー

　18世紀アメリカでは、王侯貴族の図書館や修道院・大学以外の新たな図書館が出現してくる。ベンジャミン・フランクリン（Benjamin Franklin）が1731年に設立したフィラデルフィア図書館会社（Library Company of Philadelphia: LCP）を嚆矢とするソーシャル・ライブラリーの登場である。ライブラリー・カンパニー（Library Company）は「図書館会社」と直訳されるが、その仕組みは、会員たちが一定のお金を出しあって図書を共同購入し、それを共同利用するというものであった。言い換えれば、会員制図書館（subscription library）であり、フィラデルフィア図書館会社以降、アメリカやイギリスにこの種の図書館が数多く出現することとなった。

　フランクリンは1776年「アメリカ独立宣言」の起草者のひとりとなったほか、科学者として避雷針を発明したり、フィラデルフィア・アカデミー（のちのペンシルヴァニア大学）を創設したりと、多方面で活躍し、今日のアメリカ100ドル紙幣に描かれるなど、合衆国建国の父としてよく知られる偉人である。そのフランクリンが自伝の中でソーシャル・ライブラリーの有用性について、次のように述べている[1]。

　「アメリカ人全体の知識水準を高め、平凡な商人や百姓の教養を深めて諸外国のたいていの紳士に劣らぬだけのものに仕上げたのは、これらの図書館である。また思うに、全植民地の住民がその権益を擁護するためにあのようにこぞって抗争に立ち上がったのも、幾分かはこれが影響によるものであろう」。

　1775～1783年、アメリカの東部沿岸13植民地はイギリス王国からの独立戦争を戦い、独立を勝ち取ることとなった。独立戦争に臨む際、アメリカの知識人

---

1) 松本慎一・西川正身訳（1982）『フランクリン自伝』岩波クラシックス10, pp.114-115.

たちの間には、17世紀から18世紀にかけてのヨーロッパにおける政治体制の変革、とりわけイギリスのピューリタン革命や名誉革命の状況が知られていたが、そうした状況把握の手段としてソーシャル・ライブラリーの重要性を指摘したものである。

この章では、ソーシャル・ライブラリーの特色を見てみよう。

1 討論クラブ「ジャントー」

フランクリン（図5.1）は、1724年12月から1年半ほどイギリスに滞在した。イギリスでは17世紀半ばからコーヒーハウスが発展し、知識人たちが情報交換し合ったり、そこで新聞が読まれたりするなど、交流の拠点として機能したほか、とくに政論の場として大きな役割を果たした。18世紀の詩人ポープが残した格言「コーヒーは政治家を賢明にする」はよく知られる。コーヒーハウスは誰でも自由に議論できる場であり、18世紀に各種のクラブが誕生する下地を形成した。1690年代に「自由主義の父」として知られるジョン・ロックらが集ったドライ・クラブ（Dry Club）もそのひとつであり、週に一度集まって、2時間ほど、さまざまな事柄について、寛容の精神に基づき議論した。これらクラブの自由な議論の雰囲気は、フランクリンにも影響を及ぼした。

帰国後、1727年秋に仲間に声をかけ、12人からなる討論クラブ「ジャントー」（Junto）を組織した。ジャントーとはスペイン語で秘密結社を指す呼称であったが、不適当な人から入会希望が寄せられることがないよう、人数を定めていた。ただ、討論の気風は自由で、政治性や宗教性でつながるような閉鎖的な集まりではなかった。

ジャントーに集まったのは、フランクリンのような印刷工のほか、筆耕、靴職人、革職人、測量師、市井の数学者、商人など、自立的な生活を営む人びとであった。ジャントーの会員は入会に際し、人類を愛し、思想・宗教上の相違などで、他人の肉体、名誉、所有物などを傷つけないことを宣言するとともに、真理を愛することを約束する義務があった。彼らは毎週金曜日の晩に、当初は

第Ⅰ部　世界編

図5.1　ベンジャミン・フランクリン（肖像画）
（出所）https://commons.wikimedia.org/wiki/File:BenFranklinDuplessis.jpg（アクセス 2019.3.29）

居酒屋で、のちに部屋を借りて集まるようになり、すべての会員が順番に、政治や倫理、自然科学に関する何らかの点について、少なくとも議題を一つ提示し、仲間の討論にかけることになっていた。その際、相手を言い負かす目的で議論するのではなく、真理探求という真面目な精神で討論することを目指した。そして3か月に一度、自分で決めた課題について文章をまとめ、それを提出して読むことを約束事としていた。ジャントーは相互向上を目指すクラブであり、一種の社会教育機関であった。

ジャントーの性格について、アメリカ図書館史研究の第一人者である川崎良孝は『アメリカ公立図書館成立思想史』の中で、次の3点を指摘している。すなわち、①道徳教育実践の場、②高等教育機関や学術機関、③社会改良についての政策検討機関である[2]。

まず、①道徳教育実践の場について、討議の際は、独断的な言い方や断定的な言い回しは禁じられ、異なる見解を述べるときも、真っ向から反対するのではなく、謙譲の精神に基づいて進められた。また、ジャントー会則には、「節制、分別、中庸、そのほかの美徳により、幸福になった例は［ないか］」といった課題も出されている。これらは、独善を戒め、他者に対して尊敬の念をもって接することを通じて、相互修養や人格的完成を目指したものであった。

次に、②高等教育機関や学術機関について、当時アメリカに存在したカレッジは牧師養成機関の性格を持っていた。これに対し、ジャントー会則には宗教や神学の題目は一つもなく、会員は宗教的課題を離れて、自らの考えを定期的に論文の形にまとめる機会が設けられていた。フランクリン自身、ジャントーを植民地で最良の哲学、道徳、政治の学校と自負していた。

また、③社会改良についての政策検討機関について、社会状況に応じた検討

---

[2] 川崎良孝（1991）『アメリカ公立図書館成立思想史』日本図書館協会，pp.51-54.

第5章　アメリカのソーシャル・ライブラリー

課題が設定され、ジャントーから政策提言の働きかけがなされた。例えば、地域に病院やカレッジなどを建てたり、夜警団や消防組合を結成したりする場合、事前にジャントーで検討されたのである。

　こうして議論したり文章をまとめたりする際、重要な役割を果たしたのが図書であった。ジャントーの会員たちはそれぞれ多少の蔵書を持っていたが、フランクリンの提案によって、それぞれが図書を持ち寄って共同文庫（common library）をつくることとなった。この結果、会で議論するときその場で調べることができるだけでなく、家で読みたいと思う図書を各自が自由に借り出すことができるようになった。集まった図書は多くはなく、管理上の不手際から文庫は1年で解散したが、フランクリンは文庫の利益を認識し、人びとが共同で使うことのできる図書館をつくって、読書の利益をもっと広めようと考えるようになり、これがフィラデルフィア図書館会社の設立につながった。

2　フィラデルフィア図書館会社の設立

　フランクリンは12歳のときから印刷工として修業を積み、1728年、22歳のときにフィラデルフィアで3軒目の印刷所を開業している（1729年にはヒュー・メレディスとともに地元新聞『ペンシルヴァニア・ガゼット』の発行にも乗り出した）。ただ当時のアメリカの出版状況は、ボストン以南の植民地に本格的な書店は1軒もなく、ニューヨークやフィラデルフィアでは、印刷屋が同時に文房具屋を兼ね、ありふれた教科書や暦、俗謡集などを扱う程度であった。人文・社会科学書や自然科学書、小説などは、イギリス本国から高い船賃を払って取り寄せられていた。

　1731年、フランクリンは会員が資金を出し合って図書を共同購入する仕組みとして、フィラデルフィア図書館会社（図5.2）を設立した。ジャントーの仲間を中心に声をかけ、4か月をかけて50人の会員を集めて発足したものであった。設立に際して、フランクリンは計画案と概要を起草し、公証人に頼んでこれを定款の形に改めた。会員は、最初の図書購入費として40シリング、以後追加購

図5.2 フィラデルフィア図書館会社（1800年頃）
（出所）https://commons.wikimedia.org/wiki/File:Library_&_Surgeons_Hall_Birch's_Views_Plate_19.jpg（アクセス 2019.3.29）

入費として年10シリングを支払う決まりとなっていた（当時の貨幣価値では、フィラデルフィア地元の週刊新聞『アメリカン・ウィークリー・マーキュリー』の1730年時点の購読料金が、やはり年間10シリングであった）。

図書購入費は「株」に当たる。株は株主にその絶対的な所有が認められ、自分の意志でこれを遺贈することも、人に譲渡することもできた。持ち株数は会員1人1株と規定されていた。株式会社では、しばしば持ち株数が多い株主ほど発言力が強い傾向が見られるが、それに比べれば、1人1株は平等主義を体現したものと言える。会員は株の所有と引き換えに、権利として、①図書を借り出すこと、②自分の読みたい図書を選択すること、③毎年開かれる総会で役員を選出することができた[3]。

定款では理事、会計、書記、理事会が規定されたが、改選時には会員1人あたり1票を行使するとされた。ここにも平等主義が反映されている。また、特に重要な事項を決定する場合は全会員からなる総会を開き、8分の7以上の賛成で議決することも定められた。こうした平等主義や民主的運営が、フィラデルフィア図書館会社の定款に見られる基本姿勢であった。

フィラデルフィア図書館会社の中心メンバーとなった理事たちは、フランクリンを筆頭に、いずれも若く、進取の気性に満ちた中産階級であった。12人の理事のうち9人がジャントーのメンバーであり、ウィリアム・パーソンズ、トーマス・ゴッドフリー、ウィリアム・コールマン、ジョセフ・ブラントナルは、ジャントー発足期からの仲間であった。コールマンは会計、ブラント

3) 森耕一（2001）『図書館の話 第4版』至誠堂, pp.112-119.

ナルは書記に選出された。

　最高齢はアイザック・ペニングトンの31歳であり、年齢不詳の3人を除いて、7人が20歳代であった（フランクリンは25歳）。また、ヨーロッパに留学経験をもつトーマス・ホプキンソンとオックスフォード大学を卒業したトーマス・キャドワラダーを除いて、大部分は正規教育を受けていなかったが、いずれも読書好きで、科学的な知識など知的な興味が高かった。彼らは手に職をもち、自立した生活を送るとともに、コミュニティの中で社会的な活動や公職にも積極的に従事した。「クウェーカー・アリストクラシー」と呼ばれた上流階級は、軽蔑をこめてジャントーを「まえかけクラブ」(Leather Apron Club) と呼んだが、この呼称は、ジャントーとその延長上にあるフィラデルフィア図書館会社が、働く者たちによって結成された組織であったことをよく物語っていた。

　図書館は、毎週土曜日の午後4時から8時まで開けられて、主に会員に利用提供された。利用対象は基本的に会員であったが、非会員であっても、図書の価格相当の保証金を積んだり、利用後に薄謝を呈したりすれば、図書を借り出すことができた。一般市民からは「フィラデルフィア図書館」とか「市の図書館」(City Library) などと呼ばれるようになった。

　フランクリンは1731〜1757年と1762〜1764年に館長を務めたほか、1757〜1762年と1765〜1775年にはロンドンの図書購入エージェントを務めている。フランクリンは多彩な活動を行ったが、これだけ長期にわたって関与を続けたのはフィラデルフィア図書館会社の運営をおいて他になかった。

3　フィラデルフィア図書館会社の蔵書

　1732年3月、最初の図書注文リストがイギリスに送られ、秋に数冊を除く図書が届いた。ジョン・ロック著『ジョン・ロック集』、アントワーヌ・アルノーとピエール・ニコル著『論理学、あるいは思考の技法』、プルターク著・ホランド訳『倫理論集』などを含んだこのリストには、フィラデルフィア図書館会社の会員の関心が反映されているが、当時の大学図書館などの蔵書との相

違もまた明らかである。
　その最大の特徴は、宗教書や神学書の類が含まれていないことであった。そこには、信教の自由を重んじたフランクリンの考えの影響が強くうかがわれる。フランクリンは17歳でボストンからフィラデルフィアに移住したが、18世紀当時、アメリカ北部、とくにマサチューセッツ植民地では、インクリース・メイザーやコットン・メイザーの神政政治の影響力が依然として大きく、宗教と生活が密接に関連していた。一方、ペンシルヴァニアは平和主義者として知られたクウェーカーの植民地であり、宗教的に寛容で、友愛精神による社会の建設が目指されていた。「友愛の町」を意味するフィラデルフィアには多様な移民が集まり、自己の良心が重んじられ、各自がその宗教を信じる土台があった。
　最初の図書注文リストに挙げられた図書の内容は、歴史、文学、社会科学、自然科学を網羅した全般的な構成となっていた。なかでも歴史書は、他の図書館のようなキリスト教史や教会史中心ではなく、圧倒的に世俗史であった。社会科学書については、議会制民主主義を重視するホイッグに属する著者が多く、自然科学書については、新しいニュートン哲学を積極的に取り入れていた。1734年、フィラデルフィア図書館会社の蔵書は図書239冊、定期刊行物25、それに雑多なパンフレットで構成されていた。1740年に図書館はペンシルヴァニア州議事堂の一角に移った。
　1741年の蔵書目録によると、375タイトル432冊の図書が収められており、このうち注文によって購入したものが291タイトルであった。内訳は、歴史91種、文学55種、自然科学51種、哲学28種、神学25種、社会科学21種などである。
　歴史書が全体の3分の1を占めている。イギリス史がそのほとんどであるが、とりわけ、ピューリタン革命から名誉革命への歴史的展開や君主制の終焉を取り扱ったものが多かった。ロックの著作が数点見られ、全蔵書中でも、歴史家のヴェルトー、詩人のポープに次いで三番目に多い。ロックは1690年に『統治二論』を発表するなど、名誉革命を擁護し、イギリスの政治体制の理論的支柱を提示したが、のちにトマス・ジェファーソンが起草し、フランクリンらが修正した「アメリカ独立宣言」において、ロックの主張した圧政に対する抵抗権

や革命権が盛り込まれたのも、決して偶然ではなかった。フィラデルフィア図書館会社は、1787年になると合衆国憲法起草者のための参考図書館として機能した。

　独立宣言は、いかなる政府であっても、人民が生命、自由、幸福を追求することを確保するというその目的を踏みにじるときには、これを改廃して新たな政府を樹立し、最もふさわしい形に権力のありかへと作り変える権利を、人民が有するとしている。植民地アメリカにおいて、ロックの思想を吸収し、自らの血肉とする上で、フィラデルフィア図書館会社のような図書共有の仕組みは大きな効果を発揮したと言えよう。本章冒頭の『フランクリン自伝』に示されたソーシャル・ライブラリーの評価も、あながち大げさではないのである。

　フィラデルフィア図書館会社の蔵書を、書かれた言語別で見ると英語が圧倒的に多かった。これは当時、大学図書館や個人文庫でラテン語の図書が多いことと対照的であった。1741年の蔵書目録では、ラテン語で書かれたものはグロティウスの『戦争と平和の法』（1664年）があるのみである。古典ではなく同時代的な著作が収集対象となっていた点は文学でも当てはまり、文豪シェークスピアや詩人チョーサーらの古典的名著は収集されていない。ポープや1679年に桂冠詩人となったドライデンのように、当時活躍していた人びとの著作が選ばれている。

　また、川崎はフィラデルフィア図書館会社の蔵書を分析するなかで、特に有用な知識が重視されていること、そしてそれは3種類の観点に立つと指摘している[4]。フランクリン自身、「13の徳目」をまとめるなかで、「5．節約：自他に益なきことに金銭を費やすなかれ。すなわち、浪費するなかれ」とか、「6．勤勉：時間を空費するなかれ。つねに何か益あることに従うべし。無用の行いはすべて断つべし」など、益ある行動をとるべき旨を説いているが、図書に求められた有益さとは何だったのであろうか。

　①まず、第一の有用な知識とは、「自分の技能を伸ばす、自己の経済生活を豊かにする」という観点からの有用な知識である。これは、ジャントーの質問

4）前掲2），pp.75-87.

課題でいえば、「最近、当地またはほかの場所で現在富裕な者が、いかにして財を得たかを耳にしたか」という課題に代表されるように、個人の生活を経済的に豊かにする意味での有用さであった。しかし、こうした図書は非常に少なかった。有用さを個人だけに引きつけて捉えてしまっては、蔵書の本質を見誤ることになる。

　②第二の有用な知識とは、「隣人に役立つ、あるいは直接的に社会の役に立つ」という意味での有用さである。「それは役に立つことなのか」とか「何のために」といった言葉は、フランクリンの場合、主にこの第二の意味での有用な知識に関わった。『フランクリン自伝』では、消防組合、夜警団、病院など多くの社会事業を、ジャントーでの議論を通じて具体化していったことを描いているが、そうした取り組みはすべて地域の人びとの役に立つものであった。

　③そして、フランクリンは第三の意味での有用な知識もまた、第二の意味での有用な知識に劣らずに重視した。それは、人間の進歩や人類の福祉に目標を合わせた有用な知識であり、自然科学に対する知見がそこには含まれた。フィラデルフィア図書館会社では、図書を会員や一般の人びとに貸し与えていただけでなく、さまざまな実験を地域の人びとに見せたり、化石、博物標本や実験器具を収集し、これを週に一度、無料で一般に公開したりしていた。例えば空気ポンプを展示し、これは、ハーヴァード大学の初代数学教授だったアイザック・グリーンウッドが科学の講演をする際、フィラデルフィア図書館会社の許可を得て使用された。

　また、次のようなエピソードも残されている。フランス滞在中の1783年、フランクリンは気球の実験を見物した。それは非常な人気を博していたが、有用性が疑問視され、「いったい気球が何の役に立つのか」と問題提起された。このときフランクリンは、「出産直後の赤ん坊がいったい何の役に立つといえるのか」と反論し、基礎的・原理的な研究が、一時的には無益に思えても、将来大いに役立つことを理解していたのである。

　このように、フランクリンは地域の人びとや人類の進歩にとって有用な知識を重視し、そうした性向はフィラデルフィア図書館会社の蔵書構成や所蔵資料

第5章　アメリカのソーシャル・ライブラリー

にも反映されることとなった。

4　ソーシャル・ライブラリー

　フィラデルフィア図書館会社のように、図書購入のために会員が費用を出し合う組織は「ソーシャル・ライブラリー」と呼ばれた。とくに1790～1840年は「ソーシャル・ライブラリーの黄金時代」と呼ばれる時期で、後述するように、館数が増加したほか、設置者や利用者ごとに形態の分化が見られた。

　図書館自体にソーシャル・ライブラリーの名称を用いた最初の例としては、1750年頃、マサチューセッツ植民地の港町セイラムに、文学や哲学の促進のため「ソーシャル・イブニング・クラブ」が成立され、1760年、その会員たちが居酒屋で会合して「セイラム・ソーシャル・ライブラリー」を設立したことが挙げられる。設立には、大商人のベンジャミン・ピックマン、大船主のティモシー・オーンら、セイラムの有力者が参加した。発足当初は、11ドルの株を購入した上で年会費を支払うことのできる会員だけが図書館を利用することができたが、のちには非会員も恩恵的に図書館を利用できるようになった。発足時の蔵書数は415冊であった。アメリカ独立戦争期に活動が停滞したが、1784年に再開され、1810年にセーラム・アシニアムに改組された。

　フィラデルフィア図書館会社はソーシャル・ライブラリーの館名を付けてはいないが、有志が知識を得るために自発的に団体を結成し、資金を出し合って図書を共同購入した点で同じ性格を有し、ソーシャル・ライブラリーの端緒に数えられている。

　今日、公立図書館と大学図書館、学校図書館などの館種は峻別されているが、この当時は、ソーシャル・ライブラリーをはじめとして、広く人びとに利用提供される図書館は、おしなべて「パブリック・ライブラリー」の範疇に含まれた。ここでパブリック・ライブラリーの定義を確認しておく[5]。1850年にスミソニアン・インスティチューションの図書館部長であったチャールズ・ジュー

---

5) 川崎良孝（2003）『図書館の歴史：アメリカ編（増訂第2版）』日本図書館協会, pp.9-15.

エットは、包括的な図書館統計を連邦議会に提出した。31の州とコロンビア特別区に1万館の図書館があり、蔵書冊数が370万冊に上ると述べた上で、パブリック・ライブラリーを次の7つに類型化した。

①州立図書館など：州立図書館をはじめとして、州政府の管轄下にある図書館。議会図書館も含む。

②ソーシャル・ライブラリー：アセニアム、ライシアム、青年会、職工学校、商事図書館などを含む。一般にこの種の図書館は、研究書よりも通俗書で構成されているが、わが国で最良の蔵書の図書館も含まれている。ソーシャル・ライブラリーの目録をみると、全般的にみて非常に賢明な図書選択であることに驚かされ、また喜びを感じると思う。

　州によっては、名称はともかく大部分の町にソーシャル・ライブラリーがある。大多数は1000冊以下である。

③カレッジ・ライブラリー（学生図書館を除く）

④学生図書館（student's libraries）：カレッジ、専門学校などにあり、学生団体が相互向上を意図して組織した図書館。

⑤専門学校（professional schools）やアカデミーの図書館：神学校、法律学校、医学校、アカデミーなどの図書館。

⑥学術団体の図書館：科学協会、歴史協会などの図書館。

⑦学校区図書館（public school libraries）：タウンシップや学校区を区域に、当該地域に住む全住民を対象にした図書館。

パブリック・ライブラリーという概念には、このように多くの種類の図書館が含まれたことがわかる。「この国に存在する私的財産でない（そして実のところ多くの図書館は私的財産である）…すべての図書館がパブリック・ライブラリーである」と規定された。1876年に連邦教育局によって『米国図書館特別報告』が刊行された際も、大学図書館、ソーシャル・ライブラリー、専門図書館などは、パブリック・ライブラリーとして、ひとまとめに括られた。

第5章　アメリカのソーシャル・ライブラリー

図5.3　ボストン・アセニアム（1855年頃）
（出所）https://commons.wikimedia.org/wiki/File: 1855_Boston_Athenaeum_BallousPictorial_v8.png（アクセス 2019.3.29）

　なお、ジューエットの類型化に挙げられた、②ソーシャル・ライブラリーには、アセニアムやライシアムも含むとされているが、このうちライシアムとは、19世紀に成人教育のための講演会運動（ライシアム運動）が盛んとなった結果、設立されたものを指す。1856年、『ニューヨーク・エヴァンジェリスト』によれば、「全国でライシアムのない村は存在しない。あるいは大きな都市を見習って、定評ある文人の講演会によって、パブリック・ライブラリーの増大を願う団体のない村も存在しない」と指摘されている。南北戦争前のアメリカでは、ライシアムがニューイングランドから中部大西洋岸にかけて散在し、科学、農業、政治、道徳、文学、哲学について講演コースを提供していた。

　一方アセニアムは知識人の文芸クラブを指しており、その代表が1807年にボストンにつくられたボストン・アセニアム（図5.3）であった。ボストン・アセニアムは、新着雑誌をそなえる閲覧室と文学やアメリカ史の蔵書から構成され、発足当初の株価は300ドルであった。150株（1人3株以上は保有できない）が知識人や商人によって購入され、彼らは年会費を払う必要はなく、アセニアムの所有者となった。1808年からは年会費10ドルで一般の利用に便宜が与えられた。

　ハーヴァード大学教授であったジョージ・ティクナーはダニエル・ウェブスターに宛てた手紙の中で、「私はこの立派なアセニアムに、流行のもの、人気

95

あるもの、科学的なものを問わず、望まれるあらゆる講演を加えたい。…そして全体として、ボストンの知識の殿堂にしたい」と記した。図書を含め文化的な事物全般の収集が重視され、1839年にアセニアムは最初の彫刻展示を実施し、数年後には展示を1階に、図書館を2階に移した。床面積のほぼ3分の2は、読書よりも展示空間として活用された。

　当時のアセニアムの運営について、民主的であったかについては留意が必要である。すなわち、財力のあるアングロサクソンの男性がサービスや蔵書の利用を統制しており、1830年代になるまで女性は会員になることができなかった。1826年、『ボストン・ニューズレター・アンド・シティ・レコード』は、「大多数の市民はアセニアムからどのような学問上の利点を獲得できるというのか。…富者はヘブライ語で読むために、金で必要なものを購入できる。一方、コミュニティ内の勤勉で価値ある人びとは6ペンスの暦しか買えず、知性面では飢餓状態にある」と、階級による利用制限の見られることに批判の声を紹介している[6]。

　ソーシャル・ライブラリーについて、シェラは所有者図書館（proprietary library）と会員制図書館に大別した上で、両者の特徴を次のようにまとめている[7]。ボストン・アセニアム型の所有者図書館は、富裕な人に働きかけ、株価は会員制図書館の会費よりも高く、所有者の投票権が持ち株数に比例することも多い。しばしば株を多く所有する所有者の発言権は強くなる。これに対し、フィラデルフィア図書館会社型の会員制図書館は、広範な支持を求めて組織化され、会費は安く、図書館の運営や投票権には平等主義、民主的運営が示された。フィラデルフィア図書館会社では1人1株と規定されたが、発言権は会員に平等であった。

　また、フィラデルフィア図書館会社をはじめ、法人の形態がとられたが、こ

6) ウェイン・ウィーガンド著，川崎良孝訳（2017）『生活の中の図書館：民衆のアメリカ公立図書館史』京都図書館情報学研究会，pp. 3-29.
7) ジェシー・H. シェラ著，川崎良孝訳（1988）『パブリック・ライブラリーの成立：1629年から1855年におけるニューイングランドのパブリック・ライブラリー運動の起源』日本図書館協会，pp.64-72.

第5章　アメリカのソーシャル・ライブラリー

れは当時、経済活動や公益事業の分野だけではなく、宗教や慈善、教育などの諸事業において、法人の仕組みが採用されていたことを反映したものであった。伝道協会や教会の慈善団体も、宗教的な目的を促進するために法人を組織したし、慈善や教育を目的に形成され、一部あるいは全部が教会支配から独立している法人もあった。

5　ソーシャル・ライブラリーの展開

　ペンシルヴァニアでは1731年のフィラデルフィア図書館会社の設立以降、ソーシャル・ライブラリーの伸長が見られた。まず中心都市であるフィラデルフィアでは、1747年にフィラデルフィア合同図書館会社が発足（1759年法人化）し、1757年にアミカブル図書館会社と団体図書館会社が発足した後、1769年にいずれも最終的にフィラデルフィア図書館会社と合同した。また、フィラデルフィア郊外では、1743年にダービー図書館会社、1759年にランカスターにソーシャル・ライブラリーが発足し、1760年代にさらに4館が設立された。

　独立戦争の時期をはさんで、1830年代になってからソーシャル・ライブラリーは中央山岳地帯へ普及し、全盛期を迎えた。フィラデルフィアから周辺部、そしてペンシルヴァニア全域に着実に波及していったといえよう。独立革命期や南北戦争期にはソーシャル・ライブラリーの設立数は非常に少なく、革命や戦争、それに経済状況が影響したことがうかがえる。また、全盛期には、フィラデルフィア徒弟図書館（1820年設立）を起点に、全般的な性格のソーシャル・ライブラリーから、対象を限定した図書館への移行が見られるようになった。都市部を中心に図書館の分化が進んだのである。

　アメリカ北東部のマサチューセッツ州ニューイングランドでも、時期はずれるが、ソーシャル・ライブラリーの展開にはペンシルヴァニアと同様の特徴が見られる。まずは1733年、コネティカットにダラム図書館会社が発足し、ニューイングランドの沿岸地帯から内陸部へと拡大していった。独立戦争期には停滞の時期を迎えるが、ペンシルヴァニア同様に、政治や経済の状況がソー

シャル・ライブラリーの設立に関連した。そして、新しい州が合衆国憲法を批准した重要な時期（1787～1789年）以降、州はソーシャル・ライブラリー設立についての権限付与法を採択するようになり、1790～1815年に500以上のソーシャル・ライブラリーの設立が認可された。1850年までにその数は倍増した。

　出版技術の向上、活字資料の増大や普及方式の拡大、人工照明の導入などを背景としながら、ソーシャル・ライブラリーは地元が統制する団体として、読書への信念、社会的責任、コミュニティの自負心、自己向上を反映した。会員たちは同じテキストを読んで討論し、そのことはコミュニティの紐帯を強める効果をもったと考えられる[8]。1792年にジェレミー・ベルクナップ牧師は、図書が「人びとの間に知識を普及させる最も簡単かつ安価、そして最も効果的」な手段であると主張し、図書の最大の利点は「人びとの社会的な交わりにあり、そうした人は同じ本を読み、読書から生じた事柄を互いに話し、自分の考えを相互に伝える」と強調している。

　1793年、サディアス・メイソン・ハリスによって『ソーシャルライブラリーにふさわしい、最も定評ある英語本の選定図書目録』が刊行されている。この選定図書目録には277の図書が列挙され、近世のフランシス・ベーコンの学問分類に基づき、「記憶・想像・理性」に類別されていた（「記憶」は歴史、旅行、伝記の領域を含み87タイトル。「想像」は詩、劇、芸術、フィクションを含み81タイトル。「理性」は科学、宗教、哲学を含み109タイトルであった）。蔵書の標準化が志向されたのである。

　初期のソーシャル・ライブラリーは、利用者を階層や職業で限定せず、かつ蔵書が幅広い図書館、すなわち全般的な性格の図書館が圧倒的であった。やがて全盛期を迎えるようになると、扱う主題と利用者の両側面で分化が見られるようになった。前者は、歴史、医学、神学、法律、科学など、焦点化される領域が細分化したことを指し、歴史協会、医学会、宗教団体、法律協会など、さまざまな機関に付属する図書館が登場することとなった。後者は、職工、青少年、女性、工場労働者、商店員など、利用対象が個別化したことを指し、この

8）前掲6）.

種の図書館は、商工業の発達、工場制度の発達、都市化といった社会状況を反映して、生み出されることとなった。

1820年代になると、徒弟図書館や青年会図書館などの分化に加え、町が公費で運営を支え、無料で全住民に公開する新しい図書館が、ソールズベリーやピーターボロといった小規模な自治体で見られるようになった。

6 ソーシャル・ライブラリーの蔵書

初期のソーシャル・ライブラリーの蔵書構成は、キリスト教神学、歴史（伝記）、文学が中心で、ほぼこれらの主題が蔵書の3分の2以上を占めた。例えば、ニューポートのレッドウッド図書館（図5.4）では、1747年にエイブラハム・レッドウッドが、「ただただ人類の善だけを勘案して、…パブリック・ライブラリー（Publick Library）に適した有用な蔵書」のために資金を提供し、理事会が751タイトルを発注した。1764年の目録では、ハイカルチャーの文学が33％、科学19％、歴史16％、神学13％、法律8％であり、ほかに伝記、旅行、農業、軍事といった図書が集められた。

コネティカットのニューヘイヴン職工図書館でも、1793年に200タイトルを所蔵したが、やはり3分の2以上を歴史、フィクション、文学が占めた。コネティカットのファーミントンにある図書館では、1785年に最初の蔵書197タイトルを購入したが、蔵書構成の比率はそれとほぼ同一であった。ヴァーモントのピッツフォード・ライブラリアン・ソサイエティでも、1796年に蔵書はわずか93タイトルであったが、歴史、宗教、旅行書が80％以上を占めた。

神学や宗教書は、清教徒の神政政治が衰退するにつれて、図書館蔵書におけるその割合は次第に小さくなっていった。1790年にマサチューセッツ州に設立されたランカスター図書館の場合、発足当初から歴史書と文学が中心であり、神学書は少数であった。ボストン・アセニアムにしても、設立者のなかに牧師はほんの少ししかおらず、図書の選択においては明らかに世俗的な図書が重視された。

図5.4　レッドウッド図書館（絵葉書）
（出所）https://commons.wikimedia.org/wiki/File:Redwood_Library.JPG（アクセス 2019.3.29）

神学書の比率が下降していったのと反比例して、着実に増加したのがフィクションであった。ロマンス小説の祖と言われるサミュエル・リチャードソンの『パミラ』（1740年イギリス刊）が、フランクリンの手でアメリカ版の刊行されたのが1744年のことである。それから半世紀後の1794年、女性教育者としても知られるスザンナ・ロウソンが執筆した『シャーロット・テンプル』が、当時のベストセラーとなり世の人びとに読まれた。この小説は、男性に誘惑された若い少女が、誘惑に負けた結果、不幸な人生を歩むことになるという道徳的教訓の要素の強い作品で、感傷小説の代表作となったが、発売後すぐに2万5000部を売り、19世紀半ばには100版近くに達していたという。

　それまで印刷された図書は「神聖さという雰囲気」をまとっていたが、フィクションの広がりとともにそれははぎ取られていったと言えよう。中心的役割を果たしたのは女性読者であった。ロイヤル・タイラーの『アルジェリアの捕囚』（1797年）の主人公は、7年間アルジェリアで囚われの生活を送ったのち、独立革命後のアメリカに戻り、次のような変化に気づいている。「地位を問わず、すべての国民が、単なる娯楽本を…むさぼるように読んでいる。…国の生活のすべての秩序は、真面目な説教や父親が示す日常生活での敬虔さをこぞって棄てた。そして旅行者や小説家が書く、陽気な話やあっぱれな不信心な話に取って代わられた」。読者はフィクションを、自分の経験のフィルターとして用い、似たような感情を一緒に経験したり、自分の日常生活を異なる観点から理解したり、社会的ネットワークを強めたり、アイデンティティの感覚を生み出し維持したり、社会性を獲得したりする目的で利用した[9]。

---

9) 前掲6).

第5章　アメリカのソーシャル・ライブラリー

　アメリカでフィクションの出版は、1770年から1779年には1タイトルのみであったが、1800年から1809年に25、1820年から1829年に128、1840年から1849年には765へと増大していった。1818年にトマス・ジェファーソンは、「すぐれた教育への大きな障害は、小説へのとてつもない熱情にある」と述べ、「この害毒が精神をおかすと、精神の正常な調子を破壊し、精神が健全な読書に反逆するようになる」と続けた。権威者にとってフィクションは「唾棄すべきもの」であった。

　しかし、フィクションは不道徳であるとの批判を受けながらも、読みたいという関心はそれを上回り、ソーシャル・ライブラリーの蔵書や、とりわけ貸出回数に反映されることとなった[10]。例えば、ニューヨーク・ソサイエティ・ライブラリーでは、1789年および90年度に蔵書818タイトルを擁しており、フィクションの割合は138タイトル（17％）であったが、貸出冊数では9025冊のうち3133冊（35％）を占めていた。同じ図書館で科学や宗教の図書が蔵書中8％であり、貸出比率で3％に過ぎなかったことに比すれば、いかに会員たちの関心が高かったかをうかがい知ることができる。

　また、ボルティモア図書館会社（1796年設立）の場合、1797年目録でフィクションの比率は71タイトル（12％）であったが、1800〜1803年の貸出比率では25％を占めていた。また、蔵書中の割合も、1816年に13％、1823年に17％、1841年には28％と、年を追って増加している。ボルティモア図書館会社では設立当初、永続的な価値のある図書の収集を目指していたが、会員たちの要求には配慮せざるを得なかった。ほかに、ニューポート職工徒弟図書館では、1835年目録ではフィクションは受け入れていなかったが、1841年目録では46タイトル（10％）が入っている。同図書館の科学・技術書の割合と比較すると、1835年目録で52タイトル（17％）あったものから、1841年目録では64タイトル（14％）に下がっている。この6年間にフィクションに比べて約4分の1しか、科学・技術書は増えなかったのである。

　ソーシャル・ライブラリーが設立される際、その目的には、学術的進歩や有

---

10) 前掲2），pp.100-108.

用な知識の習得、道徳の向上など、価値意識が示されていたが、この種の目的は現実のフィクション利用によって凌駕されていったと言える。チャールストン図書館協会の幹部は、ソーシャル・ライブラリーが生き残るためには、図書館理事会は「真面目で学識豊かな主題」を扱う作品と、「軽い瑣末な読書」への会員のニーズの均衡を図る必要があると指摘している。

18世紀末から19世紀前半にかけて、フィクションに文学的価値を認め、積極的に導入しようとしたソーシャル・ライブラリーは見られない。しかし、会費を拠出し運営の主体である会員たちの関心がフィクションに向いている以上は、その好みを無視した図書選択はできなかった。このため選書の一般的な考え方として、永続する価値のある図書を中核に置きながら、周辺的にフィクションを導入するという措置が講じられたが、フィクションは貸出においても蔵書数においても、上昇の一途をたどったのが現実であった。

この点、この時期に展開した貸本屋ではフィクションが積極的に導入された。貸本屋は資本を調達して蔵書を購入し、冊数や期間を定めて人びとに図書を貸出し、対価を徴収した。利潤は貸出冊数によって左右されたため、借り出されるニーズの高い図書、すなわちフィクションの導入に熱心であった。1762年、メリーランド植民地アナポリスのウィリアム・リンドが、アメリカ植民地で最初とされる貸本屋を開店し、顧客から年会費を徴収して1回に2冊の図書を貸出したのを皮切りに、1780年から1820年までに東海岸沿いの大多数の貸本屋では、フィクションの比率が4分の1から2分の1にまで上昇していった。

7 ソーシャル・ライブラリーの分化

ソーシャル・ライブラリー全盛期には、主題別、利用者別の分化が見られるが、ここでは利用者別の変化として、「上から」設立された工場付設図書館や徒弟図書館と、「自発的に」設立された商事図書館を見ておく[11]。

ニューハンプシャー州グレートフォールズの「製造者と村の図書館」は1830

---

11) 前掲2)、pp.108-119.

年代にグレートフォールズ製造会社が工場内に設立した図書館であり、1850年時点で蔵書2200冊を有した。工場労働者が利用するには入会金2ドルと年会費1ドルを負担しなければならなかった。当時の1ドルという額は、男性非熟練工の日当1日分、女性非熟練工の日当2日分に相当した。会費の額自体は、次に見る徒弟図書館や商事図書館よりも低かったが、1日14時間労働さえまれではなかった過酷な労働環境においては、設立意図は恩恵よりもむしろ労働管理の観点から説明できる。

当時、飲酒や遊興と読書を対比させることは一般的な考えであった。工場主にとって、労働者が酒場に入り浸ったり、博打に身を滅ぼしたりするよりも、静かな趣味として読書に勤しむことが奨励された。気休めの提供こそが重要であり、その結果、作業効率が高まり、さらに労働者が実用技術を習得できるのであれば、工場主にとって望ましいことであった。パシフィック工場図書館の場合、工場側は図書館を従業員福祉計画の中にはっきりと位置づけていたものの、労働者は図書館の運営に関わることはできず、図書館長と図書館理事会の議長は会社の役員でなければならないと規定していた。

また、徒弟図書館を見ると、設立者こそ工場主ではなく、徒弟の労働条件の改善に理解のある慈善家や人道主義者であったものの、利用者である徒弟労働者の発意で設立されたものではない点は、工場付設の図書館と性格を一にしていた。ボストン職工徒弟図書館は慈善家ウッドの尽力によって設立され、マサチューセッツ職工慈善協会の支持と援助を獲得し、寄付を通じて蔵書を獲得した。また、フィラデルフィア徒弟図書館も、徒弟が読書習慣を形成し、知識の獲得に貢献することや、機械技術や製造技術の向上を目的とすることが目指されたが、いずれも設立や運営に、徒弟からの具体的な働きかけは認められなかった。

一方、商事図書館は商店に務める店員や事務員が自発的に組織した図書館である。1939年に設立されたボルティモア商事図書館では、会員は商店の事務員や徒弟に限られ、入会金2ドル、年会費が3ドルであった。ボルティモアには、会員制図書館としてボルティモア図書館会社があったが、その会員となった商

人たちよりも一等低い層に属する店員や事務員たちが、自力で図書館を設立したものであった。商人も年会費5ドルを支払えば、ボルティモア商事図書館の名誉会員として図書館を利用できたが、発言権や投票権はなかった。初年度の会員数266名、蔵書1400冊であった。1842年には法人となり、のちには女性も名誉会員として受け入れている。

　ボルティモア商事図書館の設立時には、「われわれ」の商業に関する知識の増大、「われわれ」の能力の増強・性格の向上など、設立目的に「われわれ」という語が使われ、設立者自身が利用者であったことが端的に示されている。また、1840年にまとめられた図書館年報には、図書館の目的が、商人を養成するためのカレッジとなることが記されている。語学や商業、経済学、為替などの講義も開講していくとされ、店員や事務員にとっての教育施設を自力でつくることが目指された。

■□コラム□■

図書館史研究の現在

　2018年11月4日、第66回日本図書館情報学会研究大会(琉球大学千原キャンパス)において、シンポジウム「図書館情報学における歴史研究の今とこれから」が開催された。コーディネータは吉田右子氏(筑波大学)である。日本図書館情報学会では、前身の日本図書館学会(1953年創設、1998年に改称)の時期を含め、シンポジウムで「歴史研究」が取り上げられるのは初めてのことであった。

　まず第1部の基調講演では、川崎良孝氏(京都大学名誉教授)から「図書館の歴史研究の現状と展望」をテーマに、アメリカ図書館史における4つの世代とその特徴が示された。素朴実証主義の第1世代、民主的解釈の第2世代(シェラら)、修正解釈の第3世代(ハリス、ギャリソンら)に続き、現在は批判理論、プリント・カルチャー史、場の理論、読書研究の成果を活用した第4世代(ウィーガンドら)が台頭し、人種、ジェンダー、階級を視座に置いていることが述べられた。とりわけ、ホワイトネス・スタディーズを図書館史研究に導入することや、公立図書館がこれまでコミュニティ文化の調整機関としての役割を果たしてきた点に、今後の研究が期待されるという。

　続いて第2部の個人発表に移り、福井佑介氏(京都大学)から、日本の「図書館の自由に関する宣言」の制定について、それがどのような状況下で行われ、何を意図したか、解釈の場に関する視点が提示された。また、杉山悦子氏(都留文科大学非常勤講師)からは、沖縄の学校図書館史研究の問題意識の根底に、従来の日本の図書館史研究で顕在化してこなかった認識のあることや、それを照射すべきことが述べられた。最後に汐﨑順子氏(慶應義塾大学非常勤講師)から、日本の児童図書館史研究を進める上で、オーラルヒストリーと文献調査をどう組み合わせてきたか、進め方や課題意識が具体的に論じられた。その後の討議も含め、図書館史研究の現在について貴重な示唆が得られる機会であった。

【参考文献】「第66回日本図書館情報学会研究大会シンポジウム記録」[2019]『日本図書館情報学会誌』第65巻1号, pp.44-60.　　　　　　　　　　　　　(三浦太郎)

第6章　ボストン公立図書館の誕生

　ソーシャル・ライブラリーの嚆矢は中部植民地ペンシルヴァニアの貿易都市フィラデルフィアにあった。独立戦争を挟んで、ソーシャル・ライブラリーは増加し、展開されて、さらに分化が進んだことを前章で確認した。本章では、その後、南北戦争までの間に生じた新たな図書館形態である学校区図書館と公立図書館の成立過程および背景について述べる。

　19世紀アメリカ図書館史の舞台は、ピューリタンの聖地ニューイングランドの中心に位置する学術都市ボストンであった。ボストンに縁あるエリートたちが、公教育制度を整備して公立学校を拡充し、その延長線上に学校区図書館、公立図書館を位置づけた。共和国の担い手となる有徳の市民の育成を第一の目的として、また、賃金労働者たちを資本家の利益に仕えさせること、治安の維持を図ることを目指して、無料で公開される公費負担の図書館を設置したのである。

　公立図書館成立の背景には、産業革命があった。18世紀後半、イギリスを震源として世界中に波及した産業革命は19世紀初頭にアメリカへ到達し、工業化の進展、都市化の進行、賃金労働者の増加、移民の流入、治安の悪化をもたらした。

　産業革命による社会変容へ公立図書館の設置をもって対応したエリートたちの図書館思想および公立図書館の特徴を見てみよう。

第6章 ボストン公立図書館の誕生

1 マンの教育思想

1.1 教育委員会の発足

　ボストン公立図書館の誕生に寄与したエリートのひとりホーレス・マン（H. Mann）は、マサチューセッツ州の初代教育長であった。のちに公教育の父と称された人物である。マンの教育思想については、渡部晶『ホーレス・マン教育思想の研究』に詳しい。

　1796年マサチューセッツ州フランクリンに農民の子として生まれたマンは、ロードアイランド州プロビデンスにあるブラウン大学を首席で卒業、法律家として修業を積んだのちマサチューセッツ州に戻り法律事務所を開いて弁護士として活動した。1827年31歳で同州下院議員に、のちに州上院議員、州上院議長に選出された。保守的なホイッグ党の政治家であったマンがマサチューセッツ州初代教育長に任命されたのは、1837年のこと41歳であった。

　ホイッグ党は、アメリカ建国時のフェデラリスト（連邦派）の系譜を引き、1833年に結成された。アンチ・フェデラリスト（州権派）の流れを汲む民主党が1828年に結成され、翌年には民主党初の大統領ジャクソン（A. Jackson, 在位1829-1837）が選出されたことに危機感を強めた者が団結した政党であった。やがてホイッグ党は、奴隷制の是非をめぐって分裂するが、解党に際し、奴隷解放を理念として1854年に結成されたのが現在の共和党である。

　マサチューセッツ州の教育の歴史を遡れば、起源は植民地時代にまで及ぶ。ピルグリム・ファーザーズたちがメイフラワー号に乗ってプリマスに上陸したのが1620年、マサチューセッツ湾植民地が建設されたのは1629年、ボストンにハーヴァード大学が創設されたのは1636年であった。初等および中等の公立学校も植民地教育規程により1647年に開始されたが、独立戦争期に学校教育の発達は停滞し、衰退した。さらに1789年以来の学校区制によって学校の零細化に拍車がかかった。

　カーター（J. Carter）によれば、19世紀初頭、4歳から10歳ないし12歳まで

の男女が公立学校に在学しているが、教育内容は不十分で、その原因は教師の能力不足にあった。カーターは著書『民衆教育論』(1826年)において、公立学校が十分な教育効果を上げるために教師を養成する制度の必要性を主張、あわせてマサチューセッツ州教育委員会の発足を主張した。カーターは、公立学校において社会的秩序の観念と礼儀作法を子どもたちに教えることを求めた。教育によって「ニューイングランドの村や農園で、家々の戸口にかんぬきをかけないで安眠できるように」なることを願っていた。カーターにとって教育は、労働者が富裕者に反旗を翻すのを防ぐ手段であり、労働者から人身、財産を保障するしくみであった[1]。

公立学校および師範学校を設置し指導する州教育委員会の必要性を主張し、唱導したカーターが初代教育長に就任するものと思われたが、金銭問題、宗派の問題のため教育界を去ることとなり、その後ボストンの有力者ドワイト(J. Dwight)の推薦を受けて、マンが教育長に就任した。当時の州知事エヴァレット(E. Everett)も、マンの教育長就任を期待した。ドワイトはエヴァレットから自身へ送られた手紙をマンへ提示するなどして、教育長就任を懇請した。マンは州上院議長を辞して州教育長の職に就いた。

1837年に発足した教育委員会は、教育長マンのもと、エヴァレット、ドワイトを含む9名の教育委員で構成された。教育委員の顔触れは、政治家、実業家、銀行家、牧師、大学学長など、州の有力者であった。マンと同じく、ホイッグ党員が多く、またユニテリアリズムを信仰するユニテリアンが多数を占めた。

1.2 マンの3つの信条

ユニテリアリズムとは、キリスト教の三位一体論を否定し、キリストの神性を認めまいとしてキリストの偉大な人格を強調する、プロテスタントの一派であった。アメリカでは1825年にチャニング(W. Channing)によってアメリカ・ユニテリアン協会が設立された。ユニテリアンは人間の善性(可能性)に信頼を置き、人間の善なる部分を引き出し開花させる手立てこそ教育であると考え

---

1) 渡部晶 (1981)『ホーレス・マン教育思想の研究』学芸図書, pp.76-77.

ていた。教育を受ける権利を自然権として捉える者とそうでない者とに分かれてはいたが、いずれにしても教育の必要性を疑う者はいなかった。

　メッサーリ（J. Messerli）が著書『ホーレス・マン』のなかで提示したマンの公立学校論の諸側面は次の３つであった[2]。①道徳、宗教教育の場所としての公立学校、②共和主義実現のための公立学校、③経済的平等の実現のための公立学校である。以下ではこの３点についてユニテリアンの特徴や社会背景と併せて見てみよう。

　まず、マンが公立学校を①道徳、宗教教育の場所と捉えたことについて、独立戦争後にやってきた移民（植民地建設時の植民者〔settler〕や建国以前にやってきた移民とは区別される）の増加により、国民の価値観に混乱が生じ、道徳が低下したと考えたマンは、キリスト教的価値観を共有することで国民を結びつけ一体感を生み出そうとした。

　キリスト教的価値観の共有とは、各派の差異の先鋭化により対立が深まるのを避け、各派の並列的共存を標榜し、リベラルな態度を示すユニテリアンの特徴の一つであった。マンは、公立学校においてキリスト教に基づく、宗派を問わない共通の道徳教育を行うことで、国民の価値の共有を図ろうとした。

　とくにプロテスタントにとってはキリスト教の教えにしたがい正しく生きること、すなわち勤労、勤勉で、慎ましく、倹（つま）しい生活の実践こそが修行であり、それが社会規範と直結していた。合衆国憲法には政教分離、信仰の自由が謳われているものの、実際は、キリスト教を基盤としてアイデンティティが形成され、社会規範の源となっている。これは、のちにベラー（R. Bellah）の言うところの「市民宗教」であり、アメリカの「見えざる国教」であった。

　アメリカにはキリスト教的価値観のほかにいま一つ国民の共有する価値がある。それは、建国の理念であり②共和主義の実現であった。1787年フィラデルフィアで建国の父たちが起草した憲法は、連合の各邦で批准され翌年に発効、1789年には憲法に基づいて、初代大統領ワシントン（G. Washington）が選出された。建国当初に選挙権を得たのは白人男性のみ、なおかつ財産制限があり、

2）前掲１）, p.79.

50エーカーを所有する者に限られていた。1800年以降、財産制限撤廃が進み、1830年代には完全になくなった。そして、すでに述べたとおり1829年民主党ジャクソン大統領就任により民主化（ジャクソニアン・デモクラシー）が一挙に進行した。1830年代は、産業革命がアメリカに到達した時期でもあった。18世紀後半のイギリスで起こった産業革命はイギリスから同心円状に波及し、その煽りを受け失業したヨーロッパの人びとが徐々に内側から外側へ押し出される形となった。失業者が職を求めて向かう先の一つがアメリカであった。当時のアメリカで白人男性の帰化は容易であり、すなわち産業革命による移民の増加は、選挙権を有するアメリカ市民の増加を意味した。

全国的には西漸運動も進行中であった。1787年の北西部条例により、準州（territory）とされた土地を開拓者たちが切り拓き、奴隷を除く自由人6万人が集まれば州に昇格、連邦への加入が認められた。1803年に大統領ジェファソン（T. Jefferson）がミシシッピ川以西のルイジアナ地方をフランスから購入し、領土は倍増、その後も、テキサス併合（1845年）、米墨戦争（1846年）により領土は拡大した。探検家と開拓者たちは原住民ネイティブ・アメリカンを追い立てながら西へと進み、合衆国の州の数を増やしたのである。

さて、マンは増加する移民の教育に関心を寄せていた。帰化宣誓だけでは、アメリカ市民の地位を全うすることはできないと考え、移民の国民化（アメリカ化）の計画の必要性を説いた。それは教育の共通性の追求であり、具体的には、信仰、道徳的価値および言語と政治的価値の共通性を意味した。上述のとおり、信仰の共通性はキリスト教を、道徳的価値の共通性はキリスト教的価値観を指した。言語的共通性は英語を、そして、政治的価値の共通性は共和主義を指した。移民は英語を修得し、憲法および法制度を理解し、理性に従い、自ら思考して適正な判断を下し、共和主義という建国の理念を実現する。公立学校で教育を受け、価値観を共有した有徳の市民が共和国の担い手となるのであった。

最後に③経済的平等の実現という側面について、マンは公立学校が経済の発展に寄与すると考えた。マンの調査によると、マサチューセッツ州の農業人口

は8万7000人、それに対して工業、商業に従事する者は8万5000人とほぼ等しく、工業対農業人口の全国的な割合1対5とはかけ離れた状況にあった。18世紀までは農業や小規模な半家内制手工業で生計を立てる者が大半を占めたが、19世紀に入り、農村や町を出て賃金労働者となる者が次第に増加した。マサチューセッツは産業革命の先頭に立つ工業州として未来有望であった。農業を振興するには土地が狭く痩せていたのも工業が発展した理由の一つであった。イギリスから移住した技師スレーター（S. Slater）が紡績機械の製作に成功し（1793年）、ニューイングランド各地に紡績工場が急速に発展した。1814年に設立されたローウェル（F. Lowell）のボストン製造会社は米英戦争後ボストンの北部の町やマサチューセッツ州西部へ普及して、当時の紡績工業の約7割がニューイングランドに集中した。また、紡績工業ばかりでなく、重工業の生産もこの時代に大きな発展を遂げた。19世紀初頭から国道、運河、鉄道の整備が開始され、1830年以降の鉄の生産はペンシルヴァニア西部、オハイオ川方面で盛んになったが、小金属生産の中心はニューイングランドであった。

賃金労働者の多くは工場労働者で、移民と女性、子どもが含まれていた。1833年のニューイングランド農民、職工、労働者協会の報告書によれば、工場で働く労働者の5分の2は、7歳から16歳までの子どもで夜明けから夜8時まで働いた。スラムでの居住、家庭の崩壊、飲酒、不道徳が若年労働者を取り巻く生活環境であった。工場労働者たちは子どもを含め概して無知で、貧困に陥り、犯罪に手を染め、飲酒の悪習慣があり、欠損家庭が多いとみなされるなか、マンは、公立学校で自己抑制、秩序、品位、そして財産の尊重を教授すれば、社会は安定し、貧富の差から生じる社会的混乱、暴動、革命を回避することができると考えた。無知と貧困は一時の状態に過ぎない。知識と実行力を兼ね備えた人間がいつまでも貧乏でいるはずがない。すなわち教育を受けて、能力を向上し、努力を重ねれば、無知と貧困という状態からの脱却は可能であり、教育の機会を均等に保障すれば、おのずと経済的平等は実現されると考えたのである。楽観主義的な傾向、その根底に横たわる人間の善性への信頼は、ユニテリアンの特徴を示している。また、「文明社会に由来する公立学校制度こそが

野蛮を打ち砕く」というマンの言葉に、文字—理性という文明社会に生きる者は正義、文字を持たない者は悪しき野蛮人という啓蒙思想とキリスト教の使命が色濃く表れている。

一方で、マンは、公立学校の教育がいかに経済の発展に寄与するかを説いた。マンは、実業家たちと面会や文通を重ね、教育を受けた工場労働者と教育を受けていない工場労働者との差に関する証言を集めた。教育と生産能力の関係を追究したのである。そして、労働者の生産性向上のために教育は有効であることを強調し、公立学校の現実的利益を資本家たちに向けて説明した。

以上述べたとおり、共和国の担い手たる有徳の市民の育成、機会が均等に保障された共通の教育の普及、資本家の利益に仕える労働者の能力の開発がマンの教育思想であった。

2 マサチューセッツ州学校区図書館

2.1 学校区図書館の拡充

州教育委員会発足の目的のひとつであった師範学校の設置および監督は1838年に実現した。師範学校の整備と並行して、マンは学校区図書館の拡充に取り組んだ。公立学校において読み書き計算といった基礎能力を身につけても、能力を活用し読む物がなければ無意味であると考え、公立学校へ通う子どもおよび地域住民が、無料で利用でき、知識を修得し、教養を深めることのできる学校区図書館の整備に努めたのである[3]。公立学校と図書館を結合した点にマンの教育思想の独自性が見られる。

1838年、マンは州教育委員会に対し、公立学校付設の図書館の重要性を主張、学校区図書館の在り方を改善する方策を提案した。教育委員会第一年報（1838年2月）には、校舎の改良と建設、学務委員会、教師、学校区図書館、教科書

---

[3]マンの学校区図書館については、川崎良孝（2003）『図書館の歴史：アメリカ編』と川崎良孝訳・解説（2002）『公教育と図書館の結びつき：ホーレス・マンと学校区図書館』に詳しい。後者では、マンの手になる教育委員会年報とマン編集教育専門雑誌『コモン・スクール・ジャーナル』を見ることができる。

という5つの優先課題を示した。教育委員会第二年報（1838年12月）では、ソーシャル・ライブラリーの衰退とその問題点（会費、地理的偏り）を指摘した。

1839年のマンの調査によれば、州内に3000以上ある学校区のうち学校区図書館があるのはたった50学校区のみ、しかもその約3分の1がボストンに集中していた。1841年においてもなお州内の公立学校3103校のうち2800校が学校区図書館を付設していない状況であった。マンは、貧困で人口希薄な学校区においては州政府の援助なしに学校区図書館を設置することは不可能と判断した。

マンは、新たにマサチューセッツ州学校区図書館法（1842年）を制定した。学校区が学校区図書館の設置を願い出れば、15ドルを州学校基金から拠出するという趣旨であった。学校区は寄付か課税により15ドル以上を集めることが出願の条件であった。この法の効果はてきめんで学校区図書館の数は数年間飛躍的に増加した。1842年に約750、1843年に約800、1844年に約330の学校区図書館が設置された。1842年法制定から3年の間に約6万ドル弱が投入され、約2000の学校区図書館が設置された。これは州内の学校区総数の3分の2に相当した。

2.2　資金不足による衰退

しかしながら、しばらくして学校区図書館の数は減少に転じた。1850年時点で学校区図書館の数は約700に減り、各館の蔵書冊数は平均131冊という状況であった。学校区図書館が定着しなかった理由として、施設設備および蔵書量の不十分さ、職員の不在、成人読者の要求を満たさない蔵書構成が挙げられる。

州教育委員会は、学校区図書館に備える図書の推薦リストを作成していた。出版社が学校区図書館向けに取り揃えた各図書を教育委員会で検討し、満場一致で採択されたものだけをリストに加えた。教育委員会は図書の検討に当たり、特定の政党、宗派の偏向がないよう配慮すべきこと、教育委員会の推薦図書を購入するかどうかは、各学校区の判断に委ねられていることを確認した。なお、マンはフィクションの提供に否定的な態度を示した。学校区図書館で提供するのは娯楽ではなく自己教育を目的とした読書であり、蔵書は有徳の市民が読む

に相応しい良書で構成されるのが望ましいと考えたからである。

　州教育委員会の公認を得て、ボストン市内の出版社マーシュ・ケイペン・ライオン・アンド・ウェブ社は、学校区図書館文庫を刊行した。出版社の1840年頃の広告チラシによれば、学校区図書館文庫には10歳ないし12歳以下の児童生徒を対象とした判型十六折本、平均250〜280ページ程度、1冊45セントのものと、10歳ないし12歳以上の生徒および成人向けの判型十二折本、平均350〜400ページ程度、1冊75セントの2種類があった。それぞれ50冊で構成されていて、科学と文学の全分野を含み、アメリカの歴史、制度、作法、慣習を学ぶのに有用な図書を精選、特定の宗派、党派の色濃いものは除かれた。後者のシリーズに含まれた具体的なタイトルは『コロンブスの生涯』『自然神学』『アメリカ史上の偉人』『四季の聖なる哲学』などであった。

　1842年マサチューセッツ州学校区図書館法により、学校区の住民からの寄付あるいは税金として15ドルを集め、州学校基金から15ドルを受け取ったとして、最低購入資金は30ドルであった。マーシュ・ケイペン・ライオン・アンド・ウェブ社の学校区図書館文庫の全100冊をもし購入すれば60ドルとなり、残り30ドルがさらに必要であった。資料購入費のほかにも、施設設備の整備費、管理費、人件費と、学校区図書館に係る費用が絶対的に不足していた。

　ニューイングランド諸州の状況は、学校区図書館の館数、蔵書冊数ともにマサチューセッツ州を一層下回っていた。図書館の設置および運営を求めるには、学校区では行政の規模が小さすぎ、財政の負担が大きすぎたことを示している。

　このように、マンは教育長に就任したのち、公立学校教育と不可分の学校区図書館を設置し、拡充を図るための措置を講じた。1842年学校区図書館法制定により数年間、図書館設置は急増したものの、施設設備、蔵書、職員ともに乏しく、図書館機能を果たすことなく利用されずに衰退の一途を辿った。

第 6 章　ボストン公立図書館の誕生

3　マサチューセッツ州図書館法

3.1　州法制定の立役者たち

　学校区図書館の限界に挑む、公立図書館構想への第一歩が踏み出されたのは1847年のこと、パリ市からボストン市への図書の寄贈が契機であった。1843年、フランス人のヴァテマール（A. Vattemare）はパリ市からボストン市へ約50冊の価値ある図書の寄贈を働きかけて実現していた。1847年に再び、貴重書や有用書といった約100冊の寄贈書が到着した。当時のボストンには、これら図書の適当な置き場所がないことが問題であった。そこで同年、ボストン市議会は、パリ市への謝辞と返礼の内容と、併せて図書の置き場所について検討するための特別委員会を発足した。市長クウィンシー（J. Quincy Jr.）らで構成された特別委員会は、公立図書館設置の検討開始をボストン市議会に対し勧告した。これを受けて、ボストン市議会は公立図書館に関する特別委員会を発足、ボストン市民が無料で利用できる図書館を設置し、統制を図り、管理する権限をマサチューセッツ州議会へ求めた。1848年ボストン市議会は市長クウィンシーに対して、ボストン市が公立図書館を設立し維持する権限を州議会に求めるよう指示した。同年、マサチューセッツ州議会は公立図書館設置の権限をボストン市に付与する州法「ボストン市に公立図書館設立の権限を付与する法律」（1848年3月）を制定した。州法成立から16日後、ボストン市は同法を承認した。

　パリ市への返礼については、ボストン市民や団体から寄付が続々と集まった。他方、ボストン公立図書館設置は棚上げにされて、しばらく足踏み状態が続いた。その状況下で、市長ビゲロウ（J. Bigelow）へ公立図書館の設置を強く働きかけたのがエヴァレットだった。公立図書館を設置するのに機は熟したこと、図書館の設置をもって公教育制度が完成すること、エヴァレット所有の学術書および公文書約1000冊を寄贈する用意のあることなどを示した。

　エヴァレットは、上述のとおりマンの教育長就任に期待を寄せた当時の州知事であり、マン率いる教育委員会の委員であった。エヴァレットは、ユニテリ

アンでホイッグ党、教育と図書館を不可分とみなす教育思想までマンと一致していた。エヴァレットはボストンに生まれ、ハーヴァード大学を16歳のときに首席で卒業し、ユニテリアンの牧師になった。21歳でハーヴァード大学教授に就任、ヨーロッパへ遊学してドイツのゲッティンゲン大学に学ぶなどした。30代はマサチューセッツ州選出の連邦下院議員として活動、その後マサチューセッツ州知事、駐英大使、ハーヴァード大学学長、国務大臣を歴任した。

1851年5月、公立図書館に関する新たな州法「市町に公立図書館を設立し維持する権限を付与する法律」が制定された。ボストン市のみならずマサチューセッツ州内の市町すべてを対象として規定するものであった。1851年の州法は、各市町に対し、公立図書館の設立、拡充、維持に税金を充てることを認めた。税額に上限を設けたことに特徴がある。

1851年の州法制定の立役者は、エヴァレットではなくワイト（J. Wight）であった。州下院議員ワイトは図書館法案を認め1851年4月に州議会へ提出、翌月州議会で立法擁護演説を行った。ワイトは牧師であり、ミドルセックス郡ウェイランドにある自宅や教会の一室を無料の図書館にして1815年から公開し、運営していた。ワイトの図書館思想はマンやエヴァレットと同様であった。すなわち公教育と公立図書館を不可分と考えた。ワイトはそれらの相互補完的な関係を法案前文や演説に盛り込んだが、可決された州法に前文がないのは法制定に至る過程で削除されたからである。法律に公教育の理念が示されることはなく、法制度上、公立図書館が公教育の一部に位置付けられることはなかった。

シェラ（J. Shera）は著書『パブリック・ライブラリーの成立』のなかで、公立図書館誕生の要件としてソーシャル・ライブラリーの隆盛衰退を指摘している[4]。多様な印刷物の流通と読書熱の高まりによって各地にソーシャル・ライブラリーが設立されたが、図書館設立者および会員に依存する経済基盤は脆弱で、蔵書構成、蔵書量に不足があり、退会する者も絶えないことから、存続期

4）ジェシー・H. シェラ著，川崎良孝訳（1988）『パブリック・ライブラリーの成立：1629年から1855年におけるニューイングランドのパブリック・ライブラリー運動の起源』日本図書館協会，pp.127-130．

間は概して短かった。そこでソーシャル・ライブラリーの衰退要因を克服するべく、利用者の経済状態によらず（無料制）、すべての住民の利用に供するように開かれ（公開制）、なおかつ、継続性を保持するために公費で運営された（公費負担）のが公立図書館であった。

公立図書館の三原則とされるのが「無料制」「公開制」「公費負担」である。これは1943年にアメリカ図書館協会から初めて刊行された『図書館用語集』に見える定義であり、いまなお世界中の図書館に影響を及ぼしている。マサチューセッツ州法に規定され、ボストン公立図書館設立を皮切りに、全国へ展開した図書館の特徴が公立図書館の原則となった。

3.2 エヴァレットとティクナー

1851年の州法の制定を受けて、同年6月エヴァレットは再び、ボストン市長ビゲロウへ手紙を送った。エヴァレットからボストン市へ寄贈するつもりの約1000冊の図書目録とともに、公立図書館は公教育を実施する機関であるという信念を再度伝えた。エヴァレットの手紙は新聞にも掲載され、この記事にティクナー（G. Ticknor）が反応を示した。ハーヴァード大学元教授ティクナーはエヴァレットの友人で、ともにヨーロッパへ遊学したハーヴァード大学の同僚でもあった。7月ティクナーはエヴァレットへ手紙を送った。ティクナーは、公立図書館における読書を通じた自己修養によって、公教育制度の効果は持続し、増進するとの考えを示し、エヴァレットの図書館思想に共鳴した。

ティクナーはボストンの出身で、エヴァレットより3歳年上だった。ダートマス・カレッジを卒業後、法律家の修業を積み、ボストンで法律事務所を開いた。その後、古典研究に打ち込み、ヨーロッパへ遊学してゲッティンゲン大学で学ぶなどした。遊学中1817年にハーヴァード大学教授となり1835年に辞職した。その後『スペイン文学史』（1849年）を上梓して名を馳せた。ティクナーも、マン、エヴァレットと同じくユニテリアン、ホイッグ党であった。

基本的に楽観主義に立つユニテリアン、ホイッグ党員たちも1840年代半ばから悲観主義へ転じる傾向が見られる。1845年以降、アイルランドじゃがいも大

飢饉、ドイツ飢饉によって移民の数が一層増加したこと、1848年ヨーロッパ各地で起こった革命や奴隷制をめぐる対立が影響していた。

移民は往々にしてエスニック・コミュニティを形成し、同郷の言語と思想、宗教、社会規範で固く結びついた。1840年代後半に急増したアイルランド移民はカトリックであった。プロテスタントが主流のアメリカで、ましてピューリタンの聖地ニューイングランドにおいて、禁欲生活という修行、それと直結する社会規範にアイルランド移民の暮らしは馴染まなかった。

さらに、アイルランド人には飲酒の習慣があり、これは治安の悪化に直結する問題であった。ボストン市内の酒場は1846年850軒、1849年1200軒、1852年1500軒とうなぎのぼりであった。1852年1500軒の酒場の経営者は、アメリカ人490人、アイルランド人900人、その他110人という内訳で、アイルランド人の店は日曜日も営業し、安息日に酒を飲んで騒いだ。飲酒、犯罪、売春と貧民数および貧民救済資金総額はともに増加の一途を辿った[5]。

ディツィオン（S. Ditzion）は著書『民主主義と図書館』のなかで、ティクナーについて次のように述べている。

「ティクナが無償学校や公立図書館を構想する場合、基礎になったのは共和主義制度の維持と強化への強い関心であり、この共和主義は知的な民衆を土台にするのである。偉大な国家の建設と維持は、国家を操縦する民衆の知恵に基礎をおいている。ティクナは、彼自身が無学な暴徒と決めつけた連中を強く恐れ憎んでいたが、一方では大多数の同胞市民を、同程度に強く愛し信頼していた」[6]。

人間の可能性を信じ、人間の善なる部分を引き出す手立てこそ教育と考えるのはユニテリアンらしいが、1840年代後半の社会情勢を背に、ティクナーは楽観と悲観の間を揺れ動いた。

ティクナーの図書館思想の特徴は、マンやエヴァレットにもまして現実主義

---

[5] 川崎良孝（2003）『図書館の歴史：アメリカ編』日本図書館協会，p.131.
[6] S. ディツィオン著，川崎良孝・髙島涼子・森耕一訳（1994）『民主主義と図書館』日本図書館協会，p.17.

的だったことにある。マンは上述の学校区図書館文庫のように、教育的価値の高い図書の提供を理想とした。マンはフィクションの提供に否定的であった。エヴァレットの場合は、ボストン市への寄贈書約1000冊に表れているように、学術書や公文書を蔵書とすることを理想とした。一方、ティクナーは道徳的、知的向上に役立つ通俗書の提供を見据えていた。良書のみならず、手軽に読める楽しい図書についても需要があれば求めに応じるのがティクナーのやり方であった。読書要求を満たすための複本購入にも積極的であった。過去20年間に安価な出版物が出回り、徐々に芽生えた読書嗜好を満たすことを図書館機能のひとつに数えた。通俗書を好む読者も、ひとたび読書習慣が身につけば、おのずと高尚な図書へと関心が移るというのがティクナーの予測であり、読書への関心を引き出し高めることこそ図書館の果たす役割とティクナーは捉えていた。

　ティクナーは図書館の二部門制を提案した。まず、参考部門には高尚な図書を配置し、そこにはレファレンス・ブック（参考図書）やパリからの寄贈書、エヴァレットらの寄贈する学術書、公文書を含める。他方、通俗書は通俗部門に配置する計画であった。ティクナーは、参考部門の資料はすべて寄贈に頼り、通俗書の購入に公費を充てるべきと主張した。

　このように学術図書館を標榜するエヴァレットと通俗図書館を容認するティクナーの２名によってボストン公立図書館の設立は牽引された。公教育の完成に公立図書館が不可欠と考えるエヴァレットは1848年および1851年に公立図書館に関する州法が制定されたのを機に、図書の寄贈を申し出、また図書館の設立を唱導した。ティクナーはエヴァレットの図書館思想に共鳴し、具体的かつ現実的な公立図書館像を提示した。

4　ボストン公立図書館の誕生

4.1　ボストン公立図書館に関する条例

　1851年以降、ボストン公立図書館への寄付および寄贈は途切れることなく、増加の一途を辿った。そして1852年10月、ロンドン在住の富豪ベイツ（J.

Bates）がボストン公立図書館へ5万ドルの寄付を申し出た。100名から150名が机を利用できる閲覧室を設けること、すべての人が完全に無料で自由に図書館を利用できることを寄付の条件としていた。ベイツは、暫定的なボストン公立図書館理事会の報告書（1852年7月刊）を読み、公立図書館の理念に賛同したのである。報告書では、通俗書の重視、館外貸出、夜間開館が、すなわち労働者による図書館利用の促進が強調されていた。

1852年10月ボストン公立図書館に関する条例が制定された。条例は、ボストン公立図書館理事会の発足、公立図書館職員の任命、理事会の管理統制権（図書館規則の制定、職員の給料）、年次報告書（現状説明、増加冊数、収支説明、その他の重要な情報、提言）、館長の選出方法および給与、館長の職務、図書館審査会、支出に関する指揮命令系統、寄贈、図書館規則の改訂について規定した。

ボストン公立図書館理事会に関する規定（条例第1条）に基づき、毎年1月にボストン市議会両院の同意投票によって上院から1名、下院から1名、市民代表5名を選出した。エヴァレットは理事長に、ティクナーは理事になった。

ベイツからの多額の寄付もあり、図書館建設および運営の見通しが立った。まずは、メイソン街にあるアダムズ校舎の一部を借りて図書館運営を開始し、それと同時に、ボイルストン街の新館建設の計画を進めることにした。

1853年11月には、図書館理事会によりボストン公立図書館規則が制定された。規則第1章には日曜祝日を除く午前9時から午後9時半まで開館すること。16歳を越えたすべてのボストン住民および親か保護者の証明書を有する未成年が利用可能であること。図書館長の裁量の下、全蔵書の利用が可能であること。閉架式書庫の出納および目録、規則違反と罰則、利用者名簿（住所記載）について規定した。

規則第2章は、貸出について規定した。図書を借り出せるのは、①市長および市議会議員、②公選の市幹部および市職員、③聖職者および宣教師、④私立学校の教員、⑤師範学校の構成員、⑥公立学校の優秀卒業生、⑦ボストン住民でなくとも図書館に100ドル以上の寄付をした者、⑧借り出す図書の価値相当額を預けるボストン住民、⑨上記以外のボストン住民で21歳以上の、図書館長

あるいは保証人が適格者と保証する者と規定した。貸出業務は午後3時から午後8時までの間。出納および貸出簿記入について、1回に1冊まで貸出、貸出期間は2週間、更新は1回まで、返却された図書は少なくとも1日は書架に留めること、貸出簿は各個人の氏名および住所の下に貸出記録をリストすること、リクエストの奨励、リクエストをする者は氏名と住所を記入すること、紛失防止のための延滞料、参考図書、貴重書の禁帯出、長期延滞の回収措置、汚損紛失、図書整理期間の貸出停止、規則違反と罰則について規定した。

規則第3章は、図書館長とその職務について、監督責任、管理保全、開館中の所在、書架排列、受入資料の帳簿記入、書名アルファベット順蔵書目録の作成、請求記号付きの印刷体蔵書目録の作成、寄贈者への礼状、リクエスト本のリスト作成、ボストン公立図書館蔵書印の押印、蔵書票の記入（受入日、寄贈者名、通し番号）および貼付、貸出用図書への図書館規則の貼付、全蔵書および全財産に関する図書館審査委員会への報告について規定した。

4.2　ロアー・ホールの開館

1854年3月20日、メイソン街にボストン公立図書館が開館した。貸出部門を公開したのは5月2日以降、図書館規則にあるとおり、朝9時から夜9時半まで開館した。図書館規則にしたがい新刊通俗書の複本を多数購入、利用に供した。通俗書のみならず、教育的価値のある新刊図書も大量に追加した。リクエストを受けた図書についても理事会内の委員会が適切と判断したものは遅滞なく発注した。図書館理事会は隔週に定例会議を開き、必要に応じて臨時の会議を開催した。そして、少なくとも1人の理事が、多くの場合は複数の理事がメイソン街の図書館に毎日詰め、図書館運営に当たった。

メイソン街の手狭な図書館に多くの利用者が押し寄せた。初年度の図書館利用者数は1日平均300人、多いときには500人を超え、利用登録者は6000人以上であった。1854年度図書館審査委員会報告書には、図書館出納室兼閲覧室は混雑して騒々しく不快であったと記されている。ただし、不利な建物にあっても図書館は盛況で、大成功を収めたと報告している。1854年11月時点で、蔵書冊

第Ⅰ部 世界編

図6.1　図書館建設委員会（左から3番目がティクナー，2番目がシャートリフ）

（出所）Digital Commonwealth Massachusetts Collections Online（https://www.digitalcommonwealth.org/search/commonwealth:c821gx475，アクセス 2019.3.31）

図6.2　ボストン公立図書館アッパー・ホール

（出所）Digital Commonwealth Massachusetts Collections Online（https://ark.digitalcommonwealth.org/ark:/50959/c821gx39g，アクセス 2019.3.31）

第6章　ボストン公立図書館の誕生

図6.3　ボストン公立図書館ロアー・ホール
（出所）Digital Commonwealth Massachusetts Collections Online（https://ark.digitalcommonwealth.org/ark:/50959/c821gx211, アクセス 2019.3.31）

数は1万6221冊、貸出は3万5389冊で1日平均250冊、それに加えて数千冊が閲覧室で読まれた。危惧された汚損破損、紛失は杞憂に終わった。

　メイソン街から市街中心地ボイルストン街へ移転し、絢爛豪華な新館が開館したのは1858年であった。新館の在り方を検討したのは図書館建設委員会（図6.1）で、委員の大半は図書館理事であった。図書館理事の初期メンバーにして元市長、建築家でもあるシャートリフ（N. Shurtleff）が中心的役割を果たした。シャートリフは建物の設計から書架配置、排列に至るまでを構想、十進方式という書架分類を考案して著書『十進方式による図書館管理』（1856年）に示した。

　シャートリフ設計の新館は壮大なホール型であった。主階段が建物の中央に配され、正面玄関ホールからアッパー・ホール（2階）へと通じていた（図6.2）。アッパー・ホールは20万冊収容可能で、高い天井にいたる四方の壁にギャラリーを三層にめぐらせた。2階の床には、20のアルコーブ（窪み）を描くように書架を配置、アルコーブごとに10個の書棚をつくり固定排架とした。これがシャートリフの十進方式であった。ホールの中央寄りに階段を取り囲む

形で目録ケースを置き、さらにその内側に出納兼閲覧スペースを確保した。ロアー・ホール（1階）には一般閲覧室、婦人閲覧室、貸出室・会話室、貸出カウンター、貸出用閉架書庫を配した（図6.3）。

1858年1月1日に盛大な献納式が開催された。エヴァレットら来賓たちは群衆の前に立ち図書館の鍵を手渡しながら式辞を述べ、公教育と公立図書館の結びつきを強調した。翌2日には市の条例が改正され、館長の職が規定された。初代館長に指名されたのはジューエット（C. Jewett）であった。ジューエットはブラウン大学図書館長やスミソニアン協会図書部門の責任者を歴任、アメリカの図書館に関する連邦議会報告書（1851年）の編纂、1853年にニューヨークで開催されたアメリカ初の図書館員会議で議長を務めた経験を有した。

9月17日にロアー・ホールの一般閲覧室が開かれた。貸出が開始されたのは12月20日であった。1858年の蔵書冊数は、アッパー・ホール6万420冊、ロアー・ホール1万5819冊であった。開館時の職員は、ジューエットのほかに主任1名、住み込み営繕担当1名、男性職員11名、女性職員8名の計22名であった。職員は目録作成や図書の出納に当たった。ボイルストン街の新館開館当初15か月の間に、1万3329人が利用者登録をした。開館日より1日平均588.5冊が貸出された。ロアー・ホールの蔵書数は約1万5000冊なので、年間蔵書回転率は約12回、1か月1回となる。ロアー・ホールの通俗書（伝記、歴史、航海・旅行、フィクション、詩）の貸出はひっきりなしであった。雑誌140点、事典、辞典、ガゼッタ、簡便な参考図書200冊が置かれた一般閲覧室の利用時間は午前9時から午後10時まで、100席のうち50席は確実に埋まっていた。ロアー・ホールが活況を呈すのを目の当たりにして、ティクナーは安堵し、満足した[7]。

1861年、アッパー・ホールもようやく利用可能となり、蔵書冊数は10万冊を超えた。同年にアメリカ史上唯一の内戦、南北戦争が始まった。北軍の勝利によって建国以来続く南北対立が解消されて以降、国民は一体感を増し、階級意識が高まりを見せ、中産階級の価値観が図書館を支配するようになるが、それ

---

7) ウォルター・ホワイトヒル著，川崎良孝訳（1999）『ボストン市立図書館100年史：栄光，挫折，再生』日本図書館協会，p.64.

は第7章で見ることにしよう。本章では、19世紀中頃から南北戦争にかけて、公教育と結びついて学校区図書館、公立図書館が誕生した経緯および背景と、労働者の読書要求充足に重きを置いたボストン公立図書館ロアー・ホールの開館までを見た。

参考文献

川崎良孝（1991）『アメリカ公立図書館成立思想史』日本図書館協会.

川崎良孝解説・訳（1999）『ボストン市立図書館は、いかにして生まれたか：原典で読む公立図書館成立期の思想と実践』京都大学図書館情報学研究会.

川崎良孝解説・訳（2002）『公教育と図書館の結びつき：ホーレス・マンと学校区図書館』京都大学図書館情報学研究会.

川崎良孝（2003）『図書館の歴史　アメリカ編』日本図書館協会.

ジェシー・H. シェラ著，川崎良孝訳（1988）『パブリック・ライブラリーの成立：1629年から1855年におけるニューイングランドのパブリック・ライブラリー運動の起源』日本図書館協会.

S. ディツィオン著，川崎良孝・高島涼子・森耕一訳（1994）『民主主義と図書館』日本図書館協会.

日本図書館文化史研究会編（2017）『図書館人物事典』日外アソシエーツ.

ウォルター・ホワイトヒル著，川崎良孝訳（1999）『ボストン市立図書館100年史：栄光，挫折，再生』日本図書館協会.

渡部晶（1981）『ホーレス・マン教育思想の研究』学芸図書.

第7章　アメリカ公立図書館の発展
　　　　——デューイとカーネギー

　19世紀前半に出版状況および読書の傾向に変化が生じ、読書熱が高まった。ソーシャル・ライブラリーが流行し、読書要求の一部を満たしたが、その経済基盤は脆弱であった。そこでマサチューセッツ州教育長マン（H. Mann）は学校区を単位とした教育目的の図書館の拡充に努めた。学校区図書館は一時増加したものの定着せず、やがて、公教育の理念のもとに「無料制」「公開制」「公費負担」で運営されるボストン公立図書館が設立されたのを前章で確認した。

　本章では、ボストン公立図書館を皮切りにニューイングランドから全国へと公立図書館が広がり、発展を遂げる過程、とくに図書館界を牽引した図書館員デューイ（M. Dewey）と図書館建設へ多大な寄付をした事業家カーネギー（A. Carnegie）が公立図書館の発展に及ぼした影響について述べる。

　19世紀後半、資本主義の行き過ぎと労働力の搾取、国民の多様化にともなう差別意識の増長、そしてWASP（White, Anglo-Saxon, Protestant）を頂点とする階層化が進行するなかで、WASPの価値観を刷り込み、支配的文化（メイン・カルチャー）の普及を試みた人びとの図書館思想と実践を見てみよう。

1　1876年図書館員大会までの状況

1.1　アスター図書館の構想と公立図書館

　マサチューセッツ州図書館法制定（1851年）およびボストン公立図書館開設（1854年）以降、ニューイングランドの各州で図書館法が制定され、公立図書館が設立された。ニューハンプシャー州はマサチューセッツ州よりも一足早く1849年に一歩を踏み出していた。法案提出から知事の署名にいたる立法過程を

第7章　アメリカ公立図書館の発展

わずか9日間で完了、ニューハンプシャーは図書館設立のため各自治体に課税する権限を認めた最初の州であった。その後、メイン州（1854年）、ヴァーモント州（1865年）、ロードアイランド州（1867年）、コネチカット州（1869年）と続き、20年の間に、ニューイングランド全州で図書館のための課税が認められた。南北戦争期は低調だったが、その後は着実に図書館設置数が伸びた。

　ニューイングランドに隣接するニューヨーク州では公立図書館設立のための州法は制定されなかったものの、学校区図書館の状況には目を瞠るものがあった。前章で見たとおり、ニューイングランドでは学校区図書館は普及しなかった。1850年当時のマサチューセッツ州学校区図書館は700館、蔵書冊数は合計で9万1539冊、1館当たりの蔵書冊数は131冊であった。それに対して、1850年当時のニューヨーク州の学校区図書館は8070館、蔵書冊数は合計で133万8848冊、1館当たりの蔵書冊数は165冊で、館数では10倍以上の差がついた。

　また、ニューヨークでは私設の図書館が無料で公開される事例が見られた。アスター（J. Astor）は18世紀末にドイツから移住して、貧しい暮らしから身を起こし一代で莫大な財をなした。富豪となったアスターは、1838年に作成した遺言状により図書館設立のために40万ドルを遺贈し、旧世界の図書館に引けを取らない蔵書の基礎をニューヨークに築いた。アスター自身に図書館への強い関心はなかったが、彼の助言者であり友人のコグズウェル（J. Cogswell）を館長に任命したい思いから設立した図書館であった。コグズウェルはかつてティクナー（G. Ticknor）やエヴァレット（E. Everett）とともにヨーロッパへ遊学したハーヴァード大学の教授であった。調査研究を目的とするアスター図書館は1854年に開館し、無料で公開された。コグズウェルがヨーロッパへ赴き蒐集したコレクションを擁し、建物の外観内装は絢爛豪華であった。ただし、不便な場所に所在し、開館時間は午前9時から午後4時までと短く、貸出はせず館内閲覧に制限しており、利用を重視したとは言い難い運営方針であった。

　アスター図書館の構想は、ボストンの名士を刺激した。ボストンの名士たちは、商業により急速に発展を遂げた新興都市ニューヨークを敵視し、政治、経済、教育、文化などいずれの面でも優勢を誇りたいと願った。ボストンの名士

たちが、建設予定のアスター図書館に優るとも劣らない図書館を望んだことは、ボストン公立図書館設立の要因のひとつとなった。

　ボストンにも以前から絢爛豪華な図書館は存在していた。それが第5章で述べたボストン・アセニアム（1807年設立）であるが、ボストン・アセニアムは高級会員制でその利用を上流階級と中産階級の紳士淑女に制限し、広く一般に無料で公開することはなかった。ボストン公立図書館設立に携わった者はみなアセニアムの会員であった。ボストン公立図書館が財政難に陥った際にティクナーはボストン・アセニアムとの統合を提案したが、ボストン・アセニアムの会員は貴重書（財産）を汚損、破損、紛失といった危険に晒すことはできない、労働者階級に属する者と同じ閲覧室で読書するなど現実的でないと拒否した。上記アスター図書館についても、無料で公開されてはいたが、利用者が階級を越えて交わり共に読書をしたわけではない。

1.2　中産階級と労働者階級

　アメリカでは19世紀を通して階級化および階層化が進行した。1830年代に産業革命の波が到達して以降、とくに南北戦争後の工業の発展は目覚ましく、1860年から1900年までの間に、工業投資額は12倍、年工業生産額は6倍増加し、世紀末に世界一の工業国となった。工業化にともない、賃金労働者の割合は増加の一途を辿りやがて大半を占めるようになった。労働者階級の形成は同時に中産階級の形成をもたらした。中産階級に属するのは、北東部の製造業者や企業家親方、小売商店主、中西部の商業的農民や食品加工業者、そして事務専門職や法律家、牧師などであった。上流階級に属する貴族的エリートの家柄ではなく、また資本家ほどの財産は所有しないが、相対的に見て高所得の者が中産階級であり、自身の地位を守るため低賃金労働者との差別化を図ることに必死だった。

　中産階級は、賃労働は自由意志に基づくと肯定的に捉え、自由労働の思想を説いた。プロテスタントらしく倹しく慎ましく勤勉勤労であればかならず社会的地位は上昇する。もし社会的上昇を果たさない者があればそれは怠惰に起因

し、敬虔とはいえない生活が原因と考えた。キリスト教的価値観に基づく社会規範の観点から低賃金労働者を差別したのである。それは中産階級自らを肯定するための基準であった。さらに、社会規範の徹底はのちにいうジェンダーと結びついた。男性は社会に出て働き、女性は家庭で子どもを教育する性別役割分業である。男性に養われ家庭にとどまる妻と子どもは規範に沿って生きる人間とみなされ、一方、男性の稼ぎだけでは家族を養えず妻と子どもも労働者となる場合、規範から外れた家族とみなされて差別を受けた。

アメリカは機会均等の国であり、貧しさは努力をすれば逃れられる一時的な状況であると考えられた。移民にとってのアメリカン・ドリームである。たしかに、手工業の徒弟—職人—親方の場合、職人は全作業工程の知識を有する万能職人であり、徒弟として修業を積み職人にやがて親方となり努力は報われた。工場の職工—熟練工も同様であった。しかし資本集約産業においては、機械設備のある大工場で、熟練工のほか熟練技能を持たない労働者に作業工程の一部のみを担当させて全工程に関わる知識の修得と技能の向上を阻み、女性と子どもを含む労働者を低賃金で雇用、搾取し続けた。低賃金労働者が社会的に上昇を果たさないとしても、その責任は本人に帰するものではなく社会構造の問題であったが、中産階級は労働者階級を差別の対象とした。

1.3　図書館の利用者の分析

第6章で提示したアッパー・ホール（図6.2）とロアー・ホール（図6.3）について、ボストン公立図書館（ボイルストン街）のホールとは、いくつかの点で対称をなしている[1]。天井の高いアッパー・ホールでは大きな窓から自然光が採り込まれ、奥まったアルコーブを除いて明るい。それに対して、ロアー・ホールは隣接する建物に光が遮られて非常に暗い。また、内装や調度品にも明白な相違が見える。アッパー・ホールは高級感が溢れ、重厚な雰囲気が漂い、威圧感を放つが、ロアー・ホールに華々しさはなく、きわめて簡素である。図書館

---

[1] 川崎良孝（2016）『アメリカ大都市公立図書館と「棄てられた」空間：日刊新聞・階級・1850-1930年』京都図書館情報学研究会，p.80.

規則に利用者の階級に関する規定はなかったものの、その意図は建物の設計および施設設備に表れたといえる。撮影年は不明だが、写真に写るアッパー・ホールの利用者は、タキシードを着た紳士すなわち中産階級以上の男性、一方、ロアー・ホールの利用者は外套を着たままの男性すなわち労働者階級の男性であった。

川崎良孝解説・訳『ボストン市立図書館は、いかにして生まれたか』によれば[2]、1869年ロアー・ホールの所蔵状況は2万8723冊で、その分類と割合は神学・道徳学・知性学など…5.9％、法学・政治学…0.9％、医学・数学・物理学・博物学…6.5％、技術・軍事学・芸術…2.3％、アメリカ史・政治…3.8％、外国史・政治…4.7％、詩・劇・雄弁術・修辞学…8.5％、英語フィクション（児童用を含む）…31.8％、伝記…8.0％、旅行…6.9％、文庫・著作集・定期刊行物など…10.8％、ドイツ語の本…4.4％、イタリア語の本…0.8％、フランス語の本…4.3％、参考図書…0.4％であった。フィクションの割合が大きい。

また、1869年ロアー・ホールの貸出冊数は17万5772冊、1日当たり平均619冊で、分類と割合は、科学・技術・神学・医学・芸術・倫理学…7.0％、アメリカ史・政治…1.6％、外国史・政治…2.0％、著作集・定期刊行物など…1.5％、成人・児童用フィクション…76.4％、伝記…2.8％、旅行など…3.3％、詩・劇・修辞学など…2.8％、ドイツ語・フランス語・イタリア語の本…2.7％だった。やはりフィクション貸出の割合が群を抜いているが、その他の資料も利用されていた。ロアー・ホールにある貸出室は絶えず混雑し、階級や性別の区別なく列をなして押し合いへし合いしながら図書を請求した。

1868年、館長に就任したウィンザー（J. Winsor）は、図書館利用者の分析を行った。1868年度の登録者は1万1267名で、職業分布は手職人・製作・製造など…15.0％、販売人・商店主など…2.0％、商業関係…19.0％、専門職…11.0％、公務員など…1.0％、労働者階級…2.0％、その他…13.0％、無職…37.0％であった。全体の46％は女性であり、また、「いわゆる教育のある階級の人は女性を含んで全体の10％に相当」[3]と報告書に記した。

---

2) 川崎良孝解説・訳（1999）『ボストン市立図書館は、いかにして生まれたか：原典で読む公立図書館成立期の思想と実践』京都大学図書館情報学研究会, pp.196-200, 205-208.

労働者の利用に重きを置くウィンザーは館長就任以前から図書館理事として分館の設置を提案していた。分館構想はイギリスに範をとるもので、アメリカでは初の試みであった。1869年に市の条例が改正され、ボストン公立図書館理事会は必要に応じて、本館から離れた場所に通俗書や有用な図書、雑誌を備えた分館を設置する権限を付与された。ウィンザーは、1871年から4年の間にイースト・ボストン分館をはじめ6つの分館を設置した。ほかに日曜開館、建物の増改築、印刷目録の作成を実現し、利用の促進と業務の効率化を図った。1877年ウィンザーは母校ハーヴァード大学の図書館長に転じるが、研究活動に重点を置き方針転換を図る大学改革に差し当たり、図書館を大学の中心と位置づけ、書庫への学生の立入りを許可、開館時間を延長、指定図書制度を拡大するなど図書館改革を実施、資料の保存から利用へと重点を移した。

　ウィンザーと同世代の図書館員で19世紀中葉から活躍した3名を紹介したい。まず、プール（F. Poole）はイェール大学在学中から図書館活動に関わりを持ち、索引に関する研究に取り組んで『雑誌記事索引』（1848年）を考案した。大学卒業後1851年にボストン・アセニアムに勤め、1856年に同館館長に就任した。その後は、オハイオ州のシンシナティ公立図書館やイリノイ州のシカゴ公立図書館で館長を歴任した。いまひとりはカッター（C. Cutter）でハーヴァード大学を卒業したのち、1860年同大学図書館に勤め、5000冊の目録作成に取り組んだ。1868年にボストン・アセニアムに転職し、図書館業務の傍ら目録に関する研究に取り組み、その成果は『辞書体目録規則』（1875年）として出版された。カッターの辞書体目録とは冊子体の形状で、従来の書名、著者名による検索に加えて、件名からの検索を可能にした点が画期的であった。『辞書体目録規則』は当時の先駆的図書館員によって利用され、一時普及、のちの目録規則に影響を及ぼした。最後に、ビリングス（J. Billings）は、1865年より米国軍医総監局に勤務、医学雑誌の収集に尽力するとともに索引・目録誌『インデックス・カタログ』（1876年-）を編纂して、軍医総監図書館長を務めた。その後、最新文献

3）ウォルター・ホワイトヒル著，川崎良孝訳（1999）『ボストン市立図書館100年史：栄光，挫折，再生』日本図書館協会，pp.89-90.

を収録する医学索引誌『インデックス・メディカス』(1879年-) を刊行し、1895年にはニューヨーク公立図書館の初代図書館長に就任した。

このように、19世紀後半になると、傑出した図書館員が現れ始めた。彼らは読書の推進および図書館利用の促進に努め、また目録や索引の作成といった資料整理法を追究した。ニューイングランドを中心として公立図書館の数は増え、労働者階級を中心に図書館利用者も増加した。この状況のもと、デューイが登場し、1876年図書館員大会を企て、図書館界が出現するのを次節で見る。

② 1876年図書館員大会

2.1 若きデューイと図書館思想

デューイは、十進分類法（Dewey Decimal Classification：DDC）の考案者として名を馳せ、アメリカ図書館界を牽引し、図書館員養成を通して図書館思想を普及した。キリスト教的価値観に基づく良書主義と作業効率向上の徹底を掲げ、アメリカ図書館の標準化を模索したデューイの思想と実践について述べる。

デューイは、1851年ニューヨーク州ジェファーソン郡アダムズ・センターの中産階級の家庭に生まれ、両親とともに福音主義の教会へ通った。19世紀福音主義は読書を重視し、公立図書館を教会、学校と同等に捉えた。熱意溢れる、積極的性格に育ったデューイは、マサチューセッツ州にあるアマースト大学へ進学し、勉学に励む傍ら大学図書館会計係を務めた。図書館について独学し、ボストン公立図書館館長ジューエット（C. Jewett）の総合目録構想に感心したり、ボストン・アセニアムを訪れ、館長カッターとの対面を喜んだりした。とくに図書館分類に関心を抱き、セントルイス市の教育長ハリス（W. Harris）の図書館分類、いわゆる「逆ベーコン式」分類に関する論文やボストン公立図書館シャートリフ（N. Shurtleff）の十進方式に関するパンフレットに着想を得て、1873年に十進分類法を考案した。卒業後、1874年から1876年まで同大学図書館副館長を務め、その間も十進分類法の改良に取り組んだ。

1876年春、カッターは連邦教育局長イートン（J. Eaton, Jr.）にデューイ十進分

第 7 章　アメリカ公立図書館の発展

類法の存在を知らせた。教育局が建国百年祭の一環として発行予定のアメリカ公立図書館に関する報告書に十進分類法の掲載を提案したのである。図書館に関する雑誌の創刊を企てていたデューイは、十進分類法の掲載を認める代わりに図書館雑誌の創刊についてカッターの協力を取り付けた。またデューイは雑誌『パブリッシャーズ・ウィークリー』の編集長リーポルト（F. Leypoldt）と副編集長バウカー（R. Bowker）をニューヨークに訪ね、図書館雑誌の創刊と図書館用品店開業の企画を持ち込んだ。リーポルトは雑誌創刊に関心を示し、建国百年祭に図書館員が集合するように『パブリッシャーズ・ウィークリー』論説で呼びかけると提案した。リーポルト、バウカー、デューイの3名は早速、図書館員大会の開催趣意賛同書を起草し、署名の上、全国の著名な図書館員へ発送準備を整えた。さらにデューイはフィラデルフィアで教育局長イートンと面会し、図書館員大会の構想を伝えた。イートンはこれを承認し、教育局を通じて全国の図書館員へ大会案内を郵送すると答えた。大会案内は1876年6月に全国の図書館員へ発送され、そこにはウィンザー、カッター、プール、デューイ、イートンら9名の署名が添えられていた。プールは最後まで署名を拒んでいたが、デューイの依頼を受けてカッターがプールへ手紙を書き、デューイは山師ではないと人物を保証した。イートンは教育局の発行する報告書に図書館雑誌の内容見本を含めることも認めた。デューイはその見本を発足予定の図書館協会と図書館用品店の紹介に充てた。デューイは雑誌、協会、用品店の立ち上げによって全国の図書館システムの統一が図られ、業務の効率が向上すると信じた。

　図書館雑誌『アメリカン・ライブラリー・ジャーナル』の創刊号は1876年9月末に発行、図書館員大会のプログラムやデューイの論文「専門職」を掲載した。論文のなかでデューイは、「最良の図書館員は『積極的で能動的性格』を有し、『牧師や教師とともに、コミュニティの教育者の第一線』」に立つ。「人びとはますます読書から思想や動機づけを得ているし、『こうした影響は図書館を通して最も強力に影響が及ぶ』。そのため図書館員は、読者が読書の好みを上昇させるのを容易にする責任を持ち、その過程で各読者が慎重に図書を選ぶことを教える責任を有する」[4]との見解を示した。なおデューイは図書館雑

誌の編集長を1880年まで務め、1880年以降1884年まではリーポルトが務めた。

連邦教育局発行の『米国図書館特別報告』(1876年) は2巻で構成され、第1巻は主要図書館の歴史と現状の紹介、挿図と図表、図書館業務に関する論稿、図書館一覧と統計資料からなる1200ページの大部の書となった。「目録および目録法」の章にデューイの論稿が見える。その一部としてデューイ十進分類法が掲載された。第2巻は全編がカッターの『辞書体目録規則』に充てられた。

1876年10月4日、ペンシルヴェニア歴史協会において図書館員大会が開幕した。基本規約の前文には「全国に図書館への関心を促進する目的で、また図書館員および図書館学 (library economy) や書誌的研究に関心を持つすべての人が、知性と善意を交換するのを増進する目的で、下記署名者はアメリカ図書館協会 (American Library Association) という名称の団体を創設する」[5]と記され、デューイが最初に署名した。会長にウィンザー、副会長にプール、議会図書館長スパッフォード (A. Sppofford)、ニューヨーク州立大学図書館長ホームズ (H. Homes)、事務局長および会計係にデューイが選出された。デューイはとりわけ若く、弱冠25歳の青年だった。

2.2　WASPの価値観

ゲラー (E. Geller) は著書『アメリカ公立図書館で禁じられた図書』で、協会発足当初の図書館指導者13名を分析している[6]。全員が白人プロテスタントのアングロ・サクソンすなわちWASPの男性で、うち10名は大学で学んでいた。背景や職歴はさまざまであった。裕福な家庭に生まれたのはウィンザーら4名であった。スパッフォード、ウスター図書館長グリーン (S. Green)、カッターの3名は上流階級に属してはいたが、侘しい家庭背景であった。プール、デューイ、ビリングスら6名は田舎の小ブルジョワジーの出身で、移りゆく社

---

4) ウェイン・A. ウィーガンド著, 川崎良孝・村上加代子訳 (2004)『手に負えない改革者：メルヴィル・デューイの生涯』京都大学図書館情報学研究会, p.45.
5) 前掲4), pp.47-48.
6) イーヴリン・ゲラー著、川崎良孝・吉田右子訳 (2003)『アメリカ公立図書館で禁じられた図書：1876～1939年, 文化変容の研究』京都大学図書館情報学研究会, pp.35-37.

第 7 章　アメリカ公立図書館の発展

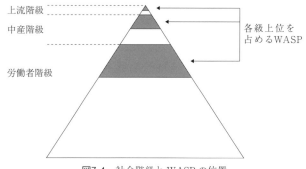

図7.1　社会階級と WASP の位置

会にあって没落傾向にあった。背景の異なる図書館員を結びつけたのは強固なポピュリズムであったとゲラーは指摘する。出現しつつある公立図書館という文化は、ポピュリズムを承認し、WASP の価値観に基づく広義の検閲を意識的、無意識的に行った。図書館指導者たちは、支配的文化の定義する優れた図書を市民へ提供すれば、一層秩序ある社会へ導けると信じた。支配的文化とはすなわち WASP の価値観であり、彼らにそれを相対化することはできなかった。

　とくにデューイは福音主義中産階級の子どもで積極的活動を信条としていた。キリスト教的価値観に基づいて勤勉、勤労に正しく生きるのはもちろんのこと、悪を放置しては自らも悪に染まることになるので、他者に対して積極的に働きかけた。文字および読書を信仰し、文明社会を正義とみなし、文字の読めない、読書をしない野蛮人を啓蒙するのが使命であった。19世紀後半に、多くの新しい専門職が現れたが、専門職を志望した者の大半は中産階級の WASP であった（図7.1）。専門職の前提となる文字の読み書きは、中産階級の WASP が労働者階級の優位に立ち、差別化を図り、なおかつ労働者階級の人びとに奉仕するのに必要な能力であった。

　若きデューイは、図書館を通じて図書を普及するという WASP の使命感に燃えて奔走した。図書館員大会の開催、協会の発足、雑誌の創刊など企て、時機を捉えて瞬く間に成し遂げた。図書館および図書館員の標準化を見据えるデューイの情熱は、次に図書館員の養成へと向けられていく。

3 デューイの図書館思想と実践

3.1 図書館員の養成

　デューイは従来のオン・ザ・ジョブ・トレーニングとは異なる新たな図書館員養成としてプロフェッショナル・スクールの設立を試みた。

　1883年、デューイはコロンビア大学図書館長に就任、翌年には図書館学教授に昇任した。旧来の業務の見直しを図り、作業効率の向上に努めた。目録分類ともに行き届かない状態で9つの学部に分散していた蔵書5万冊を集中管理するべく、7名の女性図書館員を雇い、整理し直した。例えば目録にひと工夫凝らし、著者目録と書名目録は小さなカードへ記入、件名目録は大きなカードに記入して余白を残し、教員が解題を付すことを期待した。教育効果を高めるためのアイデアであった。5年の間に、資料費と蔵書冊数を2倍に、人件費を4倍に増やして職員を増員、図書館サービスを充実させ、開館時間を拡大した。

　当時のコロンビア大学には、学生も職員も女性はほとんどいなかった。学長バーナード（F. Barnard）は女性に門戸を開きたいと長年にわたり願っていたが、理事会と教員が抵抗していた。1883年に理事会は渋々女性用コースを認めたものの、女子学生の講義への出席は許されず、各学期中二度まで授業担当教員に相談の要求ができ、期末試験を受けられるという状況であった。

　1887年1月、コロンビア大学にデューイの図書館学校が開校した。入学生20名のうち17名が女性で、これはデューイが女性に入学を奨励した結果であった。しかし、女性の入学をめぐる対立から学内施設の使用許可が下りない事態に陥り、仕方なくチャペルの上階にある倉庫を教室として使用した。カリキュラムは全体を通して図書館実務の伝授に充てられ、デューイのほかコロンビア大学図書館員やデューイと交流のある学外の図書館員たちが教鞭を執った。

　1887年11月、ニューヨーク州立大学図書館長ホームズの死去に伴い、後任人事の手続きが開始した。翌12月デューイは選考委員会へ呼ばれ、州全域の図書館事業について、州立大学図書館が果たし得る可能性を雄弁に語った。立法調

査サービス、巡回文庫、図書館間相互貸借について論じ、州立図書館のコレクションで行うレファレンス・サービスは全州民に提供可能であると指摘した。1888年5月、デューイの後ろ盾であったバーナード学長が辞任し、デューイも辞表を提出、翌1889年1月にニューヨーク州立大学へ転じた。

3.2 ニューヨーク州立大学図書館の改革

　ニューヨーク州立大学は教育機関ではなく州内の教育機関を監督する機関であった。デューイは理事会事務局長、図書館長、図書館学校長の三役を演じた。まず理事会事務局長として、例えば1895年頃には、2万5000人の学生が在籍する約100校の大学およびプロフェッショナル・スクール、5万人が在籍する約600校の学校を監督した。また、200万冊の蔵書を擁する公立図書館62館と学校区図書館など533館を監督した。デューイが理事会事務局長を務めた11年の間に、州認定校の入学者数は182％、教員は223％の割合で増加した。プロフェッショナル・スクールの学生数は医学80％、薬学59％、歯学136％、法学233％も増加したほか、試験、免許システムの引き締めを図り、ニューヨーク州の専門職実務家の質を向上させた。また、教員と図書館に関しては、理事会権限をもって最低基準を設定した。

　デューイはニューヨーク州立大学の図書館改革も推し進めた。1818年に設立されたニューヨーク州立図書館は調査研究目的の図書館で、州議員および一般市民の利用に供し、州議会の管轄であったが、1844年以降ニューヨーク州立大学理事会の管理下に入った。デューイはまずニューヨーク州図書館協会を創設し、自ら会長を務めた。年会費を徴収し、州内全図書館の統計を取り、各館の発行する蔵書目録や館報、ブルティンの書誌を編纂、図書館員や理事の名簿を作成して州内図書館の状況を把握し、支援体制を整えた。図書館協会設立は他州の手本となった。また、女性文庫や州都文庫、子ども文庫を館内に設置したほか視覚障害者に点字資料を提供した。1893年には巡回文庫を開始し、州立大学図書館の蔵書から1000冊を選び、10冊ごと100組にまとめてオーク材の鍵付き本箱に入れ、規模の小さな図書館あるいは図書館未設置地域へ6か月間貸出

した。巡回文庫は公立図書館設立の呼び水となった。巡回文庫を開始した1893年から1900年までの間に、巡回文庫を契機として図書館を設立した自治体の数は29から175に増えた。また、図書館全体の蔵書数は7万冊から60万冊に、貸出冊数は19万3000冊から218万2000冊に増加した。

　ニューヨーク州立大学図書館学校の運営については、コロンビア大学図書館図書館員にして図書館学校教員の5名がデューイとともにニューヨーク州立大学へ転職していた。5名のうちカトラー（M. Cutler）のみ州立大学の図書館業務に携わらず、副校長として教育に専念した。デューイも多くの授業を担当し、図書館の信条や図書館精神なるものを伝授した。それは文字で書かれた図書への信仰であり、キリスト教的価値観に基づく良書の普及であり、使命を全うする奉仕の精神であった。デューイのモットー「最善の読書を最低のコストで最大多数の人に」に表わされるように、可能な限り無駄を省き、効率的に業務を遂行することが至上命題とされた。無駄に時間を費やすことは怠惰と等しく、プロテスタントが挫くべき悪であった。業務の効率向上は強迫観念となってデューイに現れた。カリキュラムはコロンビア大学のそれと変わりなく図書館実務の訓練であった。座学で目録、分類、図書館経営について学び、併せて図書館で実習を行った。デューイの思想と実践は卒業生により全国へ広められた。

3.3　専門職による良書の選定

　図書館で要職を占める卒業生が増えるにつれ、館界におけるデューイ（図7.2）の地位は確固たるものとなった。1892年、デューイは図書館協会の会長に選出された。デューイの在任中1893年にシカゴ万国博覧会が開催され、協会はモデル図書館を出展した。モデル図書館とは協会が推薦する良書（「最善の書」）5000冊の展示であった。デューイ十進分類法、カッター展開分類法（1891年）でそれぞれ図書を排列し、6種類の書架に排架、デューイの図書館用品店ライブラリー・ビューローの書架も一部で使用された。展示とは別に協会および連邦教育局から冊子体目録が刊行された。目録作成委員長はラーニド（J. Larned）が務めた。割合はフィクションが16％、歴史15％、社会学8％、宗教

第7章　アメリカ公立図書館の発展

4％であった。一覧にされた図書を仔細に比較検討したゲラーは「節度ある社会小説や社会批評は受け入れたが、政治的な不道徳性の暴露、それに組織宗教、家庭、社会への攻撃は排除した。ノンフィクションの場合、実のところ社会主義よりも無神論の方がいっそう論争的であったと思われる」7) と指摘している。

デューイはこうした良書目録の編纂を協会発足当初から構想し、準備を続けていた。デューイの重要な特徴のひとつであるが、良書と悪書を見分ける基準について見解を示さなかった。ウィーガンドは著書『手に負えない改革者』のなかで次のように述べている。1876年以降の図書館運動は「『最善の読書』の決定権を他の専門職に譲るという司書職の構造も創り出した。デューイの信じるところによると、文学や科学について知悉している他の専門職が、価値（およびそうした価値を決定する規則）を判断し、そうした価値判断によって、図書館員は図書を収集、組織化、提供する。他者が『悪書』と『良書』を分離しなくてはならない。デューイはこの構造を支え、この領分に適合する図書館学を考案した。それは図書館運営と図書館の技量（特にレファレンスと分類）を結合したもので、その土台にはサービス至上主義があり、『図書館の信条』によって活性化される。構想からして、図書館が奉仕し支持するのは白人の中産階級や上流階級の家長制度が示す読書規範であった」8)。図書館員自ら資料の価値を判断することは避け、他の専門職に判断を委ねるべきとデューイは考えたのである。

図7.2　デューイ
（出所）Wikimedia Commons（https://commons.wikimedia.org/wiki/File:Melvil_Dewey.jpg. アクセス 2019.3.31）

以上見てきたように、1876年の図書館員大会以降、図書館員は協会に所属し機関誌を通じて交流を深め、専門職の結束を固めた。協会発行の良書目録を参

---

7) 前掲6), pp.75-76.
8) 前掲4), pp.392-393.

考にして資料を収集し、目録規則、分類法など共通の方法で資料を整理し、製品化された図書館用品を駆使して業務を遂行した。図書館業務および図書館員の標準化に関してデューイはきわめて重要な影響を及ぼした。

4 カーネギー図書館の誕生

1876年以降、図書館の発展は設置数にも表れた。1876年から1913年までの間に、公立図書館は188館から3562館に増加した。これは富豪カーネギー（図7.3）の図書館建設を目的とした寄付行為によるところが大きい[9]。1890年から1917年までに建設されたいわゆるカーネギー図書館の数は1679館に上り、全国各地に広まった。無料で利用できる身近な図書館の実感をもたらしたほか、開架制の導入や児童サービスを先駆け、図書館機能を拡張した。

4.1　自助努力を怠らない少年少女への贈り物

カーネギーはスコットランドの出身で、エジンバラ近郊のダンファームリンという織物の町で生まれ育った。父は手織工だったが、産業革命の進展による打撃を受け、1848年、カーネギー満12歳のときに一家でアメリカへ渡った。以降、カーネギーは学校教育を受けていない。渡米後、父はペンシルヴァニア州ピッツバーグ近郊のアレゲニー（1907年ピッツバーグ市に併合）の綿織工場に職を得、カーネギーも糸巻きの仕事をして家計を助けた。その後カーネギーは電報配達の仕事を得、電信の技術を身につけ、電信技手となり、やがて時代の先端を行く電信、鉄道、鉄鋼事業に手を染め、1873年に製鋼会社を設立、事業を拡大統合し、1889年にカーネギー製鋼会社を設立して、鉄鋼王の地位を築いた。

カーネギーは「金めっき時代」の代表的人物、鉄道王ヴァンダービルド（C. Vanderbilt）、金融王モーガン（J. Morgan）、石油王ロックフェラー（J. Rockefeller）同様、南北戦争の動乱期にうまく立ち回って資本を築き、戦後、未曽有の産業成長期にのし上がった。この時代、運輸・通信網で結合された全国市場

9）川崎良孝（2003）『図書館の歴史：アメリカ編』日本図書館協会，pp.153-170.

第7章　アメリカ公立図書館の発展

を、大量生産によりコストを引き下げた大企業が独占し、地方の小企業を駆逐した。なおかつ、低賃金で大量の労働力を搾取した結果、ごく一部の者が巨万の富を手にしたのである。1889年、カーネギーは論文「富」を雑誌『ノース・アメリカン・レヴュー』（英雑誌での論題は「富の福音」）に発表し、富を獲得した者は、富を公共のために賢明に分配する社会的責任を負う（「富の社会還元」）という信念を述べ、「金めっき時代」の資本家の良心を示した[10]。

慈善家カーネギーは公共の福祉、教育や文化の向上のために寄付活動を行い、そのひとつが公立図書館の建設だった。自伝で述べることには、カーネギーが電報配達をしていた頃、仕事は忙しく、勉学に励み教養を積む時間はほとんどなく、また家庭が貧しかったため本を買う金もなかったが、天からの恵みで文学の宝庫が開かれた。アレゲニーのアンダーソン大佐（J. Anderson）が自宅の図書400冊を「働く少年」のために開放したのである。おかげでカーネギー少年は読書に勤しむことができた。カーネギーは、自助努力を怠らない少年少女にしてやれる最善のことは公立図書館の設立であると確信し、ピッツバーグをはじめ、1412の自治体へ図書館建設のための寄付をしたのである。

生活給の概念を提唱し、最低賃金の保障を求めた労働組合活動家ゴンパーズ（S. Gompers）はカーネギーの慈善事業を血で汚れた金によるものと批判した一方で、カーネギー図書館を受け入れ、図書館へ通えるように労働条件の改善と労働時間の短縮を求めようとも主張した。

図7.3　カーネギー
（出所）Wikimedia Commons（https://commons.wikimedia.org/wiki/File:Andrew-carnegie-portrait-pd.png，アクセス2019.3.31）

10）アンドリュー・カーネギー著，坂西志保訳（2002）『カーネギー自伝』中央公論新社，pp. 363-372 ［亀井俊介解説］．

第Ⅰ部　世界編

図7.4　ボストン公立図書館ブライトン分館（1913年頃）
（出所）Digital Commonwealth Massachusetts Collections Online（https://www.digitalcommonwealth.org/search/commonwealth:gt54m4047, アクセス 2019.3.31）

4.2　分館・開架・児童サービスの促進

　カーネギーは、寄付を願い出る者に図書館建設の計画書を提出させ、秘書バートラム（J. Bertram）を審査に当たらせた。のちには専門職の立場からクリーブランド公立図書館長ブレット（W. Brett）が図書館事業の諮問に応じたが、建設計画の審査および指導のためにカーネギー図書館には一定の傾向が表れた。それは分館建設、開架制、児童サービスである。市街地に本館を設置するのみならず、郊外に分館を建設して場所へのアクセスを容易にし、また閉架制が主流であったのを、開架制に変更して資料へのアクセシビリティを高めた。さらに児童が読書に勤しむ環境を整え、積極的に受け入れた。いずれも労働者とその家族の利用を重視した結果であった。

　たとえばカーネギーのニューヨーク公立図書館分館建設のための寄付は有名である。1895年にアスター図書館、レノックス図書館、ティルデン財団が統合して設立したニューヨーク公立図書館は調査研究図書館であった。1897年に私

第7章　アメリカ公立図書館の発展

図7.5　ボストン公立図書館ノースエンド分館児童室（1914年頃）
（出所）Digital Commonwealth Massachusetts Collections Online（https://www.digital
commonwealth.org/search/commonwealth:gt54m8505, アクセス 2019.3.31）

設ニューヨーク無料貸出図書館を統合。1901年にカーネギーの寄付を受けて、分館を整備し、65の分館が建設されて市域全体に貸出サービスが行きわたった。

　開架制の導入に当たっては、図書館機能と図書館レイアウトに変更が生じた。閉架制の場合は、資料請求の受付、書庫からの出納が必須となるが、開架制の場合、利用者が自由に書架に接するためその必要はない。書庫と利用者を隔てた出納カウンターは撤去され、図書館員は出納業務の代わりに利用者の監視を始めた。館内全体の見通しが利く場所に、例えば放射状に配置した書架の扇の要の位置にカウンターを設置し、利用者を監視して館内秩序の維持に努めた。

　児童の図書館利用は世紀末にかけて増加し、20世紀初頭には主要な利用者となった。児童室を最初に設置したのは1895年ボストン公立図書館で、児童分館の設置は1908年ブレット館長のクリーブランド公立図書館が全国発であった。カーネギー図書館にも児童室が設けられた。図書館員は児童に読書をすすめ、

読み聞かせなどを行い、ここでも児童を監視した（図7.4および図7.5）。

4.3　WASPの女性たちの社会参加

　ヴァンスリック（A. Van Slyck）の著書『すべての人に無料の図書館』によれば[11]、カーネギーに分館建設を願い出て、労働者とその家族への奉仕を望んだのは、各地の男性エリートではなく中産階級の女性、とくに婦人会の女性たちであった。

　婦人会はソーシャル・ライブラリーを運営した経験から、カーネギー図書館の設立を要望した。世紀の変わり目に、WASP中産階級の一部の女性がさまざまな社会改革運動に参加した。禁酒運動、売買春を廃止する社会純化運動、貧困撲滅を目指すセツルメント運動から資本主義の行き過ぎを是正する革新主義運動まで、特にコミュニティの問題に取り組む婦人会の活動は身近であった。搾取され、貧困を極める移民労働者への差別意識を抱きつつ、いずれ帰化して選挙権を取得する移民白人男性の民主党への投票行動を憂いながら、WASP中産階級の女性は労働者とその家族へ手を差し伸べ、移民の国民化（アメリカ化）に努めた。

　図書館で奉仕をしたWASP中産階級の女性たちは特に労働者の子どもに関心を寄せた。テネメント（安いアパート）に暮らす子どもを図書館に呼び寄せて、中産階級の家庭の雰囲気を醸し出し、マナーを身につけさせた。あるいは図書館から利用者の元へ図書を届ける場合もあった。文字や図書への信仰を説き、キリスト教的価値観に基づく社会規範を刷り込み、洗練、知性、教育といった支配的文化を教え込んだ。WASP中産階級の女性の施す救済活動は、中産階級の優位性、すなわち階級の差異の確認行為でもあった。

　図書館の分野は、中産階級の女性にとってごく初期に開かれた職場のひとつであった。図書館学校の卒業、資格の有無を問わず、1910年頃の図書館員全体に占める女性の割合は約8割であった。当時としてはめずらしく、既婚未婚を

11）アビゲイル・A. ヴァンスリック著，川崎良孝・吉田右子・佐橋恭子訳（2005）『すべての人に無料の図書館：カーネギー図書館とアメリカ文化』京都大学図書館情報学研究会，pp.109-137.

問わず生涯勤め上げる者、管理職に登用される者、図書館学校長になる者も現れ、女性の社会進出の一翼を担った。

　労働者に自助努力を求めるカーネギーと、労働者とその家族の救済を目指すWASP中産階級の女性たち、図書の普及を使命とするWASP中産階級の図書館員とが結びつき、アメリカの図書館は発展を遂げたのである。

参考文献
アビゲイル・A. ヴァンスリック著、川崎良孝・吉田右子・佐橋恭子訳（2005）『すべての人に無料の図書館：カーネギー図書館とアメリカ文化　1890-1920年』京都大学図書館情報学研究会.
ウェイン・A. ウィーガンド著、川崎良孝・村上加代子訳（2004）『手に負えない改革者：メルヴィル・デューイの生涯』京都大学図書館情報学研究会.
小倉親雄（1977）『アメリカ図書館思想の研究』日本図書館協会.
アンドリュー・カーネギー著、坂西志保訳（2002）『カーネギー自伝』中央公論新社.
川崎良孝解説・訳（1999）『ボストン市立図書館は、いかにして生まれたか：原典で読む公立図書館成立期の思想と実践』京都大学図書館情報学研究会.
川崎良孝（2003）『図書館の歴史　アメリカ編』日本図書館協会.
川崎良孝解説・訳（2012）『ボストン市立図書館とJ. ウィンザーの時代』京都図書館情報学研究会.
川崎良孝（2016）『アメリカ大都市公立図書館と「棄てられた」空間：日刊新聞・階級・1850-1930年』京都図書館情報学研究会.
川崎良孝（2018）『開かれた図書館とは：アメリカ公立図書館と開架制』京都図書館情報学研究会.
ディー・ギャリソン著、田口瑛子訳（1996）『文化の使徒：公共図書館・女性・アメリカ社会1876-1920年』日本図書館協会.
イーヴリン・ゲラー著、川崎良孝・吉田右子訳（2003）『アメリカ公立図書館で禁じられた図書：1876～1939年，文化変容の研究』京都大学図書館情報学研究会.
菅谷明子（2003）『未来をつくる図書館：ニューヨークからの報告』岩波書店.
S. ディツィオン著、川崎良孝・高島涼子・森耕一訳（1994）『民主主義と図書館』日本図書館協会.
日本図書館文化史研究会編（2017）『図書館人物事典』日外アソシエーツ.

第8章 イギリスにおけるコミュニティ・ライブラリアンシップの展開

1 1850年「公共図書館法」の性格

　イギリスでは1850年に「公共図書館法」(Public Libraries Act) が成立、それをもとに公共図書館が各地で出現していく。ここで述べる公共図書館とは法律によって自治体(コミュニティ)が提供する税で支えられた組織のことを指す。1850年の「公共図書館法」は、反対が多くその実現が危ぶまれたものであったが、妥協案を提示することでようやく実現した。実現当初、図書館法を採択する自治体は多くなく、図書館の活動もほぼ停滞していたが、図書館協会(Library Association) 創設とともに、若い世代の図書館員たちが公共図書館の新たな時代を築きあげることに寄与するようになる。これにより公共図書館の存在理由に新たなページが記された。

　アメリカの図書館史を本章で論述すべきではないが、一言だけ指摘しておくとするならば、アメリカの事情との相違である。アメリカでは、イギリスと同時期の1848年にマサチューセッツ州の議会で図書館法が可決された。19世紀中期の両国の違いは、イギリスではすでに産業革命を実現させ、蒸気機関の動力による織物機器や鉄道機関車が発達していたのに対して、南北戦争以前のアメリカでは、1848年のカリフォルニアでの金鉱発見により、開拓者が幌馬車で西部へ向かっていた時期であった。イギリスでは1837年に即位したヴィクトリア女王のもと、1851年には最初の博覧会を成功させ、国の威信を世界に広めていたのに対し、アメリカでは飢饉により国を捨てたアイルランドの農民たちが大挙して押し寄せていた。イギリスでパブリック・スクールの改革がすでに実現されていたのに対して、アメリカでは流入する移民が、その子弟のための市民

第8章　イギリスにおけるコミュニティ・ライブラリアンシップの展開

としての資格を獲得するための識字教育の場を必要としていた。同時期に成立した2つの国の「公共図書館」の役割はこうして異なっていた。国力は安泰であったものの、市民への図書館サービスが遅れていたイギリスの状況は『図書館史百科事典』の以下の引用で明らかであろう[1]。その箇所を採録しておく。

> 1850年の法制の結果として広がった公共図書館拡大の動きは、遅々として進まず、しかも困難が多かった。ノリッチを最初とするいくつかの町がこの法を採択したが、1851年に図書館サービスを開始したのはウィンチェスターが最初であった。しかし、1・2の自治体（1848年のウォリングトン、1849年のサルフォード）は、1845年の「博物館法」による曖昧な規定を根拠にしてすでに図書館サービスを開始していた。その後の20年間に50以下の自治体がそれに続いた……図書館サービスに資金を投じたくない自治体の評議会の意識は克服が困難であった。図書館委員会とそこが採用した図書館員たちは……明確なエトスを欠いていた……無教養で覇気のない図書館員に守られ、予算ならびに道徳的な支援を呼びこみえない、閉鎖した書庫の魅力のない蔵書がどこでもきわめて普通であった。

「公共図書館法」を採択した自治体数は19世紀後半までその数はたしかに多くはなかった。こうした状況がなぜ生まれ、この状況がその後に変化するきっかけは何であったか、その理解を深めるため、1850年の「公共図書館法」を軸に「『公共図書館法』成立以前の読書施設」「『公共図書館法』成立の経緯とその内容」、その後の「公共図書館設立運動・サービス活動の展開」について述べる。さらに、20世紀以降の公共図書館への「各種委員会報告の影響」について言及する。加えて、事例研究として「イギリスの地方都市における公共図書館の変遷」と「ある児童図書館員の生涯」について追記する。そのことによりイギリスにおける公共図書館の歩みを大局的・局所的な視点からながめることにつながる。イギリスにおける図書館全体の歴史的な動きを知るためには、国

---

1) Sturges, P.（1994）"United Kingdom, Modern," *Encyclopedia of Library History*, pp.636-637.

第Ⅰ部　世界編

立図書館や大学図書館の歩みも併せて学ぶ必要があるが、それらについては別の書物を参照されたい。

2　「公共図書館法」成立以前の読書施設

　イギリスにおいて市民のために開かれた図書館が本格的に登場するのは17世紀からである。マンチェスターの商人ハンフリー・チェタム（H. Chetham）は、1653年の彼の死に際して資産のほとんどを孤児院の設設立、および、図書館の建設に充てるよう遺言を残した。図書館への資産の遺贈は、マンチェスター地区の５つの教会の蔵書の補充の他に、市民に対する公開図書館の施設と活動に充てられた。1685年にはカンタベリー大主教となるトマス・テニソン（T. Tenison）もロンドンで図書館を創設した。イングランド国教会の普及と民衆への教育の拡大を担った聖職者トマス・ブレイ（T. Bray）も教区を基盤とした図書館の浸透に尽力した。ブレイはまた植民地時代のアメリカに渡り、イングランド国教会の教区図書館を展開した。とはいえ、このような図書館はいずれも規模が小さく、利用者の要求にこたえる資料を持ち合わせていないところもあった。

　18～19世紀には市民の読書を取り巻く環境に変化が生じるようになる。1700年に550万人であったイングランドとウェールズの人口は1800年には900万人近くまで増え、中産階級の意識は変わっていた。商人や工場主は、子どもへの教育に関心を持ち、自分たちも教養を身につけたいと願いはじめていた。パブリック・スクールができ、慈善団体の学校も急速に増えていった。さらに中産階級における「読み物」を求める欲求が高まっていく。『スペクティター』（*Spectator*）などが文学的なエッセイを提供し、『ジェントルマンズ・マガジン』（*Gentleman's Magazine*）が時事的な情報をもたらした。とはいえ、『ジェントルマンズ・マガジン』にしても発行部数はそれほど多くなく、読者は自分で講読するよりもそれを自由に読めるコーヒーハウスの常連となっていた。18世紀初頭には3000軒を超すコーヒーハウスがロンドンにあったとされる。18世紀後半になると他の形態の出版物も普及の様相をみせており、サミュエル・ジョンソ

第8章　イギリスにおけるコミュニティ・ライブラリアンシップの展開

ン（S. Johnson）の『辞典』（1755年）は2000部、エドワード・ギボン（E. Gibbon）の『ローマ帝国衰亡史』（*The History of the Decline and Fall of the Roman Empire*）（1776-1788年）は3500部が刊行されていた。さらに19世紀に入ると新たな出版企画も加わった。図版を主とする新聞・雑誌の登場であって、その代表的なものには『イラスト入りロンドン・ニュース』（*Illustrated London News*）（1842年）や雑誌『パンチ』（*Punch*）（1841年）があり、読者の人気をさらっていた。こうした出版物を市民に広く普及させたのは、貸本屋や会員制図書館、職工講習所の図書室などの読書施設であった[2]。それら読書施設の概要を見ていこう。

2.1　貸本屋

19世紀初頭のロンドンには貸本屋が少なくとも20軒あった。出版物の広がりとともに貸本屋はさらに繁栄していく。その最大規模のものとしてチャールズ・ミューディ（C. Mudie）が1840年代に開設した貸本屋「セレクト・ライブラリー」があげられる。ここは、人気のある本を複数揃えて貸出に応じ、またたく間に店舗を増やしていった。1852年ニューオックスフォード通りに旗艦店を開設、1853年から1862年までの10年間に約96万冊の本を追加した。そのうちのほぼ大半が小説であった。人気のある作家の小説は3000冊ほど複本を揃えることもあった。ここを利用する市民も多く、政治家や作家も会員であった。同業者も増え、その活動は全国的に広がりをみせた。

2.2　会員制図書館

現在まで運営を続ける代表的な会員制図書館としてロンドン図書館をあげることができる。ロンドン図書館は評論家トマス・カーライル（T. Carlyle）が、大英博物館図書館へのサービスの不満をきっかけとし、1841年に仲間たちとともに設立した図書館である。カーライルは文人やジャーナリスト、学者を勧誘

---

[2] Mechanics' Institute、あるいは、Mechanics' Institution の訳語には「職工学校」があるが、ここは職人向けの技術教育を推進した「実践的な教育施設」であるため、「学校」よりもその意味合いが強い「講習所」という言葉を本章では採用した。

して自分たちだけの独自の図書館の創設を画策した。初年度の図書の貸出冊数は1万4834冊と順調な滑り出しであった。その後、カーライルは理事会の職務を放棄したが、図書館の雰囲気がロンドンの市民に好まれ、1890年代には館長チャールズ・ライト（C. Wright）のもと会員数を大幅に増やした。ロンドン図書館のような会員制図書館は当時のイギリスの他の都市にも見られた。こうした図書館を維持できたところに「ヴィクトリア朝」における大英帝国の実力があったといえる。

2.3　職工講習所の図書室

　イギリスでは18世紀後半に興った産業革命により、職工（労働者）たちの学習意欲が高まっていた。職工講習所の創始者ジョージ・バークベック（G. Birkbeck）は、産業革命の発祥地ヨークシャーで生まれ、エディンバラ大学を修了後、グラスゴーのアンダーソン学院で職工に向け、実物と標本を利用した初歩的な技術を理解させるクラスを開始し、このクラスは評判をよんだ。その後ロンドンに移住し、1823年に「ロンドン職工講習所」を開設した。その施設の開設にはエディンバラ時代の同級生ベンサム（J. Bentham）やミル（J. S. Mill）などの功利主義思想家たちからの支援があった。「ロンドン職工講習所」の授業内容は当初、職工のために技術的な知識を教えていたが、受講者が職工よりも市民のほうが増えていくにつれ、語学などの教養科目へと重心が移っていくようになる。「ロンドン職工講習所」に端を発した職工講習所の教育は、全国各地に広がった。1884年にはイギリスで2000の職工講習所があったとされる。各地の職工講習所はいずれも図書室を重視、1849年には400の職工講習所が図書室を持ち、蔵書の総数は40万冊、貸出冊数は100万冊を超えていた。

　こうした読書施設が「公的な読書施設」を生み出すきっかけとなる。

3 「公共図書館法」成立の経緯とその内容

　1850年の「公共図書館法」がイギリスですんなり成立し、その後、この法律により公共図書館が直線的に発達を遂げたわけではない。隣国フランスで二月革命が起き、イギリスでチャーチスト運動が終息したのは1848年であった。チャーチスト運動は、階級対立の様相を示し、支配階級を揺さぶっていた。こうした時期に図書館法が難なく成立したとは考えにくい。さらに「公共図書館法」は政治家ウィリアム・ユーワート（W. Ewart）のほぼ個人的な努力により議会を通過したが、彼自身は当時の二大政党に属していなかった。すなわち、この法は多数派の賛同のもとに成立したわけではなかった。市民に「無料」で読書の場を提供することは、階級制度を基盤とした体制社会を根底から崩すことになる。こうした反論があって当然であった。議会でもこの法の成立をめぐってこうした議論が続き、議員だけではなく、大学関係者の間にすら反対の意見があった。法案は多数の反対票のなか、提案したユーワートのやや妥協的な修正をともなってようやく承認されたのである。

　「民衆に無料で開かれた図書館の設置拡大」を講ずるための特別委員会が下院に設置されたのは1849年3月であった。委員会の最初の証言者は、大英博物館図書館助手のエドワード・エドワーズ（E. Edwards）である。エドワーズは最初の証人であっただけでなく、最も重要な証人であった。彼が全体の要点を示し、他の証人が細部を埋めていった。この特別委員会によってまとめられた報告書をもとに、1850年3月にユーワートは「公共図書館法」として提出する動議を出す。採決の結果、賛成118、反対101とわずか17票の差であった。ユーワートは同年4月に法案の内容修正を提案、その結果49票差という賛成多数で法案は通過した。この法案が上院も通過し「公共図書館法」は1850年8月に国王の認可を得た。

　この法は、人口1万人以上の都市評議会が財務当局の同意のもとに、図書館の建物を建設する権限を付与することを認め、このために2分の1ペニーの税

金を課すことができること、図書館への入館は無料とすべきこと、納税者の投票による規定と採択を定めていた。ただし、図書購入費についての言及はなかった。

ノリッチは新法の利点をとりあげた最初の自治体であった。1850年9月に投票が行われ、市民150名が賛成票を投じ、反対はわずか7票であった。とはいえ、ここでは1857年まで図書館サービスが開始されなかった。ウィンチェスターは1851年に、オックスフォードは1852年に法を可決した。その後、公共図書館の設置数は伸び悩む。『タイムズ』紙（*Times*）は1854年3月にユーワートの運動は不成功に終わったと報じた。ユーワートはエドワーズに宛てて「貴方と私とともに行動した人々が正当化されるのは『タイムズ』ではなくタイム（時代）によってである」と伝えた。エドワーズがこの手紙を受け取ったのは、彼が図書館長となったマンチェスターであった。

3.1　人物的な視点から：ユーワートとエドワーズ

ここで「公共図書館法」成立のために尽力したユーワートとエドワーズ両人の生涯について触れておく。

ユーワートの生涯は一貫して疲れを知らぬ改革への奉仕であった。1849年以前には特に死刑問題に関わり、軽犯罪に対する死刑の廃止だけでなく、その完全撤廃に向けて取り組んだ。彼はリヴァプールで商人の息子として生まれ、オックスフォードのクライスト・チャーチ・カレッジを卒業すると、1828年にブレッチングレイ選出の議員となった。1839年にはウィガン、1841年から引退する1868年まではスコットランドのダンフリーズ選出の議員であった。教育改革に関心があり、1845年の「博物館法」成立にも尽力した。1850年の「公共図書館法」は彼の生存中の1855年および1866年に補正され、公共図書館の財政基盤が改善された。トマス・グリーンウッド（T. Greenwood）は彼について書いている。「下院には……彼ほどに鋭い本能と真摯な熱意をもって、地域社会の利益に向けた支持と協力を惜しまない人間は他にいなかった」。

エドワーズはロンドンで生まれ、母の支援により学問を身につけた。22歳の

ころには大英博物館図書館に毎日通い、あらゆる主題の本を読んでいる。1839年にはこの図書館の目録係に採用され、1850年まで勤めたが、アントニオ・パニッツィ（A. Panizzi）（図8.1）と衝突し、エドワーズは解雇された。1850年は「公共図書館法」が可決した年である。エドワーズは1851年に新設のマンチェスター公共図書館[3)]に館長として迎えられた。ここで彼は蔵書や図書館サービスの整備に尽力したが、1858年には理事会と意見を異にし、市は彼を免職にした。それから1870年にオックスフォードでクイーンズ・カレッジ図書館の目録係になるまで、エドワーズは伝記を刊行するなどして何とか生活を維持していた。クイーンズ・カレッジには1876年まで勤め、1877年より1883年までは、オックスフォードのボドリー図書館に在職したが、引退してからは、ワイト島に住んで貧困のうちに亡くなった。なお、エドワーズにはその肖像を伝える絵が一枚も残されていない。

図8.1　アントニオ・パニッツィ
（出所）筆者撮影。

3.2　公共図書館法を採択した都市：マンチェスターとケンブリッジ

マンチェスターの初代館長に任命されたのは先述のエドワーズであった。図書館業務に多少とも精通している者が館長の地位についたのはエドワーズが最初であって、初期の図書館をつくったほとんどの都市は、館長に図書館経験のない者を選んでいた。1855年に22歳でケンブリッジ公共図書館の初代館長に任命されたジョン・ピンク（J. Pink）は、書店の見習いであった。次点は引退した駅馬車の御者である。こうした状況も、公共図書館出発時の蔵書を見れば当

---

3) 正確な名称は「（公共の）無料図書館」（Free Library）。当初、この名称を採用する自治体も多かった。

然の判断であったのかもしれない。ケンブリッジの図書館には主に寄贈本が積んであっただけであった。ケンブリッジで新聞閲覧室が実現したのは1858年に土地の住民の署名つきの嘆願書と議会の要請があったためである。一方、マンチェスター公共図書館が開館当初（1852年6月）に公開した蔵書は、神学と哲学824冊、歴史8894冊、政治2971冊、科学と芸術1704冊、文学と文芸6915冊とバランスのとれた構成であった。

　建物の広さの点ではマンチェスター公共図書館は開館当初から恵まれていた。市長の尽力により科学会館を買い入れたからであった。それと比べると、ケンブリッジ公共図書館の開館当初の建物は「寒い日陰に位置しており、通りから外れた、暗い小道の奥」にあった。次に労働条件について見ていこう。当時の図書館長の給料はどのくらいであったか。エドワーズは、年俸200ポンドで1851年にマンチェスターへと行ったが、当時これは高給と見なされており、大きな自治体のみが提供できる数字であって、どこでもこれほど支払えるわけではなかった。ケンブリッジでは1855年に年俸63ポンドでピンクを館長に任命していた。では当時の図書館長はどのくらい働いていたのであろうか。勤務時間は図書館の開館時間に準じていた。エドワーズはマンチェスターで毎日12時間以上働いた。開館時間は日曜日を除いて朝10時から夜9時までであったが、当時これが通常の図書館でのサービス活動の実態であった。ケンブリッジの図書館においても同じような時間帯を、館長はほぼ一人で業務を受けもっていた。

3.3　その後の立法化

　1855年には「公共図書館法」が早くも改正となった。改正法は、人口5000人以上の町や教区に法の可決による図書館の設置を認め、税率は1ペニーに引き上げることを決めていた。改正法はさらに、自治体が図書館に資料の購入権限を与えることも決めており、審議の過程では新聞を資料に加えることについての白熱した議論があった。1866年にはさらに1855年法も改正された。続いて「公共図書館法」は1902年まで小刻みに改正される。

　第一次世界大戦時に起きた物価の高騰は、法を変更する必要に迫られる結果

第8章 イギリスにおけるコミュニティ・ライブラリアンシップの展開

となった。1919年3月にロンドン図書館協議会の会議が開催され、次の決議が採択された。「戦前の限られた枠内の範囲では税で運営される公共図書館の維持は今や不可能であるとの見解に達し、この運営に必要となる額を獲得できるための措置」をとるべきとの内容であった。1919年に改正された「公共図書館法」は、公共図書館網を農村地域にまで広げた点で重要な意義を持っていた。法の採択の権限をさらに小規模な自治体「カウンティ」にまで拡大したのである。それと同時に、課税制限を撤廃し、自治体の決定に任せた。法の施行はイングランドとウェールズに限られていたが、この結果、1920年から1926年の間に62のカウンティのうちの57が法を採択した。議会での法案の採択は、1850年法の時と比べ、ほとんど異議なく通過した。この変化をもたらした背後には、慈善事業家たちの支援による公共図書館の普及や図書館サービス活動の展開があったことは否定できない。

4 公共図書館設立運動・サービス活動の展開

4.1 慈善事業家たちの支援

公共図書館の設立運動は慈善事業家たちの寄付に負うところも大きい。個人の寄付行為に弾みをつけたのは、ジョン・パスモア・エドワーズ（J. P. Edwards）、アンドリュー・カーネギー（A. Carnegie）という2人の人物に負っていた。

パスモア・エドワーズは出版事業で成功し、財産を慈善事業につぎこんだ。職工講習所、病院、博物館、美術画廊、庭園、水飲み場、はては救命ボートまでが彼の名に結びついていた。公共図書館には特に関心を持っており、故郷のコーンウォールから始めて、ロンドンのサザークその他で20数館の図書館を建設し、蔵書を整備させた。1890年代の公共図書館の開館式で行われた挨拶のなかからパスモア・エドワーズの図書館に関する考えを拾い集めることができる。パスモア・エドワーズ自身は、図書館を社会改革のための個人的な計画として考えていた。彼にとっての公共図書館とは「多目的な機関であり、ある者には

娯楽の役に立ち、ある者には教育の役目をし、すべての者に二次的な利益をもたらす」(1895年、サザークにて)、「ロンドンおよび地方が求めているのは、パブ(大衆酒場)をもっと少なく、図書館をもっと多くということだ」(1895年、ハマースミスにて)。パスモア・エドワーズの慈善事業は、地方の慈善事業家たちの寄付行為の引き金となった。

　カーネギーのイギリスにおける支援はゆっくりと始まった。1879年に彼は故郷の町ダンファームリンに8000ポンドを贈った。公共図書館法がそこで採択され、図書館は1883年に開館した。さらなる寄付がその他のスコットランドの町や都市に寄せられ、1886年にはエディンバラに5万ポンド、その他にも小額の寄付が提供された。1913年に彼はカーネギー英国財団を設立、そして1919年のカーネギーの死の時までに、イングランドとウェールズ213、スコットランド50、アイルランド47の自治体が資金提供を受けており、380館もの独立した建物が彼の名に結びついていた。

4.2　サービス活動の展開

　「図書館運動の使徒」として知られるグリーンウッドは、1870年代にイギリス全土を渡り歩き、訪ねた旅先で初期の公共図書館を見てまわった。その経験をもとに執筆した『公共図書館』(*Public Libraries*)(初版, 1886年)で彼は当時の公共図書館について次のように書いていた。「(公共の)無料図書館は……いかなる本でも手にいれることができる」「妻たちや子どもたちが本を求めてやってきて……リクエストする姿をしばしば見かける」。公共図書館という機関が市民に徐々に浸透していった様相をここから読み取ることができよう。とはいえ、最悪の例もあった。例えば、1890年にグリーンウッドはダービー公共図書館についてこう書いていた。「半数の部屋は永続的な暗闇の状態のなかにあり、読者がフクロウやコウモリに夜の愛着を感じるのでなければ、とうてい解読が不可能である」。

　こうした状況が変わっていったのは1890年代に入ってからであり、若手の図書館長たちの「実験」が公共図書館活動に変化をもたらしたためであった。そ

の先鞭をつけたのはジェームズ・ダフ・ブラウン（J. D. Brown）で1894年のクラーケンウェル公共図書館での開架制の導入に端を発していた。利用者が直接書架から本を取り出すことを可能とする開架制は当初反対も多かったが、次第に浸透していった。1907年にアバディーンの図書館長は開架制について次のように報告している。「いったん開架制を採用すると、以前のやり方に戻っていく図書館はほとんどなかった」。

　ブラウンの図書館サービスを重視する思想を受け継いだ一人に、クロイドンで図書館長となったルイス・スタンリー・ジャスト（L. S. Jast）がいた。ジャストは1887年にハリファックス公共図書館で図書館員としての訓練を受け、1898年にロンドン郊外クロイドンの図書館長となると、彼のアイデアと精力的な活動が始まった。レファレンス業務を強化し、地域の学校と連携、展示会や後援会を増やして図書館の名を知らせた。1915年にマンチェスターの図書館に副館長として着任し、1920年からはそこの館長となって1931年まで務めた。建設計画に関わった新たな中央図書館は画期的な記念碑となる。1919年に商業図書館を開設、1931年には移動図書館を郊外の住宅地に巡回させた。さらにジャストは、アーネスト・サヴィジ（E. Savege）、ウィリアム・セイヤーズ（W. C. B. Sayers）[4]、ライオネル・マッコルヴィン（L. R. McColvin）といった次世代の図書館員を育てた。彼らがその後に館長となってそれぞれの図書館で実施した活動は、開架制はもとより、女性職員の積極的な採用、児童室の開設、専門領域の資料の展開、分類体系の開発などであった。なお、セイヤーズはクロイドンで図書館長として、さまざまな図書館活動を実践する（図8.2）とともにロンドン大学図書館学校で32年間分類法を講義しており、ランガナータン（S. R. Ranganathan）はそこで彼から分類理論を学んでいる。

　ブラウンを始祖とするこれら若き図書館員たちには、先進的な実験に取り組むための覇気と精神力とがあった。彼らに共通していたのは、若いころから図書館の実務を担当し、図書館長に任命されていたこと、ブラウンを中心にロン

---

[4] セイヤーズ、サヴィジの詳細は次の文献を参考にすること。藤野幸雄・藤野寛之（2007）『図書館を育てた人々：イギリス篇』日本図書館協会.

第Ⅰ部　世界編

図8.2　現在のクロイドン中央図書館
(出所) 筆者撮影。

ドンで議論の場を持ちやすかったこと、雑誌記事や論文などの執筆に抵抗を感じなかったことである。彼らは、ブラウンが創始した雑誌『図書館世界』(Library World) の常連執筆者となり、そこで展開された「匿名会」のメンバーでもあった。これは匿名で図書館に関する意見をお互いに公表し合う試みであって、現代のソーシャル・ネットワーキング・サービスのやり取りに通じるものである。このように公共図書館の新たな時代を彼らは切り拓こうとしていた。

4.3　図書館協会の成立

　公共図書館におけるサービス活動の展開を支えた要素として、図書館協会の存在を無視するわけにはいかない。1876年10月にアメリカのフィラデルフィアで開催された図書館員の大会を知ったロンドン研究院の図書館長エドワード・ニコルソン (E. W. Nicholson) は、イギリスでも同様な大会が必要であると感じ、『タイムズ』紙に投稿してロンドンの図書館員たちにその開催を呼びかける。翌年4月にロンドン図書館で開かれた会合で図書館員大会の開催が決められた。大会は1877年10月初旬に実施、図書館協会がその場で成立した。この大会に出席した図書館員総計218名には、イギリス、アメリカだけではなく、ヨーロッパ諸国からの参加者もいた。初代の会長に選出されたのは大英博物館館長ジョン・ウィンター・ジョーンズ (J. W. Jones) であった。ジョーンズの後、大英博

第8章 イギリスにおけるコミュニティ・ライブラリアンシップの展開

物館刊本部長リチャード・ガーネット（R. Garnett）という実務に秀でた図書館員の任命はあったものの、公共図書館の館長が本格的に協会長に選出されるようになったのは1930年代以降であって1930年にジャスト、次いで、1936年にサヴィジ、1938年にセイヤーズが選ばれた。

図書館協会は図書館員を結集することに成功した。通常の会合、および、ロンドン、その他イギリスの大都市で開催された年次大会では自由な討議が地方の図書館水準を高めるのに役立った。図書館協会はその後、情報学を志向する「ISI」（Information Scientists' Institute）と2002年に合併し「CILIP」（Chartered Institute of Library and Information Professionals）（図8.3）となった。

図8.3　CILIP
（出所）筆者撮影。

5　各種委員会報告の影響

　公共図書館が各地に定着してくるようになると、その機能やサービスの改善のため、報告書による提言がされるようになる。報告書では委員会が現状調査と将来に向けた勧告を行うのが一般的であり、そのために政府や関連機関がその実施を専門家に委嘱する場合がほとんどであった。委員会の報告はその議長を務める人物の名前で呼ばれることが多い。イギリスではこのような報告書の提言によって、図書館の方向が決まることがある。20世紀には最終的に全国シ

第Ⅰ部　世界編

図8.4 ブリティッシュ・ライブラリー
（出所）筆者撮影。

ステムの頂点となるブリティッシュ・ライブラリー（図8.4）の実現へと帰結した重要な報告書が何度にもわたり刊行されており、これが図書館の改革を推進する原動力となった。

5.1 『アダムズ報告』から『マッコルヴィン報告』へ

　カーネギー英国財団は、1914年にオックスフォード大学のウィリアム・アダムズ（W. G. S. Adams）に公共図書館の現況調査を依頼した。1915年に提出された『アダムズ報告』は、図書館配備の状況を分析し、いくつかの勧告を行っていた。まずカーネギーによる寄付がイギリスの公共図書館の活性化につながっている点を指摘し、この方針がさらに続けられることを期待した。次いで、彼は大都市と中小都市での図書館の配備がまずまずであるのに対して、農村地域の図書館の配備が進んでいないことを詳細な統計とともに分析した。人口5万人以上の都市のうちでは3都市のみ、人口3万人の222都市のうち19都市だけがまだ図書館がないのに対して、全人口の79%を占める農村地区ではわずか2.5%が図書館の恩恵にあずかるだけであった。さらに、都市の図書館といえ

第8章　イギリスにおけるコミュニティ・ライブラリアンシップの展開

ども、潤沢な資金を資料費に充てているところは多くなかった。これを受けて、アダムズは農村地域の自治体に法案提出の権限を与えること、および、何らかの「中央図書館機構」から資料を配付するシステムを講ずる必要があることを指摘した。この提言を受け、1916年に「中央図書館機構」としての学生中央図書館が設立された。数を増やしつつあるイギリス全土にわたる公共図書館向けの資料を中央組織が支えるという構想はこうして実現した。

　1924年10月、教育院長官は「公共図書館法のもとで成立している図書館施設が妥当かどうかを、この法の範囲内、および、国の教育システム全体に関連づけて調査するため」大英博物館館長フレデリック・ケニヨン（F. G. Kenyon）を議長とする委員会を任命した。39日にわたって会合を開き、52名の証言を取った『ケニヨン報告』は、200ページを超える本文および100ページを上回る統計資料のついた包括的なもので、1927年3月に教育院長官に提出された。報告書では、公共図書館の活動を検討し、そこでの相互協力体制を前進させる画期的な勧告が述べられていた。すなわち、地域の図書館は相互に利用できる体制を整え、蔵書も利用できるようにし、その上で『アダムズ報告』の勧告によって創設された学生中央図書館を国全体の中央図書館にすべきであるとの提言であった。学生中央図書館はその役割を担う国立中央図書館として1931年に再編成されると、この機関は以後、ブリティッシュ・ライブラリーが成立するまでイギリスにおける公共図書館の中央館としてのクリアリング・ハウスの役割を担った。そこでは、全国の図書館に貸出すための図書の中央ストックを構築するとともに、地域ごとに図書館局を組織し、そこで「総合目録」を編纂させる仕事に取り組んだ。すなわち、この機関を中心に、公共図書館の全国的なネットワークが実現したのであった。

　国立中央図書館と地域図書館局の連携による公共図書館の協力システムは1930年代にはほぼ実現し、カーネギー英国財団の報告でもその意義が強調されていた。しかし、地域ごとの図書館局の活動には差があり、その実態を調査する必要が指摘されていた。図書館協会は1941年、協会の名誉書記でありロンドンのウェストミンスター地区図書館の館長マッコルヴィンにこの調査を依頼し

た。戦時期であったが、マッコルヴィンは単独で全国の図書館を訪問、報告書を1942年に協会に提出した。『マッコルヴィン報告』では、各地域の図書館局の活動が場所によって格差があり、統一の基準が必要であること、総合目録の無駄な重複は避けること、地域内の大学やカレッジの図書館も協力体制に組み入れる必要性があることを指摘した。結論として報告書は3つの方向を示した。単一の全国システムを模索すること、地方組織は再編成に取り組むべきこと、図書館員の教育を重視すべきことであった。その上で、図書館協会は前者2つのための委員会と、教育改善のための委員会を設置すべきであると勧告した。特にその最初の指摘は、その後のイギリスにおける図書館政策の基調となった点で重要であった。

5.2 「公共図書館・博物館法」成立へ

第二次世界大戦による被害から、国立中央図書館と地域図書館局の連携による公共図書館の全国システムは打撃を受けていた。特に遅れが目立ったのはイギリス全土を網羅する「総合目録」の編纂で、各地域の総合目録の内容もばらばらであった。この状況を重視した国立中央図書館は、1949年に専門調査委員会を設置した。専門調査委員会は、まず実態の把握が急務として、マッコルヴィンの補佐を務めていたウェストミンスター地区図書館の副館長ロバート・ヴォランズ（R. F. Vollans）に調査報告を依頼した。彼はこの調査のために各地域の図書館局を調べ回り、詳細なデータをつくりあげた。1951年に『ヴォランズ報告』は提出された。報告書の結論として、彼はこの協力体制の枠組みを評価して、その継続を訴えた上で、予算措置の不備からくるこのシステムのいくつかの欠点を指摘した。この提言を受け、打ち出された改善策は、まず総合目録については、ヨークシャー地域の図書館局に対して編纂を急がせ、ノースウェスト地域の図書館局にはデータを網羅するよう勧告した。こうした改革の取り組みにより、中央と地方の連携による公共図書館への貸出システムは制度的に完成したが、スプートニク・ショックの影響を受け、1950年代後半には別の政府機関もドナルド・アーカート（D. J. Urquhart）の発案となる科学技術関

第8章　イギリスにおけるコミュニティ・ライブラリアンシップの展開

連文献の国による貸出機構の設立を企画していた。この貸出機構の実現と成功が国立図書館ブリティッシュ・ライブラリー成立の動きにつながっていく[5]。

シドニー・ロバーツ（S. C. Roberts）を議長とする委員会が文部省により任命されたのは1957年9月であった。公共図書館サービスの組織体制を検討し、必要な場合、どのような改革を行うべきか進言するための委員会であった。マッコルヴィンも加わった委員会は1959年に報告書を提出した。委員会の調査は図書館の実態を取りあげたものであった。これによると場所による格差が大きく、特にウェールズは図書館サービスの水準が低かった。こうしたデータをもとに、委員会は図書館組織の標準化、一定水準までの予算の増加、職員給与の見直しを進言し、さらに、文部大臣がその責任者として全国的な図書館サービスの監督に取り組むよう勧告した。このようにして公共図書館サービスの標準化への本格的な取り組みが始まった。『ロバーツ報告』は頒布され、図書館協会や各地の図書館組織により検討されたが、そこでは、予算措置などの点において大都市の図書館に目が向けられていた。もっと中小図書館に配慮すべきであり、蔵書も資料の種別により検討すべきであるといった意見が提出された。これを受け、文部省は公共図書館の基準と図書館協力体制のあり方について検討するための2つの委員会を1961年に設置した。報告書はいずれも翌1962年に刊行されている。

「イングランドおよびウェールズにおける公共図書館サービスの基準」と題する報告書を提出した委員会は文部省のブーディロン（H. T. Bourdillon）を議長とした省内委員会で、当該報告書は各地の公共図書館に配付した調査票の回答を分析したものであった。調査報告は図書購入冊数などの現状の調査と望ましい数値を示していた。

5）ブリティッシュ・ライブラリー成立の詳細は次の文献を参考にすること。藤野寛之［2007］「国立科学技術貸出図書館（NLLST）の設立と1960-1970年代イギリス図書館政策にたいする影響」*Journal of Library and Information Science*, 20, pp.27-47；藤野寛之［2008］「『デイントン報告』とブリティッシュ・ライブラリーの成立」*Journal of Library and Information Science*, 21, pp.57-66；藤野寛之［2012］「ブリティッシュ・ライブラリー創設の背景：20世紀におけるイギリス国立図書館の変遷と機能の再検討」『阪南論集 人文・自然科学編』第48巻1号, pp.1-10.

もう一つの報告書は、公共図書館の協力体制の構築を検討すべく文部省が任命したもので、ベイカー（E. B. H. Baker）が議長となり、国立中央図書館の館長その他が委員となっていた。報告書は、国立中央図書館と各地域の図書館局の連携による協力システムを再度検討し、それぞれの実態を把握した上で、32項目にわたる勧告を提示した。その要点は、地域図書館局を再編成した上で法的な基盤の上に活動させること、国立中央図書館・地域図書館局が取り組んでいる総合目録の完成のため、予算措置を強化することなどであった。

これらの動きが現行の「公共図書館・博物館法」（Public Libraries and Museums Act）の制定につながる。文部大臣に公共図書館サービスの監督とその改善を促進する義務を課したこの法律は1964年に成立し、それまでの「公共図書館法」に代わるものとなった。さらに、いずれの報告書においても力説されていたイギリス全土にわたる図書館協力体制の実現であるが、その頂点となる図書館として1973年ブリティッシュ・ライブラリーの成立へとつながった。

6 事例研究

ここで事例研究としてイギリスの地方都市を代表してニューカッスル・アポン・タインにおける公共図書館の展開と、児童図書館を育てた図書館員アイリーン・コルウェル（E. Colwell）の生涯を取りあげる。イギリス公共図書館史を大局的な視点から理解するだけではなく、このような局所的な視点からも理解することにより、全体の理解の幅がさらに拡がるであろう。

6.1　ニューカッスル・アポン・タイン

19世紀のうちに産業都市として発達したニューカッスル・アポン・タインは、交易の中心地でもあった。人口は1841年の7万504人から1921年には27万4900人にふくれあがっており、重工業・軽工業が労働者を惹き付けていた。しかし、急発展を遂げた労働者の町で、図書館がすぐに発達したわけではない。中産階級と資産家が多いわけではなく、税金で支える図書館の実現は遅れた。1824年

第 8 章　イギリスにおけるコミュニティ・ライブラリアンシップの展開

図8.5　現在のニューカッスル市立図書館
(出所) 筆者撮影。

にできた職工講習所の図書室が庶民の利用の場であり、1840年には会員数が750名で、蔵書数は1万6000冊であった。鉄道が開通するとこの都市はさらに人口が増え、職工講習所の図書室に新聞閲覧室ができた。1850年の「公共図書館法」をもとにした図書館の実現はすぐには進まなかった。ニューカッスルが職工講習所を買い取って、図書館法による公共図書館をつくったのは、1879年であった。しかし、その後の発展は目覚ましく、参考図書館は建物を確保し、そこには地方史コレクションもでき、1888年には商業部門が実現した。1904年には図書館大会がこの地で開催され、1931年にはニューカッスルが地域図書館局の活動拠点となった。1940年には6つの分館を擁し、貸出冊数は100万冊に達した (図8.5)。大学も出現し、ダラム・カレッジは1926年、キングス・カレッジは1937年に開設された。

　1950年代と1960年代はニューカッスルにとって変化の時期であった。隣接の2つの地区を行政改革によって併合したが、新たなタイン・アンド・ウィア大都市行政区は財政が厳しくなった。1980年代には公共図書館は、開館時間も図書購入費も減らさざるをえなくなっていた。1990年代、国の経済不況は地方に

165

までおよび、ある年には小説の購入すら制限せざるをえなかった。図書館は利用の乏しい蔵書を除籍して売りに出した。これに対し、活況を呈したのは第二次世界大戦後に急速に拡大された技術系の大学図書館で、地区内の高等教育機関を糾合したニューカッスル大学は、20世紀末には学生数1万2000人を超える大学に成長した。1969年には新たな技術系機関としてニューカッスル・ポリテクニックが誕生し、大規模な図書館を建設、その後ノーサンブリア大学と名称を変えた。ここも20世紀末には学生数1万4000人を超える大学に成長している。ニューカッスル・アポン・タインは、歴史的にも文化的にもイギリスの典型的な都市ではないが、ここでの図書館の発展は一つの典型と言ってよい。

6.2 児童図書館員アイリーン・コルウェル

　コルウェルは1904年6月にヨークシャー州で生まれた。一家は牧師であった父の任地にともない移動せねばならなかった。教区を巡回し各地域の訪問で子どもの世界を知った彼女は、子どもと本の世界に入ろうと決めたが、当時そのような場はほとんどなかった。父の助言の結果、新設のロンドン大学図書館学校がその目的にかなっていると思い、ヨークシャー州の奨学金に応募しそれを獲得、彼女は1921年に図書館学校に入学した。そこでセイヤーズと出会い、児童図書館で働くことについて、相談に乗ってもらっている。1924年20歳になったコルウェルは、ランカシャー州の工業都市ボルトンの公共図書館で勤めることになる。そこで2年間勤務した後、ロンドンのヘンドン図書館の臨時職に応募し合格した。ヘンドン図書館の職は児童図書センターの開設に関わるものであった。1926年9月にヘンドンで児童図書センターの開設準備に着手したコルウェルは、勤務時間外も働き、翌年1月には地区内各所に開かれた児童図書コレクションの開設にこぎつけた。最初の1年で貸出冊数は2万5000冊、2年目にその数は6万5000冊となった。その功績が認められ、新たに建設されたヘンドン図書館児童室の初代児童図書館員となる。

　第二次世界大戦時には、ヘンドンにも爆弾が投下され、市民は防空壕に避難せねばならなくなった。古典と挿絵を重視する彼女の選書方針は図書館界で歓

迎され、大戦時にも欠かさず行っていたストーリーテリングの評判も高かった。1955年に発足したイギリスの絵本を対象とするケイト・グリーナウェイ賞はコルウェルが選考委員の一人となっていた。

1950年代から1960年代にかけ、彼女は国際的な場でも活躍する。1956年にはアメリカのストーリーテリング・フェスティバルに招待され、1957年には国際アンデルセン賞の選考委員を委嘱される。1961年にはカナダのトロント図書館「少年少女の家」で開かれた国際ストーリーテリング・フェスティバルに、1976年には日本にも招待されている。彼女は執筆活動にも積極的に取り組んだ。『子どもと本の世界に生きて』は、ヘンドンでの図書館創設の苦心が語られており、石井桃子によって翻訳され、日本でも好評を博した。1965年 MBE（大英帝国五等勲爵士）を授けられ、エリザベス女王から勲章を受けた彼女は、1967年ヘンドン図書館の職を退き、ラフバラ大学に赴任した。1975年にラフバラ大学は彼女に名誉博士の称号を与えた。さらに児童図書館活動に寄与したとの理由で、エレノア・ファージョン賞を1994年に授けられた。コルウェルは2002年に亡くなったが、彼女の生涯はまさに「子どもと本の世界に生きた」一生であった。

参考文献

Black, A.（1996）*A New History of the English Public Library*, Leicester University Press（藤野寛之訳『新・イギリス公共図書館史』日外アソシエーツ，2011）．

Colwell, E.（1956）*How I Became a Librarian*, T. Nelson（石井桃子訳『子どもと本の世界に生きて』日本図書館協会，1974）．

Colwell, E.（2000）*Once Upon a Time...*, Pennine Pens.

Day, J. C.（2006）"The library scene in an English city: Newcastle upon Tyne libraries 1850-2000," *The Cambridge History of Libraries in Britain and Ireland*, 3, pp.206-215.

Kelly, T.（1977）*Books for the People*, A. Deutsch（原田勝・常盤繁訳『イギリスの公共図書館』東京大学出版会，1983）．

Munford, W. A.（1951）*Penny Rate*, Library Association（藤野寛之訳『ペニー・レイト』金沢文圃閣，2007）．

Munford, W. A.（1963）*Edward Edwards*, Library Association（藤野寛之訳『エドワー

ド・エドワーズ』金沢文圃閣, 2008).
Wells, J. (1991) *A Discursive History of the London Library*（高島みき訳『ロンドン図書館物語』図書出版社, 1993).
小林章夫（2000）『コーヒー・ハウス』講談社.
清水一嘉（1994）『イギリスの貸本文化』図書出版社.
寺田光孝編（1999）『図書及び図書館史』樹村房.
藤野寛之［2008］「市民読書の形成：イギリス」『人間文化』第11巻, pp.65-88.
藤野寛之［2016］「公共図書館活動の開拓者ジェームズ・ダフ・ブラウン」『阪南論集 人文・自然科学編』第51巻2号, pp.1-13.
藤野幸雄（2006）『世界の図書館百科』日外アソシエーツ.

〈その他〉人物の経歴や業績については，2004年に刊行された *Oxford Dictionary of National Biography* の該当項目も参考にした。

第Ⅱ部　国内編

第9章　古代から中世の日本の図書館

1　古代の図書館

1.1　漢字と図書の伝来

　日本には独自の文字が存在しておらず、『隋書』倭国伝によれば日本には「文字なし、ただ木を刻み縄を結ぶのみ」という状態であったと記されている[1]。「木を刻み縄を結ぶ」とは、文字が発明される以前、縄を結んで記録に用いた結縄のことを指している。これは漢字がもたらされる前の日本で、どのような手段で記録されていたのかをうかがう数少ない史料である。

　漢字が伝来したのは、『日本書紀』によると第15代応神天皇の時代に、朝鮮半島の国家の一つである百済から『論語』と『千字文』がもたらされたのが最初だと記されている[2]。

　応神天皇は実在した天皇で、およそ4世紀末期から5世紀はじめの人物と考えられている。埼玉県行田市の稲荷山古墳から出土した「金錯銘鉄剣」には漢字が刻まれており、471年と推定されている。5世紀の終わりごろに漢字は日本に定着して使用されていたのである。

　漢字伝来よりおよそ1世紀後に、仏教が伝来した。『日本書紀』では552年、聖徳太子の伝記である『上宮聖徳法王帝説』では538年となっているが、今日では後者が有力である。公式の仏教伝来はこのとおりであるが、それ以前から大陸から渡ってきた渡来人が数多く日本に帰化していた。渡来人は仏典や仏

---

1) 石原道博編訳（1985）『新訂　魏志倭人伝・後漢書倭伝・宋書倭国伝・隋書倭国伝』岩波文庫，p.70.
2) 『千字文』とは、中国南朝・梁の時代に武帝の命によって、王子に漢字を覚えさせるための教材として周興嗣（470？～521）が撰したもの。千の異なる漢字が使われているという。

像を日本に持ち込み、私的に仏教を信仰していたので、公式に伝わる前から仏教は広まっていた可能性がある。

仏教伝来は日本に大量の仏典をもたらすが、仏典はいうまでもなく図書であるので、日本国内の蔵書数が飛躍的に増加することになった。

1.2 聖徳太子の図書館

仏教が伝来してからおびただしい書籍が日本に輸入されたが、仏教の受容は順調に進んだわけではない。仏教排斥派の物部守屋と受容派の蘇我馬子の対立を生み、587年にはついに武力衝突にまで発展してしまう（丁未の乱）。

この戦争には仏教を厚く信仰していた13歳の聖徳太子（厩戸皇子）も参戦しており、劣勢だった蘇我軍を鼓舞して守屋を討ち取ることに成功した。

戦後、太子は馬子と共に政治の実権を握りさまざまな改革を実施しているが、そのひとつに憲法十七条の制定がある。

憲法十七条の内容は、儒教・仏教・陰陽道などからの影響が窺え、例えば儒教では『詩経』『尚書』『礼記』『孝経』『論語』『孟子』『管子』などが参考にされた。

太子は歴史書も編纂している。620年に『天皇記』『国記』『臣連伴造国造百八十部并公民等本記』を完成させている。『天皇記』は歴代天皇の系譜で、『国記』は歴史書、『臣連伴造国造百八十部并公民等本記』は朝廷に仕えた諸豪族のことが書かれていたと推測されている。これらは645年の蘇我氏滅亡の際に焼けてしまったとされており、いずれも現存していない。

また、太子は自ら経典の学問研究も行っている。『法華経』『勝鬘経』『維摩経』の注釈書『三経義疏』を著したが、『法華義疏』は太子の真筆と伝わる本が現存している。『勝鬘経義疏』には、仏教書の他に『春秋』『論語』『尚書』など儒教の書物も引用されており、太子が多くの書物を参考にして執筆したことがうかがえる。

仏典の研究や憲法十七条の編纂には、中国から輸入した大量の仏教や儒教関係の書物が必要とされ、また『天皇記』や『国記』などの編纂にも語り部から

聞き取って記録した文書が存在していたと推測される。

太子は多くの寺院を建立した。法隆寺金堂の背後には講堂が設置され仏教研究の場となっていた。四天王寺には学寮である敬田院が設けられ、仏教研究が盛んに行われていた。

丁未の乱で蘇我氏が勝利したことによる本格的な仏教の導入と、聖徳太子主導による憲法十七条や歴史書編纂などの事業で、日本に大量な図書がもたらされることになったと推測される。

これらは「図書」とはいえもちろん紙媒体のものではなく、木や竹を短冊形に削って紐で結んで巻物状にした木簡や竹簡である。それらの木簡・竹簡を研究や歴史書編纂に活用するためには、必要に応じてすぐ取り出せるようにしなければならず、当然ながらそれらを蒐集・整理・保管した場所が必要となる。

このような背景のもとに、図書館が誕生したと考えられる。

残念ながら聖徳太子の時代に図書館の存在をうかがわせる明確な史料はないが、状況から考えれば可能性はかなり高いと思われる。

1.3 経蔵・写経所

仏教が広まると多くの経典が日本に輸入された。当時は印刷術などないので、すべて手作業で書き写して広まっていった。一説には9000巻あまりもの経典が、寺院だけではなく朝廷や貴族も所有していたといわれている。

これほどの経典があると、寺院にはそれらを保管するための施設が必要になってくる。それが「経蔵」である。

経蔵は法隆寺のものが最も古く、708（和銅元）年の頃にはすでに存在しており、同じく聖徳太子が建立した四天王寺にも経蔵があったことが確認されている。

奈良時代に入ると、興福寺や東大寺などの大寺院には、経蔵が附設されていることは常態化していた。

東大寺の経蔵は複数あり、本坊経蔵、聖語蔵、勧学院経蔵などが存在し、これらにはみな仏書が収められていた。

図9.1 光明皇后の蔵書印「積善藤家」
(出所) 国立国会図書館「蔵書印の世界」(http://www.ndl.go.jp/zoshoin/zousyo/inei/inei02.html, アクセス 2019.3.17)

聖語蔵所蔵書の中には「積善藤家」(図9.1)の蔵書印が捺されているものがある。これは光明皇后のもので、蔵書印としては日本最古のものだといわれている。

奈良時代には写経が活発に行われ、光明皇后も聖武天皇とともに写経を精力的に行っていたことが史料に記されているが、主に写経を行う施設は「写経所」と呼ばれていた。

写経所は仏書だけではなく、利用者の依頼に応じて外典(仏書以外の一般書)の書写も行われていた。例えば「足万呂」という人物が、自身が所有している『文選』という漢籍を書写してもらった記録が残されている。『文選』とは、中国南朝・梁(502-557)の昭明太子が編纂した中国古典文学の一大集成で、日本では既に奈良時代から貴族の教養書として広く知られていた。

また写経所では書写用の経典の借り受けのために、所蔵調査も行っていた。各地の寺院がどのような経典を所蔵しているのか的確に把握していたのである[3]。

例えば奈良の正倉院に収められている「正倉院文書」には、経典の原本調査の結果が残されている。東大寺の僧侶・智憬が編纂した「応写疏本勘定目録」である。智憬は寺院だけではなく、時の右大臣藤原豊成の個人蔵書まで調べており、「応写疏本勘定目録」には50あまりの書名が記録されている。

写経所がこのような調査を行っているのは、良質な写本を作製するために原本はどこの誰が所蔵しているのか、把握する必要があったからである。右大臣という極めて高い官職にあった者でも調査対象になっていることは、日常的に所有する書物を相互に貸借し合うのが常態であったことをうかがわせる。

---

[3] 写経所の説明は小川徹 [1982]「いわゆるわが国最初の公開図書館・芸亭について」『法政大学文学部紀要』第28号, pp.83-108に拠った。

写経所は「経典の情報センター」としての役割を担っていたと考えられる。

1.4 図書寮

律令には、書籍などを管理する政府機関として図書寮（ずしょりょう）の規程がある。

図書寮は、律令によって規定された官僚機構である二官八省のうちの一つ、中務省（なかつかさしょう）の管轄である。

中務省とは天皇の補佐、詔勅の宣下や叙位任官など、朝廷のかなり重要な職務を担っていた。図書寮はその下部機関なので、政治を行う上で参考になる書籍や資料、今日でいえば公文書などの管理を行っていたと考えられる。当時の政治は「先例重視」であり、先例がないことは基本的に行わないという方針であった。その「先例」を調べるために過去の資料が必要になったのである。

図書寮の仕事としては、次の3点にまとめられる。

①内典（仏書）・外典（仏書以外の図書）、絵図類、屏風、障子、仏像などの管理

②紙・筆の製作と出納

③写経、書写、歴代天皇の記録である「天皇実録」の編纂

「天皇実録」をもとにして、『日本書紀』をはじめとする六国史が平安時代には編まれた。その際は図書寮の蔵書も大いに活用されたと思われる。

図書寮は誰が利用できたのであろうか。当初は親王や貴族も閲覧できたが、728（神亀5）年に聖武天皇が天皇以外の閲覧を禁止してしまい、以降は純然たる天皇専用の図書館となってしまった。

平安時代に入ってしばらくすると、律令体制は早くも行き詰ってしまう。また度重なる火災が図書寮を襲った。883（元慶7）年に火災が発生し、さらに平安中期の1027（万寿4）年に再び火事が起きて図書寮の所蔵物のほとんどが灰燼に帰してしまった。その20年後の1042（長久3）年にも火の手が図書寮を襲っている。

律令の機能不全と火災によって、徐々に図書寮の機能は別の施設に移譲されるようになってしまい形骸化が進んだ。

第Ⅱ部　国内編

1.5　貴族の蔵書ネットワーク

　書物の量が増えるにつれ、貴族の中には書物を私蔵して一大蔵書を構築する者も現れてきた。すでに奈良時代末期には、石 上 宅嗣（いそのかみのやかつぐ）が私設図書館「芸亭（うんてい）」を開いて、広く一般に蔵書を公開していた。しかし芸亭は平城京の衰退と共に、自然消滅したようである。

　平安期に入ると、芸亭のような公開型の私設図書館は現れなくなるが、摂関家を始めとする有力な貴族たちは多量の蔵書を私蔵していたので、貴族同士で書籍の貸借を頻繁に行っていたようである。

　平安末期から鎌倉初期にかけて活躍した九条兼実の日記『玉葉』には、書籍貸借の様子が記されている。その一端を見てみよう[4]。

　　（治承4年8月―引用者註）四日甲申。（中略）未の刻、大外記頼業来たり、帝王略論一部五巻を持ち来たる。借り召すに依りてなり。又先日加点のため、下し給ふ所の貞観政要、同じくこれを進らす。

　大外記（だいげき）の清原 頼業（きよはらのよりなり）が、『帝王略論』5巻を持ってきたとあるので、これは兼実が借りたものと思われる。未の刻とは午後1時から3時ごろのことを指している。『貞観政要』の方は、本文に訓点を打ってもらうために兼実が頼業に預けていたのを、その仕事を終えて返却された、という意味だ。

　『帝王略論』は中国・唐の時代の成立で、虞世南（ぐせいなん）の撰とされている。唐以前の歴代帝王の事蹟を略述して規範となるものは規範とし、戒めとすべきものは戒めとすることを目的に編纂された書物で、政治を行う者の教養として貴族には広く読まれたようである。

　清原頼業は、兼実が最も信頼を寄せた学者である。兼実は頼業を頻繁に自邸に呼び寄せて和漢の文談に興じ、その博覧強記ぶりを高く評価している。頼業の官位は低いものであったが、兼実はその壁を越えて重用していた。

　返却の記述も『玉葉』にはみられる[5]。

---

4) 高橋貞一（1989）『訓読玉葉』第4巻，高科書店，p.312.

（治承4年11月―引用者註）二十九日丁丑。(中略)申の刻大外記頼業来たる。(中略)先日借り進らする所の帝王略論五巻返し給ひ了んぬ。

申の刻とは午後3時から5時の間のことで、また頼業がやってきて兼実は『帝王略論』を返却したとある。返却期限は特になかったようだが、3か月程度借りていたことになる。

当時の書物の貸借期間は現代と比べて長期間にわたっていた。数か月というのは普通であった。写本作成のために最低でも1か月は必要とされたのである。

さて『帝王略論』であるが、同じく学者の藤原光盛を招いて読み合わせを行っている[6]。

（治承5年閏2月17日―引用者註）今日、光盛帝王略論を持ち来たる。先づ第一巻を読み合はす。

（治承5年3月14日―引用者註）光盛参上し、帝王略論第四巻を読み合はす。

兼実は学者である光盛と一緒に読み合せを行うことにより、自身が作製した写本の誤写を正していたのである。これを「校合（きょうごう）」と呼ぶ。

また兼実は、時の高倉天皇からも書籍を借りている。書籍貸借のネットワークは身分を越えて、天皇や皇族まで含むものであった。

蔵書家の貴族同士の、書籍を核としたネットワークは、「図書館」という明確な組織と建物をもったものではないが、その実態は今日の図書館の機能に近い働きをしていたと考えられる。

---

5) 前掲4), pp.336-337.
6) 高橋貞一（1989）『訓読玉葉』第5巻, 髙科書店, pp.38, 46.

2 中世の図書館

2.1 金沢文庫

　源頼朝が鎌倉に幕府を開き、豊臣秀吉が天下を取るまでを日本史では「中世」と呼ぶ。中世は武士が貴族に代わって、政治の実権を掌握した時代である。文庫は為政者が設置することが多かったので、中世は武士によって設立されたものが多くなる。

　鎌倉時代を代表する文庫といえば、金沢文庫（かねさわぶんこ）である。設立者は、鎌倉幕府執権北条氏の分家筋で、金沢流（かねさわりゅう）を称した実時が最有力であるが、実は明確な史料的根拠があるわけではない。江戸時代の書物奉行で蝦夷地探検でも活躍した近藤重蔵が提唱した説である。

　さて北条実時という人物であるが、得宗家（本家）の出身ではないので執権職には就かなかったが、学問に秀でた人物であったので、若くして幕府の要職を歴任した。その傍ら宋から貴重な書籍を取り寄せ、あるいは目当ての本があると借り出して写本製作を行っていた。

　とはいえ武士の地位はまだまだ低かったので、良質な本を所有している貴族層から本を借り受けるのは困難なことであった。そこで実時は、清原教隆や菅原家、冷泉為相（れいぜいためすけ）などの幕府に近い学者の協力も仰いで、書籍蒐集に努めた。

　苦労して借り受けた原本から写本が製作されるが、当時書物の形態として一般化していた冊子本ではなく、巻子本（かんすぼん）で作られた。巻子本とは「巻物」のことである。

　奈良・平安期は書籍といえば巻子本のほうが正式なものであり、冊子本は簡略的なものであるという印象が強かったが、さすがに実時の時代は冊子本が主流になりつつあった。あえて昔ながらの巻子本で製作させたところに、実時の書籍好きがうかがえるが、おそらくそればかりではなく新興の武家勢力としての気概を京都の貴族や僧侶に見せるためもあったと考えられる。

　なぜ実時は貴重書ばかりを蒐集したのであろうか。鎌倉幕府は3代執権北条

泰時によって武家法である御成敗式目が編纂されたが、これをうまく運用するためには、先行する律令や古代中国の法なども参考にする必要があった。そのために実時は広く文物を蒐集した[7]。金沢文庫は実時の私的な蔵書であるとはいえ、幕府を維持する上でかなり重要な意味を持っていた。

　金沢文庫の管理は称名寺という寺院が行っていたが、蔵書は仏書が多くを占めているわけではなかった。『論語』『春秋左氏伝』『群書治要』『礼記』などの漢籍と、『律令』『続日本紀』『続本朝文粋』『類聚三代格』『吾妻鏡』『源氏物語』などの和書も多くあり、あらゆる分野の図書が収蔵されていた。

　文庫の蔵書は一般にも貸出されており、例えば『北条九代記』には「読書講学望みある輩は、貴賤道俗立籠りて、学文を勤めたり」と書かれており、身分の上下や僧侶等にも関係なく貸出されていたことがうかがわれる[8]。いくつか例を提示してみよう。

　最後の金沢流当主である金沢貞顕(かねさわさだあき)が、上洛中に自分の夫人に宛てて、『源氏物語』の最初の十帖を送るようにという手紙が残されている。次の手紙には、最初の十帖を返還するとともに、次の十帖を送ってくれと記されている。『源氏物語』は全部で五十四帖あるので、おそらくいっぺんに送ると大変なので少しずつ送れという意味なのであろう。上洛中の貞顕は「武州」という人物の求めに応じて、『源氏物語』を取り寄せていたようだが、「武州」なる者は不詳である。金沢文庫には、『源氏物語』の有名な写本として、『尾州家本源氏物語』が所蔵されていたので、それではないかと思われる。

　同じ執権北条氏の一族で、歌人の大仏時通(おさらぎときみち)は、『論語』宋版『列子』『風土記』『千字文』などを借りている。

　武家の女性も金沢文庫を利用していたようだ。「枕草子たまはり候はんずらんうれしく候」などと史料に記されている。女性たちは平安時代に盛んに書かれた物語類を中心に借りていたようで、史料からは『枕草子』が読める嬉しさが伝わって来る。政治の中心が鎌倉に移って久しい時期とはいえ、まだまだ文

---

7) 川瀬一馬（1999）『日本における書籍蒐蔵の歴史』ぺりかん社，p.24.
8) 小野則秋（1979）『日本文庫史研究（上巻）（改訂新版）』臨川書店，pp.602-608.

化面では京都に遠く及ばなかった。『枕草子』を入手することも武家の女性とはいえ難しかったのであろう。

また鎌倉幕府滅亡直後の1334（建武元）年には、称名寺の学僧も文庫の蔵書を借りていたことが判明している。

幕府滅亡後は保護者である金沢氏がいなくなってしまったので、称名寺のみの

図9.2　神奈川県立金沢文庫
（出所）神奈川県立金沢文庫所蔵（https://www.planet.pref.kanagawa.jp/city/Kanazawa.htm　アクセス 2019.3.17）

管理となったが、やがて戦国時代を迎えると管理がかなり杜撰になってしまった。文庫の蔵書に目を付けた戦国大名が、貴重書を接収してしまうことも多くなってきた。

小田原の戦国大名北条氏政は、『文選』を金沢文庫から接収して下野国（栃木県）の足利学校に寄贈してしまう。関白豊臣秀吉の後を継いだ秀次も金沢文庫の蔵書を多く強奪している。江戸幕府を開いた徳川家康は、秀次から蔵書を取り戻して金沢文庫に戻しているが、一部は自身の蔵書に加えてしまい江戸城内の富士見亭文庫に収めてしまったという話もある。

残された蔵書は仏書が中心になってしまったが、江戸時代には幕府の保護が受けられたのでようやく安定した。しかしかつてのように蔵書が活用されることは少なくなってしまった。

現在は神奈川県立金沢文庫（かなざわぶんこ）（図9.2）として、一般利用者に公開されている。

2.2　足利学校

中世を代表する文庫といえば、金沢文庫と足利学校である。

足利学校は下野国足利荘五箇郷村（栃木県足利市）に存在した学校で、今日

で言えば大学レベルの高等教育機関に相当する。室町中期に、幕府の出先機関である鎌倉府の次官に相当する関東管領・上杉憲実によって再興された。

　特に戦国時代に大いに発展し、学生数は最盛期で3000人にも達したといわれている。遠く琉球出身の学生も在学していたという。イエズス会宣教師フランシスコ・ザビエルも、上司に充てた書簡で足利学校にふれている。

　足利学校は、基本的に自学自習で、儒学・兵学・易学が教授され、観念的な学問ではなく実学中心の内容であった。戦国大名は出陣の前に吉凶を軍師（軍配師）に占わせていたが、足利学校の卒業生はおもにそういった仕事に就いていたようである。

　設立者と開学した年は正確にはわかっておらず、奈良時代の下野国学、平安時代の小野篁（おののたかむら）、平安末期の足利義兼、極端な説としては中興の祖とされている憲実自身が実は設立者ではないのかというものまである。最後の説は憲実以前にも学校があった史料が断片的に残っているので成り立たない。学校の設立者と年代は不詳としかいいようがない。

　さて開学の経緯は不詳であるが、憲実が再興した年は判明している。憲実は1432（永享4）年に足利を領地とし、1439（同11）年には数々の貴重な書籍を足利学校に寄贈している。

　憲実が寄贈した本とは、『礼記正義』『春秋左氏伝註疏』『毛詩註疏』『尚書正義』であり、さらに嫡子憲忠が『周易註疏』を憲実の遺命により寄贈している。これらの本は五経に註・疏を付けたもので、「五経註疏本」と呼ばれている。

　これら五経註疏本には、憲実は自ら識語を書き込んでいる。それには「此書学校の圏外に出るを許さず　憲実（花押）」と記されており、足利学校の蔵書は持ち出しを禁じていたことがわかる。

　学校の外に蔵書を持ち出すことは禁じられていたが、学内での閲覧は認められていた。憲実は五経註疏本閲覧のために、「野州足利学校置五経疏本条目」を制定している。その内容について、結城陸郎氏は次のようにまとめている[9]。

9）結城陸郎（1987）『足利学校の教育史的研究』第一法規出版，pp.59-60.

①収納・帯出を厳重にし、披見は収納舎屋内に一冊限りとすること
②書籍取扱者の交代に関しては、予定を定め、新旧相対して巻数の点検を行うこと
③借覧に当たっては鄭重を旨とし、書入、汚損のないようにすること
④曝書(ばくしょ)等によって朽損を避け、火難を避けること
⑤売却・入質・窬盗(ゆとう)には最大の罰を加えること

かなり厳重に管理されていたことがうかがえる。学内での閲覧も1冊のみであった。文庫の蔵書は一点もの限りの貴重書が多かったので、盗難亡失の観点からこのような厳しい閲覧規則となっていたのであろう。

肝心の蔵書数であるが、最盛期と言われている室町・戦国期の明確な数は実は史料が不足しているのでよく分かっていない。ただ金沢文庫と比べると少なかったようである。

戦国期は隆盛を極めた足利学校ではあったが、豊臣秀吉の天下が定まった1591（天正19）年に大事件が発生する。秀吉の後継者である豊臣秀次が、奥州の九戸政実(くのへまさざね)討伐の帰途、下野国宇都宮（栃木県宇都宮市）に立ち寄った際に、挨拶のために訪れた足利学校庠主（校長）の閑室元佶三要(かんしつげんきつさんよう)に突如上洛を命じた。事実上の「拉致」に等しい行為である。

秀次は三要だけではなく、足利学校所蔵の「孔子画像」、什器及び『五経註疏』『群書治要』『太平御覧』『史記抄』などの搬出も命じた。秀次による足利学校蔵書の事実上の「強奪」である[10]。

その様子を、宣教師ルイス・フロイスは「関白は暴虐にも彼ら（学僧たち）を自らの支配下に置こうとし」たと描写している[11]。

三要の上洛と大量の学校蔵書の移送について、秀次の背後に秀吉の意向があったのかについては不明である。秀吉はそれほど書物に対する関心がなかったようなので、おそらく秀次単独の行動ではないかと推測される。

---

10) 前掲9), p.140.
11) 松田毅一・川崎桃太訳（1978）『フロイス日本史5　五畿内篇Ⅲ』中央公論社, p.296.

その後、秀次は謀反の嫌疑を秀吉からかけられ切腹させられてしまうが、京都にいた三要は徳川家康に保護され、以降側近として重用される。

足利学校庠主は弟子の龍派禅珠寒松(りゅうは ぜんしゅ かんしょう)が後を継いで、事なきを得ていた。しかし秀次により蔵書の大半を奪われてしまったので、学校としては大き

図9.3　足利学校
（出所）https://www.city.ashikaga.tochigi.jp/site/ashikagagakko/shisekimap.html（アクセス 2019.3.17）

な打撃であった。後に家康は、秀次が強奪した蔵書を足利学校に返還している。

足利学校（図9.3）は江戸幕府によって保護されるが近世は衰微してしまい、以前ほどの名声はなくなってしまう。今日は足利学校遺蹟図書館として、蔵書は一般公開されている。

2.3　戦国大名の書籍蒐集

鎌倉幕府の執権北条氏や室町幕府の足利将軍家のように、中央政権の武家が文庫を設立・運営することが当初は多かったが、戦国時代に入ると中央政府は形骸化してしまう。

すっかり荒廃してしまった京都を後にして、貴族たちは地方の有力な大名を頼って下向していく。また各地に群雄割拠している戦国大名たちも、京都の雅な文化を教授してもらうために貴族たちを必要とし、積極的に受け入れたのである。その結果、中央の文化は地方に伝播していくことになる。

例えば周防国山口（山口県山口市）が本拠地の大内氏は、戦国期初頭に勢力を張っていたが、京都から逃れてきた貴族たちを保護して独自の「大内文化」を花開かせていた。

大内氏の特徴は、歴代当主が文化に高い関心を示していたことである。室町期の大内義弘に始まり、盛見、持盛・持世、教弘、政弘、義興、義隆まで継続されていた。

　大内氏の出自は一風変わっており、古代朝鮮の王国・百済王族の末裔であるという。その関係からか、大内氏は明や朝鮮と貿易を行って莫大な財を築くことに成功した。

　大内義弘は朝鮮との貿易で『大蔵経』を取り寄せている。『大蔵経』とは、簡単に言えば仏教経典の総称のことで、かなり貴重であった。経典は多数日本にも存在していたが、当時は印刷技術が未確立だったので、転写の際に誤って写してしまった経典も多々あった。誤りを正すためには、海外から正確な経典のテキストを輸入する必要があるのだが、誰もが実行に移せないでいた。多額の費用を必要としたからである。朝鮮と関係の深い義弘だからこそ、『大蔵経』（高麗版）を輸入することができたのである。

　また義弘は仏典ばかりではなく、連歌にも興味を寄せていた。当時の有名な歌人二条良基とも交流があり、『十問最秘抄』などの書物も贈られている。また国書や儒学関係書も多く蒐集していた。

　しかし義弘は3代将軍足利義満の挑発を受けて、1399（応永6）年に反乱を起こしてしまう（応永の乱）。翌年乱は幕府軍に鎮圧され、大内氏は一時勢力を衰退させてしまう。

　義弘敗死後は、弟の盛見が家督を継承することを許された。盛見もまた書籍蒐集に励み、『蔵乗法数』（1410年）、『理趣分』（1426年）、『法華経』（1428年）などを印刷して諸寺院に配布している。これが大内氏の出版事業「大内版」の嚆矢である。盛見の後の持盛・持世、教弘も書籍蒐集は止めず、彼らは特に歌集、草紙などの文芸書を好んだ。

　歴代当主が書籍好きで文化人だった大内氏だが、最盛期は教弘の次代の政弘と、さらにその孫の義隆である。

　政弘は三条西実隆や宗祇から和歌や連歌を学び、桂庵玄樹や京都の貴族たちを多く山口に呼び寄せた。

当時の書籍蒐集の目的は、もっぱら良質な本を見つけ、写本を作製するのが一般的であった。写本作製のためには、良質な写本がどこにあるのかその所在を突き止めなければならないが、政弘は貴族・寺院・大名などで構成された情報ネットワークから得ていたことが判明している。

特に貴族は写本探索には役立ったようだ。政弘は、良基の孫にあたる一条兼良という、蔵書家としても有名な貴族と親交を結んでいた。兼良は政弘に『源語秘訣』『花鳥余情』を贈っている。この2冊はいずれも兼良の著作で、『源氏物語』の注釈書である。

兼良の他にも、三条公敦、三条西実隆、姉小路基綱、飛鳥井雅康、能阿弥、道証など、貴族、能役者、僧侶と実に多彩な人物が写本を政弘に贈ったことが明らかになっている。

政弘ではなく孫の義隆の代になるが、1531（享禄4）年に大和国（奈良県）の国人・十市遠忠が、大内氏の文庫である山口殿中文庫所蔵の『李花集』（後醍醐天皇の皇子、宗良親王の和歌集）を書写し、写本を作製したことが分かっている[12]。大内氏の山口殿中文庫は、大和まで名声が届いていたのである。国人は大名と比べると身分的にはかなり下に位置するが、義隆は拒絶をしないで書籍を貸していることにも注意したい。

平安期の貴族は貴族同士で書籍貸借を相互に行っていたと前述したが、戦国期まで下ると、文化の担い手である武士が書物貸借のネットワークの中核となっていたことが大内の事例からうかがえる。

義隆は京都から多くの貴族を招き、山口を京都にも負けない一大文化都市にした。明や朝鮮から多くの書籍を輸入したので、文庫の蔵書は相当な量に達していたと思われる。また大内版も父・義興の代よりも力を入れ、より貴重な書物の出版を行った。

しかし義隆と歴代の大内家当主との最大の相違点は、義隆は政治や軍事にあまり興味を示さなかったことだ。京都に上洛して天下に号令をかけるほどの器

---

12) 和田秀作［2010］「大内氏の文書管理について：『殿中文庫』を中心に」『山口県文書館研究紀要』第37号，pp.69-83.

量はなかった。家中も奢侈に流れてしまい、譜代家臣の陶晴賢の謀反により、1551(天文20)年に滅亡してしまう。その際に大内氏の蔵書もすべて灰燼に帰してしまったのである。

　最後に山口殿中文庫の管理にふれておこう。文庫は山口の大内館にあり家臣が管理していた。和歌や連歌の懐紙、歌書などはもちろん、大内氏の氏寺・興隆寺で行われる祭礼の記録と、興隆寺に差し出した大内氏の文書の控えも収蔵されていた。このことから、図書館的な機能だけではなく、今日でいう公文書館のような役割もあったと推測される。

第10章　近世日本の図書館
――将軍・武士・民衆

1　将軍の図書館・紅葉山文庫

1.1　戦国時代の終焉と豊臣秀次・秀頼の書籍愛好

　室町幕府の全国統治が揺らいでくると、各地に戦国大名が群雄割拠する戦国時代に突入する。およそ1世紀にわたって日本各地で戦が断続的に起こるきわめて不安定な時代で、人びとの心も荒んでいった。

　戦国時代に終止符を打ったのは豊臣秀吉であるが、その天下は長くは続かなかった。2度にわたる朝鮮出兵や、秀吉の後継者をめぐる混乱から安定した長期政権を築けなかった。

　また秀吉は書籍にあまり興味がなかったようである。朝鮮出兵で貴重な書物を諸将が接収して日本に持ち帰ったが、秀吉がそれらを蒐集した、または出版を行ったとの記録は見当たらない。

　豊臣家で書籍に興味を持った人物は、秀吉の甥にあたる秀次と、秀吉嫡男の秀頼である。秀次は第9章で述べたように、足利学校庠主（校長）の閑室元佶三要を「拉致」同然で上洛させ、さらに学校の貴重な蔵書も持ち去ってしまったことから、書物には関心が高かったようである。

　秀頼は関ヶ原合戦後も大坂城に居住し続け、西国大名には一定の影響力をもっていた。秀頼は文化に高い関心を寄せており、書籍についても『帝鑑図説』を1606（慶長11）年に木活字で出版している。これを秀頼版と呼んでいる。

　『帝鑑図説』は明の張居正と呂調陽の著で、1572年の成立である。中国の伝説上の皇帝の堯・舜から宋の哲宗までの善例と、秦の始皇帝や隋の煬帝などの悪政の例が両方挙げられている。この本は皇帝が座右に置いて自らの治政の参

187

考にするためのもので、こういった書籍を愛読していた秀頼は単なる一大名ではないと自覚していた可能性が高い。ちなみに『帝鑑図説』は、徳川家康も愛読していた書物である。

1.2 徳川家康の出版事業

　徳川家康は1600（慶長5）年の関ヶ原合戦で勝利をおさめ、1603（同8）年には征夷大将軍に任じられ、江戸に幕府を開いた。その2年後の1605（慶長10）年には将軍職を嫡子の秀忠に譲り、徳川氏による将軍職世襲を天下へ明確に示した。大坂城には豊臣秀頼が依然として存在していたが、天下の大勢はこの時点で定まったといえる。1614（慶長19）年・1615（同20）年の大坂の陣で豊臣氏を滅ぼし、家康は天下統一を名実ともに完成させた（元和偃武）。

　この20年間は、家康にとって政務や合戦に忙殺された時期だといえるが、実は家康は並行してさまざまな文化事業を行っていた。

　家康は幼少のころより書物に関心を抱き、自身も時間を見つけては読書をしていたようである。戦国大名の読書の実態は、今日まで史料が伝わっていないので不明な点が多いが、家康は『六韜』『三略』や『論語』、和書では『延喜式』や『吾妻鑑』などを好んでいたようである。当時の武将は連歌に関心を寄せる者が多かったが家康は文学には興味を示さず、儒書、歴史書、兵法書、政治・法律書などを愛読したという[1]。

　また家康は出版事業も行っている。関ヶ原合戦の前年である1599（慶長4）年には、閑室元佶三要を伏見に招いて出版を行わせている。これは「伏見版」と呼ばれ木活字を使ったものであった。『六韜』『三略』『貞観政要』『吾妻鏡』などが版行されている。

　家康は豊臣氏を滅ぼした後も駿府で出版を行っており、こちらは「駿河版」と言われ銅活字で出版された。

---

1) 小和田哲男［2016］「戦国三大文化と家康」『武士と印刷』凸版印刷印刷博物館, pp.118-123.

1.3　駿河文庫と富士見亭文庫

　家康は文庫を2か所設置していた。一つは隠居所の駿府城内に置いた駿河文庫で、もう一か所は将軍の居城である江戸城内の富士見亭文庫である。

　駿河文庫はいつ頃開設されたのか詳しく判明しておらず、『徳川実紀』によれば1607（慶長12）年には既に存在していたことが確認できる。

　駿河文庫の所蔵書は、家康が長年にわたって蒐集したものである。戦乱によって書物の所蔵元が衰退してしまい書籍が失われるのを憂いた家康が、金沢文庫や足利学校、そして朝鮮出兵で日本に接収された書物を、駿河文庫の蔵書に加えていった。また家康は、皇族や貴族から良質な原本を借り出して写本を作製しており、写本は3部作られて朝廷、駿河文庫、富士見亭文庫にそれぞれ所蔵されたという。

　駿河文庫の蔵書は、実は家康の命令により何度か富士見亭文庫に移されており、家康没後は貴重書を中心に多くが移動された。

　富士見亭文庫は、1602（慶長7）年に家康によって開設された。江戸城本丸の南端にあった富士見の亭に設置されたので、そのような名称になったといわれている。ただ「富士見の亭」が江戸城内のどこにあったのか、正確には分かっていない。

　駿河文庫も富士見亭文庫も、家康や秀忠の個人蔵書を収蔵した文庫という性格が強いものであった。また管理も家康と個人的に交際がある学者（林羅山・永喜兄弟）や僧侶が担っており、江戸幕府職制に正式に位置づけられていたわけではない。

1.4　紅葉山への移転と書物奉行の創設

　江戸幕府の機構を整備したのは3代将軍徳川家光である。それまでの幕府職制は俗に「庄屋仕立て」と言われており、徳川氏が戦国大名であった三河時代のものを基本にしていた。全国政権として国政を担える体制ではなかったのである。

　富士見亭文庫も、将軍と個人的につながりの深い者の登用ではなく、専従の

第Ⅱ部　国内編

図10.1　紅葉山文庫
(出所) https://ja.wikipedia.org/wiki/%E7%B4%85%E8%91%89%E5%B1%B1%E6%96%87%E5%BA%AB (アクセス 2019.3.17)

職員を1633（寛永10）年12月に配置した。それが書物奉行である。

書物奉行には御目見得以上の旗本が任命され、複数名が任じられた。初代奉行には、関正成、星合具枚、三雲成賢、西尾正保の4名が任じられた。

奉行設置6年後の1639（寛永16）年、防火対策として、文庫を江戸城内の紅葉山に移転した。移転した紅葉山の地にちなみ、富士見亭文庫は紅葉山文庫（図10.1）と呼ばれることが今日では多い。しかし江戸時代当時は単に「御蔵」、「御文庫」、「官庫」などと表記されていた。紅葉山は別名「楓山」とも呼ばれており、「楓山文庫」とも称された。紅葉山文庫という名称は、明治になってからのものであり、江戸期では一般的な呼び名ではなかった。しかしこの名称が今日一般的に通じているので、本章では紅葉山文庫を使用する。

1.5　紅葉山文庫の蔵書と管理

紅葉山文庫の蔵書は、和書と漢籍、それに若干の洋書も含まれていた。ただ正確な蔵書数は実はよくわかっていない。最後の蔵書目録『元治増補御書籍目録』によると、冊子体がおよそ11万冊所蔵されていたと記されている。それ以前のはっきりした蔵書数はわからない。それは、蔵書目録は新しいものが完成するたびに古い目録は焼却されてしまったためである。

文庫の蔵書は、今日の図書館と同様に分類されて排架されていた。蔵書は漢籍・御家部・国書部に大別されており、漢籍とは中国人が漢文で著わした図書のことで経部・史部・子部・集部・付存部とさらに細分化されていた。この分類法は、中国で考えだされた四部分類と呼ばれる伝統的な漢籍の分類法と、紅葉文庫オリジナルの付存部で構成されている。

経部とは儒教の経典、および注釈書のことを指し、史部は歴史・地理書、子

部は諸子百家等の図書のことを指している。諸子百家とは中国の春秋戦国時代（前770～前221）に次々と現れた学者の総称で、諸子とは孔子や孟子、老子、孫子、荀子などの人物のことを指し、百家とは儒家、墨家、農家、法家などの学派のことである。子部はこうした古代中国に生まれた学者と学派に関係した図書のことを指している。最後の集部は文学作品や文芸評論である。

　この4点が四部分類であるが、紅葉山文庫ではさらに戯曲・通俗小説・蛮書（洋書）・朝鮮人の著述、満洲語の図書などが該当する付存部も独自に設けていた。

　御家部は徳川氏の事績、江戸幕府の記録類や編纂物で、国書部は日本人が日本語、または漢文で著した図書のことを指している。

　このように文庫の蔵書を分類することにより、書物奉行の出納業務を円滑に行えるようにしていた。このような細かい分類があったことが、紅葉山文庫の蔵書が利用されていたことを証明しているのである。

　蔵書数は江戸時代を通じて一定ではなく増加傾向にあった。紅葉山文庫の蔵書蒐集の方法としては、①購入、②諸大名等からの献上、③罪人等からの没収などが挙げられる。

　蔵書数は順調に増加していったようだが、8代将軍徳川吉宗治政下の1728（享保13）年2月5日には「除籍基準」が設けられている[2]。

　一　二部物之内、ともに和本ニて同板ニ候ハヽ、一部ハ除き可申事
　一　二部物之内、一部和版一部唐本ニて元同版ニ候ハヽ、唐本之方除き可申事
　一　二部物之内、ともに唐本ニ候ハヽ、同板ニても異板ニても差置候事
　一　御代々従
　　　御前出候分ハ、差置可申事
　一　三部物、同板之分ハ、二部ニいたし可申事

---

2) 東京大学史料編纂所（1970）『大日本近世史料　幕府書物方日記』第7巻，東京大学出版会，p.12.

第Ⅱ部　国内編

　一　三部物、異版ニ候ハヽ、差置可申事
　一　四部以上之分ハ、異版ニ候とも、吟味いたし、三部差置可申事
　　　　但、四書・五経ハ格外之事

　この除籍基準は古写本・別本がないものは除いて、複本が数部あるものは2部程度を残し後は除籍するという内容になっている。ただ歴代将軍が愛読した本は残しておくようにとも記されている。この除籍基準は、不用な蔵書を少なくして書庫の余分なスペースをなくすことを目的にしたものであろう。

1.6　紅葉山文庫の利用者

　江戸城内にある紅葉山文庫が一般に開放されていたわけではない。したがって、庶民が文庫を利用することはできなかった。ではどのような人物が利用していたのであろうか。

　まず文庫の利用者として筆頭に挙げられるのは征夷大将軍である。もともとは初代将軍家康の私的蔵書を収蔵するための施設であったことからも、将軍は最も重視すべき利用者であったことは間違いない。

　歴代の将軍はそれほど紅葉山文庫を活用していなかったようであるが、8代将軍吉宗は頻繁に蔵書を借り出している。1723（享保8）年では260種程度の資料を文庫から借りている。

　吉宗の悪癖として、頻繁に蔵書を借り出す割にはなかなか返却をしなかったようである。困った書物奉行は返却期限を30日と設定し、期日を過ぎたとえ将軍であろうとも督促をするようにした。この制度を「三十日伺」という。吉宗は三十日伺の発足直後から適用されており、一種の「問題利用者」といえそうだ。現代の図書館と比べて貸出期間が一か月程度と長く設定されているのは、この期間中に写本を作製できるように配慮したからであろう。

　吉宗は書物奉行に対して、今日のレファレンスに該当するような質問も発している。1721（享保6）年6月26日、平安後期に朝廷の儀礼について大江匡房が編纂した『江次第』（全21巻）の第16巻が、紅葉山文庫所蔵本では欠本になっ

192

ている理由を吉宗は奉行に質問している。奉行は至急調査して、第16巻はどの写本も欠本となっているとの旨を回答した。つまり、紅葉山文庫所蔵本だけが欠けているわけではないと回答したのである。奉行の調査は正確で、第16巻「行幸」はもともと書かれなかったとの説も今日ではある。

　吉宗の質問は深夜に下されたようで、奉行も「夜中御用、例之通難儀申候」と愚痴をこぼしている[3]。「例之通」ということは、深夜の「レファレンス」は1回や2回ではなかったのであろう。

　他にも紅葉山文庫には老中などの幕閣や大大名、そして幕府お抱えの儒者である林家(りんけ)などが利用していた。しかし林家以外の儒者には、容易に利用許可は降りなかったようである。江戸中期の儒者・荻生徂徠は次のように指摘している[4]。

　総じて御蔵（紅葉山文庫—引用者註）の御書物は、儒者どもの望み次第に御借しあるべき事也。（中略）御蔵に詰め置かれても、見る人なければ、反古を積み置きたると同断也。虫に食わせて捨てんは惜しき事甚し。

　文庫の蔵書は「閲覧者がなければ虫に食われるのみ」と批判し、儒者などの希望があれば速やかに貸出すべきだと主張している。

1.7　書物奉行の廃止と紅葉山文庫の終焉

　幕府は1866（慶応2）年に書物奉行を廃止、配下の書物方同心は昌平坂学問所管轄に移された。紅葉山文庫は翌1867（慶応3）年の幕府瓦解により管理者がいなくなったが、1869（明治2）年に明治政府が新設した大学の管理下におかれる。明治初期は短期間で管理部署が変遷するが、後に内閣文庫の蔵書に包摂され、現在は国立公文書館が旧紅葉山文庫蔵書の多くを保管している。

---

3) 東京大学史料編纂所（1966）『大日本近世史料　幕府書物方日記』第3巻　東京大学出版会，p.163.
4) 荻生徂徠著，辻達也校注（1987）『政談』岩波文庫，p.339.

図10.2　昌平坂学問所湯島聖堂
（出所）https://ja.wikipedia.org/wiki/%E6%98%8C%E5%B9%B3%E5%9D%82%E5%AD%A6%E5%95%8F%E6%89%80（アクセス 2019.3.17）

2　昌平坂学問所・藩校の図書館

2.1　昌平坂学問所

　昌平坂学問所（図10.2）とは江戸幕府が1790（寛政2）年に江戸・神田湯島に設置した教学機関である。各藩には藩校が置かれていたが、昌平坂学問所はその上級学校としての役割を果たしていた。

　もともと昌平坂学問所は幕府お抱え儒者・林家の私塾で、初代林羅山によって1630（寛永7）年に開かれた。この時すでに林家の私蔵書がかなりあり、それが文庫を形成していたと考えられる。

　3代徳川家光・4代家綱の代に、日本通史の『本朝通鑑』が編纂され、その責任者に羅山とその嫡男の林鵞峯が就任した。編纂のために相当数の書籍が文庫に集められ、蔵書の質を高めることになった。

　5代徳川綱吉は学問好きの将軍として知られ、自らも諸大名を相手にして講義を行っていた。1690（元禄3）年、綱吉は私塾を神田湯島に移転し、学問所とした。以降、林家の私塾という立場でありながら学問所は幕府の準官学として幕府直参（旗本・御家人）の子弟に教育を施していた。

それを幕府公式の教育機関にしたのは、寛政改革を推進していた老中・松平定信である。定信は儒学の中でも朱子学を幕府公認の学問にし、学問所が朱子学を講じる機関と位置づけた。直参だけではなく各藩の藩士、郷士、浪人も入学が許され、名称も昌平坂学問所と改められた。

官学に認定された昌平坂学問所はますます発展していった。幕府は紅葉山文庫よりも昌平坂学問所の文庫の方を重視するようになり、図書費も増額された。また諸大名から献上された本も昌平坂学問所の文庫の方に入ることが多くなった。

維新後は新政府に接収され昌平学校として再出発を図るが、間もなく休校して、やがて廃校になってしまう。跡地には、東京国立博物館や筑波大学、お茶の水女子大学の前身の機関が設立された。

2.2 昌平坂学問所付属の文庫

肝心の文庫であるが、昌平坂学問所の学生であれば誰でも利用できたようである。最初借覧規則はなかったが、学問所の組織が整備されるにしたがって成文化された。1800（寛政12）年閏4月の規程によれば、蔵書を寮に持ち帰ることが許されていたようだ。学問所の学生の多くは寮に入ることが義務付けられていたので、寮で文庫の蔵書が読めたことは勉学を進めるうえで大きかったと思われる。

1809（文化6）年になると文庫からの出納日が決められて、1人5部までという貸出制限も設けられるようになる。その理由は、「寄宿人借覧之書籍部数多く候ては多端相成、勤学のために不宜、心も散乱いたし候」（句点は引用者が補った）であった[5]。

学生への貸出冊数は時代が下るに連れてさらに制限されていってしまう。1818（文政元）年には寮生への貸出は1人3部までと規程が改正されている。

江戸時代、学問のための読書の方法として一般的であったのは、良書とされる本を見つけて繰り返し精読するという方法であった。また当時の試験（素読

---

5) 文部省編（1904）『日本教育史資料（再版）』第7巻, 冨山房, p.179.

吟味）は暗記が主体であったので、学生が書籍を多く借りすぎて混乱するのを防ぐ目的もあって、貸出制限が厳しくなっていったと考えられる。

1842（天保13）年には、『康熙字典（こうきじてん）』などのレファレンスブックの貸出は行わず、寄宿頭取の部屋に全冊別置し、そこで学生に閲覧させるという方式に改めている。これは今日の図書館でよく行っている参考図書別置と同じ措置である。

1864（元治元）年には寮生だけではなく、通学生や職員対象の館外貸出規則も登場する。それによると、例えば通学生は1人2部で、会読などのために必要な書物は1人3部、職員である学問所出役は1人3部、組頭は2部までと規定されていた[6]。

2.3 藩校付属文庫

多くの藩には藩士子弟の教育のために藩校（図10.3）が設立されていた。大藩にもなると国元と江戸藩邸などのように、複数校設けることも珍しいことではなかった。

藩校は藩士子弟の教育機関であるので、必ず文庫が付設されていた。創設時には藩主の個人蔵書の一部などが藩校に移管されていたようだが、寄贈、購入、写本作製などで蔵書を増やしていった。最初期は専用の書庫はなかったと思われるが、後に多くの藩校でも書庫が見られるようになり、中には複数書庫を設置している藩校も存在した。

藩校の蔵書は学術書が多く、和書よりも漢籍が多くを占めていた。文学書は少なく儒書が多かったが、江戸後期になると蘭学、洋学などの影響で洋書を所蔵する藩校がみられるようになる。

幕府の昌平坂学問所と同様に、藩校付属文庫も貸出を行っていた。ただ多くの藩校は館内閲覧のみが許可されており、館外貸出まで行っている文庫は非常に少なかった。下総国佐倉藩（千葉県佐倉市）堀田氏の成徳書院は館外貸出も実施しており、夜間開館も行っていた稀有な事例である。

蔵書の取り扱いは極めて厳重であり、出納日も決まっている藩校も多かった。

6）前掲5），p.503.

第10章　近世日本の図書館

図10.3　岡山藩が開設した日本初の藩校「閑谷学校」
(出所) https://ja.wikipedia.org/wiki/%E9%96%91%E8%B0%B7%E5%AD%A6%E6%A0%A1
(アクセス 2019.3.17)

今日の図書館のように気軽に利用できるところではなかったと思われる。

ただ藩校付属文庫は利用規程を設けている所も多く、目録も完備しているところも多くあった。「利用」が全く考慮されていなかったわけではないのである。

藩校付属文庫には専任の職員が配置される機会は少なく、文庫の出納などの業務も学生の中から選抜された者が行っていた。その職名はさまざまなものが見られるが「司書」という名称を使用している藩校もあった。

藩校は1871（明治4）年の廃藩置県で藩が無くなってしまったので、ほとんどが廃校になってしまったが、蔵書はその後開設された公共図書館や、国立国会図書館に移管されたものが多い。

③　庶民の図書館・蔵書の家

3.1　出版業の確立と庶民の識字率の向上

幕府・諸藩の文庫についてみてきたが、それでは庶民が利用できる施設はな

かったのだろうか。結論から言えば、幕府や諸藩が設置した文庫で、身分の垣根を越えて利用できるものは存在しなかった。

しかし江戸時代の中頃になると、木版印刷による出版業が確立され、多数の書籍が市場に流通するようになる。また、各地に庶民を対象とする教育施設である寺子屋が設けられ、男子を中心に多くの子どもたちが読み・書き・算盤を習うようになった。江戸時代の識字率については時代や地域、性別によって差はあるものの[7]、すくなくとも戦国時代に比べると格段に向上したことは間違いない。

識字率が向上すれば、読書要求も高まってくる。庶民対象に書籍を貸出す商売である貸本屋も登場した。しかし本章では紙幅の都合もあるので、今日の公共図書館に近い活動をしていた2つの事例を取り上げたい。

3.2 羽田八幡宮文庫

江戸期には、神社内に文庫を設置して一般に開放することが比較的行われていた。ただそれらの文庫は国学者によって設けられたものがほとんどで、蔵書も学術的な内容のものが多く、利用者も学究者が多数を占めていたと考えられる。

そのようななかにあって、三河国渥美郡羽田村（愛知県豊橋市）で、平田篤胤門下の国学者羽田野敬雄が設立した羽田八幡宮文庫は、珍しく学術書以外の本も所蔵していた。

羽田野は1798（寛政10）年に、三河国宝飯郡西方村（愛知県豊川市）の豪農山本家の四男として生まれた。1818（文政元）年、渥美郡羽田村の羽田神明宮と別宮・羽田八幡宮の神主である羽田野敬道の養子となり、後を継いで名を「敬雄」と改めた。羽田野は神主であると共に国学者平田篤胤の門人でもあった。

1848（嘉永元）年に、羽田野は友人達とともに羽田八幡宮内に文庫を設立する。もともとの蔵書が少なかったこともあり羽田野は広く寄贈を呼びかけ、多

---

[7] リチャード・ルビンジャー著、川村肇訳（2008）『日本人のリテラシー　1600-1900年』柏書房．

くの好学の者がそれに応えて蔵書が順次増えていった。

　羽田八幡宮文庫はあくまで書庫であり、そこで閲覧することは難しかったが、1856（安政3）年7月には松蔭学舎が建設された。これは「小さき本よみ所」とあるように、文庫の蔵書を閲覧するための施設である。このような施設が必要になったということは、文庫内で多くの者が読書をしていたことを意味している。

　当初は館内閲覧のみが許可されていたが、いつの頃からか館外貸出を行っていたようである。「羽田文庫用」と書かれた書籍貸出用の箱が3個現存しており、その箱の裏側には次のような文言が記されている[8]。

- 一　有志之輩書籍を借覧せんと思ハ、幹事ニ憑て証文を入れ一月を限り返納すべし
- 一　借書二部十巻ニ過べからす転借を許さす　破汚すべからす破汚又ハ紛失せハ弁返すべし
- 一　たとひ他郷の人たりとも書見いたし度候ハ、廡下（のき）に来りて閲るべし

　貸出期間は1か月となっている。これは本を書き写すための期間として長めに設定したためである。貸出冊数の上限は2部10巻となっており、又貸しを許さない、汚破損を許さないと記されている。

　注目すべきは第3条で、他の土地の者にも閲覧を許していることである。地域の結束が現代とは比べものにならないくらい強い江戸時代であるので、庶民から見て他郷の者といえば「外国人」に近い存在であった。羽田八幡宮文庫が開かれた「図書館」であったことをうかがわせる一条である。

　また文庫は蔵書の閲覧・貸出だけではなく、著名な学者が訪れた際には講演会も催している。1857（安政4）年9月2日、国学者・神道家として著名な野之口隆正（のぐちたかまさ）（後の大国隆正）が文庫を訪問し、『古事記』と『百人一首』の講釈を行っている。聴衆は14、5人ほども集まったという。

---

[8] 田崎哲郎（1990）『地方知識人の形成』名著出版, p.202.

同年には、儒者の藤森弘庵も訪れている。藤森は羽田野のところで2泊しており、『孟子』の一章を講義した。聴衆は15〜20人ほども集まった。また藤森は自作の詩集『春雨楼詩抄』を文庫に寄贈している。藤森は現在ではなかば忘れられている学者だが、当時はかなり著名であった。主著にペリー来航に際して書き上げた『海防備論』がある。

　羽田八幡宮文庫は、館内閲覧だけではなく館外貸出も行っていたこと、文庫主催の講演会なども開催し近隣住民が聴講に訪れていたこと、他郷の者にも閲覧を許可していたことなど、江戸期の文庫としては公開性の高い運営をしていた。今日の公共図書館にも相通じる活動を行っていたことに注目したい。

3.3　蔵書の家・野中家

　もう一つの事例は「蔵書の家」である。近世中後期、村落部において名主が自身の蔵書を村人に開放する事例が日本各地でみられた（図10.4）。武蔵国幡羅郡中奈良村（埼玉県熊谷市）の名主、野中家もそのひとつである[9]。

　野中家の総蔵書数は1837（天保8）年正月現在で298冊、内訳は「趣味娯楽」128冊、「学術教養」23冊、「紀行・地理・信仰」23冊、「実用・教養」70冊、「諸情報」54冊となっている。

　蔵書数の半数近くが「趣味娯楽」関係の書籍で、次いで「実用・教養」となっている。野中家は中奈良村の村民だけではなく、近在の村人たちにも蔵書の貸出を行っているが、江戸後期の農民がどのような書籍を欲していたのか、この蔵書構成からうかがえる。

　「趣味娯楽」で一番多いのが、「軍記・敵討ち・読本」で51冊となっており、数例を挙げれば、曲亭馬琴『青砥藤綱模稜案』、『赤穂実録』、『大岡忠相政務実録』、加藤在止『太平国恩俚譚』などである。
　「実用・教養」では、室鳩巣『六諭衍義大意』、西川如見『百姓嚢』、『孝義録』などの書名が確認される。『六諭衍義大意』は、もともとは中国で刊行

9）小林文雄［1991］「近世後期における『蔵書の家』の社会的機能について」『歴史』第76号, pp.25-43.

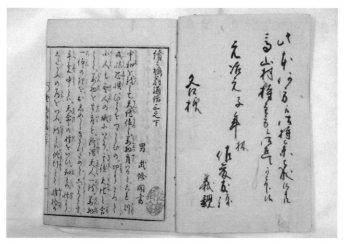

図10.4 出羽国置賜郡高山村（山形県東置賜郡川西町）の肝煎・佐藤又右衛門家所蔵の『続々鳩翁道話』三之下
（注）「此本何方江御持参被し成候共、高山村持主方江御返し可し被し下候」とあり、又貸しが許されていたことがうかがわれる。
（出所）山形県公立大学法人附属図書館寄託資料佐藤家文書。

された『六諭』の解説書の日本語訳で、著者は8代将軍徳川吉宗に仕えた儒者の室鳩巣である。寺子屋の教科書として多数印刷された。『百姓嚢』は、農民としての心得や学問などをやさしく説いた本で、『孝義録』は幕府の命によって昌平坂学問所が編纂した、日本各地の善行者の事例報告集である。これらの書物は利用者である村民の要求ではなく、名主として村人に読ませなければならない書籍として備えていたと思われる。

　もう少し詳しく野中家蔵書の貸借をみてみる。一般の村人が多く読んでいるのは実録物や読本が多い。実録物とは、御家騒動や仇討など過去に実際に起きた出来事をベースにして、講談師が脚色して寄席などで口演した台本のことである。読本は現代で言えば娯楽小説のことであり、いずれも庶民にはかなり人気の高い種類の本である。

　過去に起きた飢饉の記録も野中家は所蔵していたが、それが他村の名主から4冊、名主に準ずる者から1冊借りられている。名主は村のトップであり、村

人の相談役でもあった。そのため、飢饉が起きた際にどのように対処すべきなのか過去の記録から学んでいたと思われる。危機管理意識が高かったことがわかる。

　また一般の農民に分類される者の中には、「日雇取(ひようとり)」や「隠居」などの肩書きを付けた者も散見される。「日雇取」とは、日雇いのアルバイトで生計を立てている者のことで、江戸前期では都市部に多く見られたが、後期には農村部でも見られるようになっていた。

　蔵書を借りている人びとは農民層であるが、村のリーダー格である名主から日雇取まで、かなり幅広い層に対して野中家は蔵書を貸与していたことが分かる。身分を問わなかったのである。

　野中家の蔵書は刊行された本だけではなく、手で書き写して作製した写本も多く所蔵していた。出版された本の値段が高かった江戸時代では、他人から本を借りて転写して写本を作製して蔵書を増やすという方法が一般的であった。野中家も村人のために写本を作る労力を厭わなかったのである。

　ただ依頼された写本作製については、自身では行わなかったようだ。武蔵国埼玉郡上川上村（埼玉県熊谷市）の八木原喜代松が、資料の転写を野中家に頼んだ際の記録では、野中家自身が転写を行うのではなく、江戸の「筆耕人」に依頼している。つまり野中家は写本作製の仲介を行っていたのである。

　蔵書の家は、幕府や諸藩が設置した正式な文庫ではないが、庶民を対象とした図書館的活動は名主や庄屋といった村のリーダーが自発的に行っていた。

　日本中にこういった蔵書の家が多数存在して、相互に書物や情報のネットワークが近世後期に存在していた。それが近代の国民による図書館受容にどのような影響を及ぼしたのか、今後の研究課題となろう。

第11章	近代日本の図書館理解
	——書籍館の展開

　幕末開国期には、西洋知識の直接的な吸収を図る各藩から公式、非公式に留学生が渡航し、さらに中浜万次郎（ジョン万次郎）や浜田彦蔵（ジョセフ・ヒコ）のように、漂流民として渡米した者もいた。同じ頃、徳川幕府によって6度にわたる外交使節派遣が行われ、各使節一行には、その外交上の目的達成のほかに、西洋の各種制度や文物を見聞することも公的な使命として課されていた。その最初が、日米修好通商条約の批准書を交換するため派遣された万延元年遣米使節の一行である。一行はニューヨークのアスター図書館を訪れたが、同行していた勘定組頭・森田岡太郎はそのときの様子を書き留め、「書籍館エ立寄、頭役ト覚敷者面会」とその日記に記している。これは西洋の図書館を「書籍館」と呼んだ初例であり、日本に既存の書庫や文庫という概念では言い表せない蔵書の「館」に対し、新たな言葉を創出したものであった[1]。

　遣外使節や留学生によって実地に海外知識の吸収が図られるようになると、図書館への注目も高まりを見せたが、その関心の方向には大別して2つあった。1つはイギリスの大英博物館に倣って博物館図書館を創設しようとする考えであり、世界各国の文物を集める一環として書籍の収集も想定し、殖産興業政策の基礎となる知識を保存する機関として図書館を捉えるものである。そしてもう1つは、アメリカで広まっていた、図書館を学校教育の補完機関として利用しようとする考えであった。図書館政策は当初、博物館構想の位置づけと学校教育との結びつきとの対立のなかで捉えられ、やがて教育制度を補完する機関として理解されるようになるが、本章では近代初期の日本における図書館理解

---

1) 三浦太郎［1998］「"書籍館"の誕生：明治期初頭におけるライブラリー意識の芽生え」『東京大学大学院教育学研究科紀要』第38号, pp.393-401.

を整理しておきたい。

1 万延元年遣米使節の見た図書館
――幕末遣外使節1――

　まず万延元年遣米使節であるが、これは、外国奉行新見正興を正使として、正式の使節随員16名に従者や召使を含めた総勢77名が、1860（万延元）年、アメリカ軍艦ポーハタン号に乗ってアメリカを訪れたものである。ワシントン、フィラデルフィア、ニューヨークを歴訪し、4月にアメリカ議会図書館を訪れている。勘定組頭・森田岡太郎は、その『亜行日記』にアメリカ議会図書館を見たことを記している。森田は、若くして昌平坂学問所の勤番を任じられ、勘定組頭のなかでは最も扶持が少ないながら、使節随員に抜擢された者であった。「三使一同議事堂(コングレス)ェ相越、此処ハ華盛頓府(ワシントン)之公事評定ノ堂閣ナリ…此処ヨリ堂内鉄造リノ書庫一見」と記している。

　アメリカ議会図書館の起源は、図書館設置条項を盛り込んだ議会法が可決された1800年に遡り、1850年までに5万冊の蔵書を有し、規模の点でハーヴァード大学図書館に次いでいた。すでに米英戦争（1812～1814年）において兵火を被っていたが、1851～1852年に火災に見舞われ、議会から7万5000ドルの資金拠出を得て、鉄鋼を使用した耐火様式の図書館が再建されていた。「鉄造リノ書庫」とはこれを指している。

　使節一行は5月にアスター図書館を訪れた。森田岡太郎『亜行日記』には、

「午後ヨリ、当所頭役方ヘ相越候約束ニ付、正副使一同馬車ニテ相越ス。右ノ序 書籍館(ライブリー[ママ])ェ立寄。頭役ト覚敷者面会。此館政府ノ局ニハ無之、ネウヨルク中ニテ入用差出相備ェ有之由。五十間四方モ可有之高堂ニテ、四層鉄階ニテ屈曲シテ上ル。頭役申聞、何ニテモ書籍入用ニ候ハバ可差出、外国ヨリ相越学問致シ度由申出候者ニハ、書籍借遣シ稽古為致候由」

とある[2]。西洋の図書館を「書籍館」と書き記したのは、この例が初見である。

第11章　近代日本の図書館理解

「ネウヨルク中ニテ入用差出相備エ有之由」とされているこの図書館は、事業家アスター（John J. Aster）の遺志を受けて、1848年にその遺産40万ドルを基にして創設が企図され、コグスウェル（Joseph Cogswell）を初代館長として1854年に開館されたアスター図書館（図11.1）であった（第7章第1節参照）。

アスター図書館は「五十間」（およそ90メートル）四方の広さがあり、階段や書架には鉄が用いられた「アイアン・ライブラリー」である。議会図書館について

図11.1　アスター図書館（1854年）
（出所）https://commons.wikimedia.org/wiki/File:Astor_Library_building_1854.jpg（アクセス 2019.3.29）

記述する際は、蔵書の部屋に対して、日本でも古来使われていた「書庫」の表現を用いた森田であったが、鉄製の巨大な施設を言い表すのに「書籍館」とあてたと考えられる。この創語について、後藤純郎は「各藩の藩校が儒学の古典から採用した熟語と「館」との組み合せであったのに対し、医学館の場合は普通名詞、この場合は学問分野と館の字との組み合わせである。全く同じ発想で、管理する対象の名称と館の字を組み合わせたものが書籍館となったのであろう」と解釈を示している[3]。

ちなみに、万延元年遣米使節に通詞として参加した名村五八郎は、その書『亜行日記』に、アメリカ国務省特許局を訪れたことを記しており、これを「博物館（パテントオヒス）」と表記している。これは日本人が「博物館」の語を使用した初出と見なされるが、江戸時代にもたらされた唐本地理書をひもとけば、すでに魏源『海国図志』（巻33　英吉利国総記）に「博物館」の表現は用いられており、この語は「書籍館」や「図書館」の語とは異なって、日本において生み出された言

---

2) 日米修好通商百年記念行事運営会編（1961）『万延元年遣米使節史料集成』第1巻，風間書房，pp.424-425.
3) 後藤純郎［1990］「万延元年遣米使節と博物館，図書館の見聞」『教育学雑誌』第24号，pp.1-14.

葉ではないといえる。

2　文久元年遣欧使節の見た図書館
――幕末遣外使節2――

　次に図書館見聞を記しているのは、1861（文久元）年から翌年にかけてヨーロッパに派遣された第2回の遣欧使節である。日本国内ではこの時期、攘夷行動が続発しており、幕府としては開港・開市を延期したい意向を持っていた。そのための外交交渉を行う使節として、勘定奉行竹内下野守保徳を正使に、総勢36名がイギリス・フランス・オランダ・ロシア・プロシア・ポルトガルの6か国を歴訪することとなった。

　副使松平康直の従者として随行した市川清流は、1862年4月に訪れた大英博物館図書館について、その日記『尾蠅欧行漫録』に詳細な記述を残している。まず、その形態について「円形ノ室」たる「書蔵」であると記す。この円形閲覧室は、1831年から働き1856～66年に館長職に就いたパニッツィ（Anthony Panizi）の指導で建設されたもので、1857年に開館していた。架上には「数万巻」の書籍が配されたと記されるが、これは誇大表現ではない。図書館予算獲得および納本制履行の面におけるパニッツィの精力的な活動によって、1850年時点で大英博物館図書館には43万冊強の蔵書が有されていた。また、「此中央ニ諸学徒書籍ヲ借覧スル所アリテ、即チ数十人看書スルヲ見ル」とも記され、具体的な利用者として「学徒」が挙げられている。大英博物館では、1757年に利用規程が定められ「一般の人びと（ジェネラル・パブリック）」の利用に供することが明文化されたが、利用には紹介状が必要とされ、実際上の利用者は学問や研究に従事する者が中心であった。「学徒」は、利用に訪れた学者や学生を指していよう。市川清流は1872（明治5）年に図書館設置を求める建白書を提出するが、その中では「書籍院」との表現を用いている。

　中津藩士であった福澤諭吉もまた、傭通詞として遣欧使節に随行していた。福澤は万延元年遣米使節派遣の際にも、別艦咸臨丸の軍艦奉行木村摂津守喜毅の従者として参加してはいたが、別艦の一行は使節の人々とは行程が異なって

いた。咸臨丸の一行は３月にサンフランシスコ商業図書館を訪れているが、福澤はこれには特に触れていない。福澤は1866（慶応２）年に『西洋事情』初編を公刊する。その見聞録としては、それ以前に『西航記』および『西航手帳』が残されており、『西航記』８月のくだりに、「蔵書庫に行く。書籍の数、板本九十万冊、写本四万冊。右の内魯西亜出板の書は僅かに六万冊のみ。古書あり、千四百四十年獨逸出板の経書なり。是欧羅巴最古の板本と云」とあって、ロシア帝国図書館を訪れたことが記されている[4]。蔵書90万冊のうち、ロシア国内で出版された書籍の所蔵が少ないことが書かれるが、ロシア帝室図書館の起源はポーランド国立図書館からの簒奪にあり、また帝室はヨーロッパ諸国の文物を吸収することに積極的であったため、外国書籍の割合が高くなったものであろう。日記には、1440年に刊行されたキリスト教聖書が保存されていることも記されているが、これはいわゆる「グーテンベルク聖書」（42行聖書）を指す。

　このほか『西航記』には、「羅尼と共に書庫を観る。巴里に書庫七所あり。今日所見は最大なるものなり。書籍百五十万巻。此書を一列に並るときは長さ七里〈仏里法〉なるべしと云」ともあり、日本文化に関心を寄せていたレオン・ド・ロニー（Leon de Rosny）に案内されて、パリのフランス国立図書館を見学したことが記されている。ロニーは中国語を学習する過程で日本語や日本文化に興味を覚えたらしく、1856年に『日本語研究』（*Introduction à l'étude de la langue japonaise*）を著すなど日本研究を行っていた人物であり、1863年にはパリの東洋語学校に設けられた日本語講座の初代教授に就任している。

　『西洋事情』初編の次の記述は、図書館史上、竹林熊彦らによって紹介され、よく知られてきた[5]。

「西洋諸国の都府には文庫あり。"ビブリオテーキ"と云ふ。日用の書籍図画
　等より古書珍書に至るまで万国の書皆備り、衆人来りて随意に之を読むべし。

4）慶應義塾編纂（1962）『福澤諭吉全集』第19巻，岩波書店，pp. 6 -65.
5）福澤諭吉（1870）『西洋事情』初編 巻之一，慶應義塾出版局，（明治３年）32丁（「国立国会図書館デジタルコレクション」http://dl.ndl.go.jp/info:ndljp/pid/761234 アクセス2019.3.29）.

但し毎日庫内にて読むのみにて家に持帰ることを許さず。龍動(ロンドン)の文庫には書籍八十万巻あり。彼得堡(ペートルスビュルグ)〈魯西亜の首府〉の文庫には九十万巻、巴里斯(パリス)の文庫には百五十万巻あり。仏人云ふ。巴里斯文庫の書を一列に並るときは長さ七里なるべしと。

文庫は政府に属するものあり、国中一般に属するものあり。外国の書は之を買ひ、自国の書は国中にて新に出版する者より其書一部を文庫へ納めしむ」。

「ビブリオテーキ」への対訳語として「蔵書庫」や「書庫」ではなく「文庫」が用いられている。福澤諭吉は英漢辞書を翻訳して『増訂華英通語』を出版していたが、その際には"Library"に「ショモツグラ」という日本語を当てている。また『西洋事情』は1867(慶応2)年初冬に刊行される以前に、すでに写本の形で人々に読まれていたが、その『写本西洋事情』には「文庫」ではなく「書府」と当てられている。江戸時代、幕府には秘庫としての紅葉山文庫が設けられており、諸大名や蔵書家がその蔵書に「文庫」の名称を付したことが、その蔵書印や文書から知られているが、福澤は日本で「ビブリオテーキ」に比定される存在を考え、改めて「書庫」や「書府」ではなく「文庫」を対訳語に用いたものであろう。

『西洋事情』初編では、政府と「国中一般」とに属する文庫があるとして、具体的に例示した国立図書館以外にも、パブリック・ライブラリーが存在することを示唆している。そこには、地理書からの影響もあったと考えるのが自然と思われる。福澤は江戸へ出てきたのち、蕃書調所へ入門を果たすが、その際に入門許可を与えたのが調所頭取の地位にあった箕作阮甫であった。箕作阮甫が関わった『玉石志林』や『地球説略』では、フィラデルフィア図書館会社やドイツの大学図書館に関する記述があり、一般に公開された「公共書庫」として記されている。

『西洋事情』初編の「文庫」の項の最後には、納本制についての言及も見られる。すでに大英博物館図書館やフランス国立図書館では、納本に基づく書籍の収集が行われていたので、こうした図書館の訪問時に知識を得たと考えられ

る。『西洋事情』初編の偽版の横行に頭を悩ませていた福澤は、「コピライト」の権利の周知を図り、明治時代に入って維新政府への直訴を行ってもいる。その後、『西洋事情』は1870年までに3編10冊が刊行されて完結される。正版に加えて偽版のものも合わせると、20万から25万部が売られたと言われる。当時の日本の人口が3000万人として、およそ120～150人に1部の割合で出回っていた計算になる。それ以前に著されていた地理書や遣外使節の日記とは比較にならないほどに、人びとへの影響力は大きかった。

③ 大博物館構想

　幕末から明治時代にかけて、遣外使節や留学生によって実地に海外知識の吸収が始められると、図書館へ向けられる関心も高まりを見せるようになる。図書館に着目したのは、主に官僚として明治政府を支える人びとであった。
　1872（明治5）年4月、湯島の旧大学講堂を仮館として文部省書籍館が設立された。日本で最初の官立公開図書館である。このとき、文部大丞・町田久成（図11.2）から初代文部卿・大木喬任に博物館書籍館建設案が出されている。町田は1865（慶応元）年から3年間、薩摩藩留学生監督として渡英しており、ロンドン滞在中、ケンジントン博物館および大英博物館に近いケンジントン庭園そばを宿舎とし、これら2つの博物館を訪れる機会に恵まれていた。町田の「大博物館構想」への熱意は、この時期に培われたものと考えられる。博物館書籍館建設案では、「尚此上文化ノ進歩ヲ希望スルニハ、書籍館ノ設無之候テハ不相成儀ト奉存候」、「天下ノ群籍ヲシテ悉ク其内ニ収メ、普ク衆人ノ此処ニ来テ望ム所ノ書ヲ看読シ、成ハ著述編輯ノ資トナサハ、人才培養ノ根元、無此上儀ト御座候」と述べられている[6]。
　この建設案が出された時期には、東京・湯島で博覧会が開催されており、1日あたり4000人の入場者を得て成功を収めていた。建設案では、この博覧会成功の延長上に、文化進歩推進のため「書籍館」設立が必要であると述べられた

---
6) 東京国立博物館（1973）『東京国立博物館百年史　本編』p.8.

図11.2　町田久成像（1912年）
(出所) https://commons.wikimedia.org/wiki/File:Portrait_Statue_of_Machida_Hisanari.jpg（アクセス 2019.3.29）

のである。

　建設案と時期を同じくして、文部省十一等出仕・市川清流によって書かれた書籍院設立建白書がある。1872年4月29日の『東京日日新聞』63号に、市川の建言によって書籍院開設の旨が記され、同年5月発行の『新聞雑誌』45号附録に全文が掲載されている。冒頭部で学校設置、留学生の派遣、博覧会の開催について述べたあと、市川は町田久成建設案と同様に、文化推進のために「書籍院」の建設が必要である旨、記している。市川は『尾蠅欧行漫録』で大英博物館図書館の公開利用を高く評価したが、従来の江戸幕府の紅葉山文庫が「世人ニ視スヲ許」さず「虫魚ノ腹ヲ肥シムルノミ」であったことと対照的に、「普ク諸人ニ此処ニ来テ繙閲スルヲ許」すような蔵書空間として、新たに「書籍院」という言葉を用いたものと考えられる。

　町田や市川の建言が容れられて、書籍館は文部省博物局管轄下に規定された。「書籍館　古今和洋ノ書籍ヲ各其部門ヲ分チ之ヲ陳列シ、有志輩ノ来観ヲ許シ、寒生ヲシテ珍書ヲ観ルコトヲ得セシム」と位置づけられたもので、博物館と同様に「陳列」機能が一義的であった[7]。この文部省書籍館は湯島聖堂の旧大学講堂を仮館とし、8月に開館した。「開館告示」では、「普ク衆人ノ此処ニ来テ望ム所ノ書ヲ看読スルヲ差許ス条、各其意ヲ体シ、有志ノ輩ハ無憚借覧願出可申事」と、一般公開される旨が明記された。

　ところが、1873年3月になると、博覧会事務局に対して「文部省博物館、書籍館、博物局、小石川薬園共其局ヘ合併候条、其旨可相心得事」とする太政官達が出され、同時に文部省に対しても同趣旨の御沙汰書が届き、ここにおいて

[7] 東京国立博物館（1973）『東京国立博物館百年史　資料編』pp.3-7.

書籍館は太政官正院所管の博覧会事務局に吸収されることとなった。この博覧会事務局への合併は、文部大丞を免ぜられ博覧会御用掛に専心することとなった町田久成の構想に基づくものと考えられる。町田にとっては一大博物館の建設こそが念願であり、監督官庁がどこであるかは特に問題ではなかった。

　動物、植物から、古器物や古美術品、新発明の物品を網羅的に収集して、その展示を通して民衆の啓蒙に努めようとする町田にとって、そうした万物の収集のうちに、書籍もまた当然含まれると捉えられた。文部省においては教育補完のための図書館という位置づけがなされ、文部大輔・田中不二麿が書籍館の管轄差し戻しを働きかけたが、町田は「一大博物館御建設」にとって書籍館は必要であると、文部省からの申し出を拒否したのである。町田は「衆庶ノ為」の施設である博物館の一部局として書籍館を捉えているのであり、万人に開かれた一大博物館の一翼を担うものとして、書籍館の存在は欠かせなかった[8]。

④　書籍館併合差し止め要求

　町田久成の博物館構想に沿った博覧会事務局への書籍館併合に対し、文部省から太政官に5度にわたり取り止めの上申が行われ、1875年2月に合併差し止めの令達が出された。上申の中心は文部大丞・田中不二麿（図11.3）であった。

　田中は1871年10月に文部大丞に任ぜられ、翌11月から文部省理事官として岩倉使節団に随行している。岩倉使節団は右大臣岩倉具視を特命全権大使として、木戸孝允や大久保利通といった維新の中心人物を副使に据え、不平等条約改正の予備交渉を行うとともに、近代国家建設のため欧米諸国の視察を行った使節団であり、このなかには各省からの専門の調査理事官も含められた。出発に先立って、田中は教育制度調査の目的を正院に提出しているが、そのなかには「図書庫之事」の一項も設けている。帰国後、1873年9月に調査報告書『理事功程』を上奏した。これは、通訳の新島襄や随員の長与専斎らの手に成る草稿

---

[8] 三浦太郎［2009］「明治初期の文教行政における図書館理解：「公共書籍館」理念の成立をめぐって」『教育研究』第53号，pp.83-112.

図11.3　田中不二麿
(出所) https://commons.wikimedia.org/wiki/File:田中不二麿_(1845-1909).jpg（アクセス 2019.3.29）

を田中がまとめたものとされる。

　久米邦武『米欧回覧実記』を見ると、使節一行はアメリカ滞在中に、ワシントンの議会図書館、フィラデルフィアの諸図書館、ニューヨークのアスター図書館を訪問したことがわかるが、『理事功程』にはそうした図書館についての記述は残されていない。アメリカについての記述では、マサチューセッツ州「書庫」のほか、学校区図書館や大学図書館が記されており、田中は学校教育制度との関わりにおいて図書館に関心を抱いていたことが強くうかがわれる。ヨーロッパ諸国の教育制度を述べた『理事功程』巻3から巻15でも、取り上げられる図書館の多くは学校図書館であった。

　『理事功程』巻12には、オランダの教育規則が載せられており、「南和蘭州内学務監督『リンドー』氏」の述べるところが記されている。学校を中退し、学んだ「課業ヲ忘却スル」者に対して、「学校附属ノ書庫」の効用の大きいことが述べられ、中途退学者が学習を継続することに資する場としての図書館理解が導き出されている。中途で教育を受けられなくなった者も、この「学校附属ノ書庫」に来て、読書を通じて勉強を続けられるわけであり、社会教育施設としての図書館のあり方も田中の関心を惹いたことがうかがえる。また、いくつかの学校に「公用ノ書庫」が設けられ、借覧料の必要なところと不要なところのあることが記されている[9]。

　こうした学校区図書館の利用の例として、フランスの記述にも、「書庫ノ事大抵各区ノ小学校ニ書庫一所ヲ設ク。書籍ハ皆教育ニ必要ナルモノニシテ、風俗ニ害アル書類ヲ除ケリ。何人ニテモ願ニ従テ右書籍ヲ借覧スルヲ許ス」（巻4　仏国普通教育）と記されている。

---

[9] 田中不二麿（1873）『理事功程』巻12 和蘭国，文部省（明治6年）8-9丁（「国立国会図書館デジタルコレクション」http://dl.ndl.go.jp/info:ndljp/pid/809623/15 アクセス2019.3.29）.

第11章　近代日本の図書館理解

　田中不二麿が教育調査から帰国したのは、1873（明治6）年3月のことであった。文部省書籍館が博覧会事務局へ合併された直後のことである。学校教育との関わりにおいて図書館を理解した田中は、博覧会事務局にあっては書籍館を教育に利用することができないとして、その分離を太政官正院に上申する。同年5月8日の上申には、博物館書籍館の「施設之大旨ハ、生徒教育ノ需要ニ相備ヘ、傍ラ他之人民開知之一端ニモ及ホシ可申趣意ニ候得ハ、博覧会ノ事務トハ固ヨリ相相違仕候」とあり、書籍館も博物館も「生徒教育ノ需要」が設立目的の第一義であると捉えられている。同月22日の再度の上申においても、両館は「専ラ生徒教育之需要実地経験之為ニ相備ヘ」られると、学校教育とのつながりの強さが強調されている。22日の上申では、博物館書籍館に収集された「物品書籍等ハ今般総テ」博覧会事務局に引き渡し、ただ「合併ノ名ハ御取消相成度」として「博物館・書籍館」の名称復帰のみを要請している[10]。文部省の側で新たな博物館・書籍館を創設する意図の現れであった。

　1874年1月、維新の重鎮・木戸孝允が文部卿に就任し、2月14日に太政大臣宛で分離申請を行ったあたりから太政官の態度は軟化に転じるが、この木戸の申請は、岩倉使節団参加以来、親交を温めていた田中の意を汲んだものと推測される。1875年2月になってようやく、太政官は「其省博物館、書籍館、博物局、小石川薬園共博覧会事務局ヘ合併之儀、自今被差止候条、右場所都テ其省所轄可致此旨相達候事、但是迄両館ニ蒐集有之候物品書籍等ハ博覧会事務局ヘ可引渡候事」として、物品・書籍のすべてを博覧会事務局へ引き渡すという制約のもとに、合併差し止めが決定された。田中が最初に上申を提出して以来、1年半以上を経て、文部省は書籍館等の名称を回復したのである（一方、博覧会事務局に引き渡された蔵書は、内務省「浅草文庫」として保管されることとなった）。

　田中不二麿が書籍館に関心を寄せたのには、当時、ミズーリ州セントルイス市の教育長であったウィリアム・ハリス（William T. Harris）の影響も大きい。ハリスはアメリカを代表するヘーゲル主義哲学者であり、のちに第4代連邦教育長官を務めた人物であるが、図書館界では1870年に図書館分類法を作成した

---

10) 前掲7）.

ことで知られる。田中は岩倉使節団渡米中にハリスと知り合い、公立学校の設立・運営などについて教示を受けた。田中が早期からハリスの教育経営論に敬意を払っていたことは、『文部省雑誌』『文部省教育雑誌』『教育雑誌』の翻訳記事に、セントルイスで発行された一地方誌の『アメリカン・ジャーナル・オブ・エデュケーション』からの翻訳が多かったことからもうかがわれる。

5 東京書籍館

1875年5月、湯島の旧昌平校内大成殿に東京書籍館(TOKIO SHOSEKI-KWAN)が開館するが、文部省から交付された約1万冊の書籍を蔵書の基礎とするなど、文部省書籍館とは連続性を持たない、新たな出発であった。

「東京書籍館規則」によると、「何人ニテモ登館」できる一般公開図書館であり、書籍を閲覧するには「本人ノ姓名住所ヲ證記」する必要があった。また、最新の新聞および「諸学科参考須用ノ書籍類」の禁帯出が記されるなど、利用は原則として館外貸出は行われないものの、例外的に「文部卿ノ特示」のある者には帯出が許された。「規則附録」によれば、教員や官吏の利用が想定されたようである。

さらに東京書籍館は、「内外人ノ覧閲ヲ許シ、覧閲料ヲ収メズ」(『東京書籍館書目』)とされるように、官立ながら文部省書籍館とは異なり無料公開された図書館であった。『米国図書館特別報告』(1876年)に、当時の文部省学監デビッド・モルレー(David Murray)が寄せた東京書籍館の紹介にも、無料で公開されている旨("free to the public")明記されている。ここで、モルレーが「ナショナル・ライブラリー」ではなく「パブリック・ライブラリー」として紹介したことは特徴的である。1875年の「東京書籍館年報」には、「若シ之〔東京書籍館〕ヲシテ積年累月、勉焉倦マサラシメハ、終ニ欧米各国ノ公立書籍館ニ比肩スルニ至ルモ、亦甚タ難シトセサルナリ」と述べられ、範とする図書館像が「欧米各国ノ公立書籍館」であったことがわかる[11]。

1876(明治9)年9月には法律書庫を分館として設置している。これは東京

開成学校長・浜尾新からの要請を受けたものであり、田中は『理事功程』でハーヴァード大学の法学校書庫についても取り上げていた。また、東京書籍館では納本の確保も行われている。1875年の出版条例で「製本三部ヲ内務省ニ納ムベシ」と規定されたが、内務省准刻局に納入される3部のうち1部が東京書籍館へ回付されたのである。

東京書籍館は1875年に一般公開されて以降、年内に217日開館され1日平均約25人の来館者があり、翌76年には、339日の開館で2万5000人弱（1日平均72人）の来館者を迎えた。来館者数の増加は、この年の7月から行われた午後10時までの夜間開館の影響も大きい。

しかし、西南戦争を見据えて政府の緊縮財政が主張されるようになると、東京書籍館もこの対象に挙げられ、1877年2月、廃館が決定された。残務整理に当たった館長補・永井久一郎の手で1876年「東京書籍館年報」が書かれたが、そのなかで「本館既ニ已ニ閣下不測ノ明断ニ由リ、一旦廃止セラルト雖モ、冀クハ更ニ其保存ノ方法ヲ設為シ、蒐集ノ書籍ヲシテ紛覧離散セサラシメ漸次其隆昌ヲ慮リ、多年ノ後本館ノ本邦ニ於ケルハ、蓋シ貌利典博物館（ブリチシュミュージアム）ノ大英国ニ於ケル、議院書庫（コングリスライブラリー）ノ北米合衆国ニ於ケルカ如キ、重要ノ地位ヲ占有セシメンコトヲ」と記された[12]。永井は、財政削減のあおりを受けない基盤をもつ、国家に必置の国立図書館としての再建を願ったのであった。

5月に東京書籍館の東京府への引き渡しが完了された。しかし、その後も文部省では田中不二麿を中心に欧米の図書館の紹介が行われ、その理解が図られた。こうした取り組みが、1880年5月の書籍館返還（「東京図書館」の設立。のち、1890年創設の「帝国図書館」の前身）の申し出の遠因をなしたと考えられる。

田中は1876年から1877年1月まで再渡米している。1876年はアメリカ建国100年にあたる年であり、これを記念してフィラデルフィア万国博覧会が開催されたが、アメリカ側からの招待を受けて、文部大輔であった田中を筆頭に、

11）文部省［1875］「東京書籍館年報」『日本帝国文部省年報』第3第1冊，588-589丁（「国立国会図書館デジタルコレクション」http://dl.ndl.go.jp/info:ndljp/pid/809145 アクセス2019.3.29）.
12）文部省［1876］「東京書籍館年報」『日本帝国文部省年報』第4第1冊，384丁（「国立国会図書館デジタルコレクション」http://dl.ndl.go.jp/info:ndljp/pid/809147/207 アクセス2019.3.29）.

東京書籍館館長・畠山義成や手島精一らがこれに参列したのである。「本邦文化の景況、教育の方法を屡々議場に紹介する」(『教育鎖談』)目的であった。建国100年の祝賀行事の中で『米国図書館特別報告』がまとめられたが、これは主要図書館の歴史・現況・運営を中心に広範な資料を集大成した報告書であり(第7章第2節参照)、全米図書館に関する実態調査をはじめて載せたものであった。報告書には合衆国以外の国の図書館の記述も載せられ、上述のように学監モルレーによる東京書籍館の紹介もあった。

渡米を前に、1876年1月、田中は岩倉使節団随行に際してアメリカから提供された資料を翻訳させ、『米国教育年表』として刊行している。その内容は、全米各州の公学規則や統計、年次報告などを含んだ要覧であり、『エデュケーショナル・イヤーブック』1873年版に基づくものであった。書籍館に言及した箇所もあり、巻一のマサチューセッツ州の記載では、「地方ノ課税」によって維持される公立書籍館が記述されている。

1877年1月に一行は帰国したが、これと同時に、手島精一と阿部泰蔵を中心に『米国百年期博覧会教育報告』4冊が編纂・刊行された。この『教育報告』には巻三で「書籍館」の一項が設けられ、「公共書籍館〈何人ニテモ代料ヲ払ハズシテ、縦覧スルコトヲ得ル書籍館ナリ〉ノ人民教育ヲ助クルノ益多キハ、四十年来米国人ノ論説ズル所」であり、「現今米国内ノ都府ニハ、殆ンド公共書籍館ノ設ケ有ラザル所無ク、山村埜邑ノ貧民ニテモ、書籍ヲ得ルコト難カラズ」と、無料公共図書館の広がりが評価されている[13]。

田中は、1877年末に『文部省第四年報』を編むにあたり、「公立書籍館ノ設置ヲ要ス」の一文を書き残している[14]。

「公立学校ヲ設置シ人民ノ知識ヲ闡発スルニ至リテハ、各地地方教育者ノ嘗テ殫思スル所ニシテ、夙ニ吾儕ノ素願ヲ満タシムルニ足モノアリ。而シテ此

---

13) 文部省(1877)『米国百年期博覧会教育報告』巻3, 20-26丁(「国立国会図書館デジタルコレクション」http://www.dl.ndl.go.jp/info:ndljp/pid/809602 アクセス2019.3.29).
14) 文部省[1876]「公立書籍館ノ設置ヲ要ス」『日本帝国文部省年報』第4号第1冊, 21-22丁(「国立国会図書館デジタルコレクション」http://dl.ndl.go.jp/info:ndljp/pid/809147 アクセス2019.3.29).

第11章　近代日本の図書館理解

他尚目下ニ施行スベキ緊切ノ件アリ、即公立書籍館ノ設置ヲ要スル是ナリ。夫レ学校ノ事業ハ尋常普通欠ク可カラザルモノト雖、男女各為ベキノ職務アリ。或ハ已ムヲ得ザルノ障碍ニ会シ半途ニシテ其志ヲ遂ケズ、徒ニ前功ヲ放棄スル者此々然リトス。公立書籍館ノ設置ハ、此輩ヲシテ啻ニ曩時ノ修習スル所ヲ操繹セシムルノミナラズ、更ニ其学緒ヲ続成シ、終ニ一大美帛ヲ織出スベキ良機場ヲ開クモノナリ。然バ則学校ノ設置ト公立書籍館ノ設置トハ、固ヨリ主伴ノ関係ヲ有シ、互ニ相離ルベキニ非ズ。今ヤ公立学校ノ設置稍多キヲ加フルノ秋ニ際シ、独リ公立書籍館ノ設置甚ダ少ナキハ、教育上ノ欠憾ト謂ハザルヲ得ズ」。

　人びとを啓蒙する「公立学校」の設置が進む今、「公立書籍館」の創設が急務であることが説かれる。そしてその理由として、仕事や止むを得ない事情から、中途で教育を断念せざるを得ない人びとが「其学緒ヲ続成シ、終ニ一大美帛ヲ織出スベキ良機場ヲ開ク」ことが挙げられる。田中は、学校制度の整備と「公立書籍館」の設置とを「主伴ノ関係ヲ有シ、互ニ相離ルベキニ非」ざるものと捉え、図書館整備の遅れは教育制度の欠陥と断言しているのである。ハリスの総合的教育思想の影響に加え、訪米による実見をはさみ、田中の教育観の中に公共図書館が確固たる地位を占めていることが理解できる。
　田中はこの箇所に続けて、図書館設置は学校や寺社に附属させても構わない旨を記しており、ここには、学校と「主伴ノ関係」にある「公立書籍館」であってみれば、建設予算の必要な単独館を立てる必要はないとの考えが現れている。また、蔵書には実利的な「必需ノ種類」が収集されるべきことが記されており、好学の人びとの実際に役立つような書籍が求められている。これは、高尚な「奇書」や低俗と見られる「稗史小説」ではなく、「居民ノ志向ニ適セル書籍」を収集すべきであるとした、『米国百年期博覧会教育報告』に「ゼ・ピ・クインシー氏公共書籍館建設ノ事」として所収のクウィンシー（J. Quincy Jr.）の主張に合致するものであった。
　さらには、将来には「政府モ亦其費額ノ幾分ヲ補給スル」として、「公立書

217

籍館」に対する公費の支援に前向きな姿勢が示されている。田中は、東京書籍館の経営を維持できなかった明治政府の財政力に配慮しつつも、アメリカのパブリック・ライブラリー、特に"free public library"を念頭に、後世における公立図書館の再建に期待を寄せたのである（なお、東京書籍館の閉鎖については、政府の経費削減による政策の停滞ではなく、むしろ田中文政の地方分権的な学制改革の一環として捉える見方もある[15]）。

6 図書館報告

　フィラデルフィア万国博覧会には、田中ら日本からの一行に加えて、米国留学生監督の地位にあった目賀田種太郎（図11.4）も参加した。目賀田は、1870年にハーヴァード大学へ留学した経験を持ち、1875～1879年に再渡米した。1878年10月に『教育雑誌』80号に書籍館に関する報告を載せている。前半では『米国書籍館報告書』の統計が引かれ、1876年開催の「書籍館館長集会」への言及がある。この集会とは、1876年にアメリカ図書館協会（ALA）を結成した図書館大会の謂であろう。会議では、館費維持の公的保証、書店との協力、目録法、蔵書構築といった多種の事柄が論議されていることが紹介されている。大会はメルヴィル・デューイ（Melvil Dewey）が主導し、図書館長以外の図書館員や図書館関係者も参加したので、必ずしも「館長」会議との訳称は適切でないが、目賀田はそうした図書館界の動向も注視し、日本に紹介しているのである。

　目賀田の報告後半では、ボストン公立図書館の規則が挙げられ、14歳以上の者すべてが館内閲覧を行うことができ、保証人があれば、通常は2週間の期限で2冊の書籍を帯出できることが紹介されている。延滞金が「一日二銭」かかることや、損害に対しては州法で「五弗以上五十弗以下ノ罰金ヲ課シ、或ハ六ヶ月以下ノ禁獄ニ処ス」場合のあることも述べられている。児童閲覧室の紹

---

[15] 伊東達也［2013］「学制施行期の書籍館政策について："free public library"としての東京書籍館の成立をめぐって」『日本図書館情報学会誌』第59巻4号, pp.133-144.

介もある。「幼児覧書局アリテ、諸小説類〈我ガ邦ノ草紙ノ如キモノ〉ニ至ルマデ、其無害ナルモノハ大抵之ヲ備ヘザルコトナシ。是レ他ナシ勉メテ諸少年輩ヲ書籍館ニ誘引スルヲ謀ルニ在リトス」と述べられる[16]。これは、読書を段階的に捉え「有用ノ書」に至る方便として読み物を位置づける考えに基づいている。日本では、1903（明治36）年になって佐野友三郎の主導のもと、山口県立山口図書館に児童閲覧室が設置されるが、西洋の図書館サービスの紹介がそうした施策に及ぼした影響も少なからずあったものと思われる。

図11.4　目賀田種太郎
（出所）https://commons.wikimedia.org/wiki/File:Tanetaro_Megata.jpg（アクセス 2019.3.29）

　目賀田種太郎による図書館報告は、1879年5月の『教育雑誌』第97号にも載せられた。江戸封建制下においては、多くの人びとが学校や文庫の恩恵に浴することがなかった点を指摘し、「文庫効功」を例示するために「米国公立文庫ノ景況」を述べるとしている。そして、「米国ノ大都府又ハ大学等ノ文庫ニ長タルモノハ、概ネ博学多識能ク古今ノ事ニ通暁シ、務メテ学校ノ教育ヲ補賛シ、以テ広ク人智ノ発育ヲナスコトニ注意セルモノニ限ルナリ」と特記されている。田中不二麿が「公立書籍館ノ設置ヲ要ス」の一文で、学校教育と図書館とを「主伴ノ関係」と捉えたのと同じように、目賀田も学校教育の補完機能を重視したことがわかる。そして、目賀田は「公立文庫」を「学校文庫」とは異なるものと理解し、「公立文庫」には学校教育を補う書物ばかりでなく、公衆の「嗜好ニ応ジ」る書物も備えるべきだとの見解を示している。

　さらに目賀田は、ボストン「公立文庫」では約11万冊の貸出に一冊しか紛失書はなく、またケンブリッジ「大学文庫」では約1万8000冊の貸出が行われたが紛失書はないと記し、「宅下ゲ借渡シノ法、我国ニテモ行ヒ難キモノニアラ

---

16) 佐藤秀夫編（1981）『明治前期文部省刊行誌集成』第8巻，歴史文献（複製），pp.284-286, 490-491.

ズ」と、日本の図書館においても一般貸出を実現するよう提唱している。

7 教育令と書籍館設置

　図書館を教育法制の中に位置づける試みもなされている。まず『米国学校法』である。これは田中不二麿が、万国博覧会に際して収集したアメリカ国内各州の学校法を帰国後訳述させたもので、1878年に文部省から刊行された。マサチューセッツ州、ニューヨーク州など6州の学校法が編訳されており、学校法中に書籍館の規定が見られる。マサチューセッツの規定を見ると、公共書籍館が「府邑」と「社有」に分類されており、公共図書館と会員制図書館が指されていることがわかる。また、住民から徴収する図書館税が図書館の維持基盤として挙げられている。

　田中は同じ1878年5月に、1872年制定の「学制」に代わる教育法令として「日本教育令」を太政官に上申している。アメリカの教育法に学び、また公立書籍館設置を全国に呼びかけた田中であってみれば、この「日本教育令」19項78章中に書籍館の一項を含めたことも首肯されるところであろう。ここには「全国ノ教育事務ヲ統理」(第1章)する「文部卿」の管轄下に書籍館が規定され、各地方で「教育ニ便センガ為ニ」書籍館を任意で設置できること(第67章)が定められている。

　この「日本教育令」の作成に先んじて、学監モルレーによって「学監考案日本教育法」が起草され、田中に提出されている。モルレーは、フィラデルフィア万国博覧会に際して『米国図書館特別報告』に東京書籍館を紹介したが、他にも、東京書籍館の目録作成の際に意見を開陳しており、図書館政策にも関心を寄せていたことが窺われる。「学監考案日本教育法」は7篇120章からなっており、「全国教育ノ事務ヲ…統フ」(第1章)文部省の管轄下に、「学校附属物」(第113章)として書籍館は位置づけられた。

　田中不二麿の「日本教育令」は、法制局長官伊藤博文に渡され、大幅な修正を受けた。このとき、当座には不要であるとして、書籍館規定のほか、民衆自

奮の方途とした教育議会に関する規定、幼稚園の規定なども削除されている。しかし、1879年2月に法制局案が元老院に上申され、審議にかけられると、委員として審議に参加した田中の意向も反映されてか、委員修正案第一条に「全国ノ教育事務ハ文部卿之ヲ統摂ス。故ニ学校幼稚園書籍館等ハ、公立私立ノ別ナク皆文部卿ノ監督内ニアルベシ」との文言が採択されることとなった。同年9月に「教育令」が公布され、ここに書籍館は初めて教育施設としての基盤を得るに至ったのである。

　こうして法的根拠を得た書籍館であったが、その後の日本で、府県や町村において設置が積極的に進められたという証左はない。1882年の『文部省第十年報』に掲載された「明治十五年書籍館表」を見ると、すでに1876年に大阪、埼玉（浦和）にそれぞれ府立、県立の「書籍館」が設立されていたが、以後、1878年に2館、翌1879年に5館、1880年に3館、1881年と1882年にそれぞれ1館ずつが創設されたに過ぎない。そのなかには、静岡、滋賀、愛知、青森（五戸）に見られるように、師範学校附属の書籍館として無料公開された場合もあったが、各地方では、学校教育の整備に手一杯であった可能性は強く、開設が望まれても蔵書を揃えられない状況も少なくなかった。地方における書籍館の設置は停滞気味であったと言える。

　一方、明治前期に新聞や雑誌を提供する場としては、公私立の新聞雑誌・書籍縦覧所やさまざまな結社の読書施設が機能した。1870年代には、青森の八戸書籍縦覧所、盛岡・求我社の書籍展覧所、山梨の新聞解話会、島根の松江書籍縦覧所、東京の五日市学芸講談会など、全国各地に読書施設が生まれた。また、1875年に学農社を設立し『農業雑誌』を創刊した津田仙の呼びかけによって、埼玉、千葉、静岡などには農事を研究するための「農談会」（「農業倶楽部」）が誕生し、農業関連の書籍雑誌が備えられた。さらに、1883（明治16）年に全国的な教員団体として大日本教育会が設立されると、1887年には東京図書館の蔵書を基礎に同会附属書籍館が設立され、各地の教育会でも公開利用を前提とする図書館が設置されていった。

　1892（明治25）年になると、文部卿代理の九鬼隆一によって「示諭事項」（教

育に関する告諭）が示された。このなかで書籍館も扱われ、3つに類型化された。①諸科の図書を収集し「学士著述者等ノ参考ニ供」するもの、②庶民に対して「通俗近易ノ図書ヲ備存」するもの、③小中学校や各種学校において有用な図書を教員や生徒に供するものである。とりわけ重視されたのは②の「通俗図書館」であり、「庶民」や「下流ノ人民」に対し「通俗図書」を通して読書修養の機会提供が図られた。とくに蔵書選択が「実ニ要件中ノ要件」として位置づけられ、一般の人びとに向けて良書の提供が目指されることとなった。

　1899（明治32）年11月になると、天皇の勅令として、日本で最初の図書館法令である「図書館令」が公布された。図書館は「図書ヲ蒐集シ公衆ノ閲覧ニ供」する施設と定義され、教育制度上に明確に位置づけられたのである。図書館令は全8条の規定であり、行政及び公立学校による公立図書館設置・廃止には文部大臣の認可が必要とされるなどした。図書館令公布を機に図書館数は飛躍的に増加し、1900年に公立16館、私立27館だった国内の図書館数は、明治末年の1912年には公立213館、私立328館に増加した。幕末から明治初期における海外の図書館理念の導入される時期を経て、国内で図書館を整備する時期を迎えることになったのである。

第11章　近代日本の図書館理解

―■□コラム□■―――――――――――――――――――――

日本における人物史研究

　2017年9月、日本図書館文化史研究会編『図書館人物事典』（日外アソシエーツ）が刊行された。収録された人物は、国内外の図書館員をはじめ、図書館の設置者、設立運動に関わった人びとや、図書館員養成、図書館学教育・研究者から、図書館と関わりのあった著名人など1421人（うち外国人約100人）にのぼっている。和田万吉、佐野友三郎、中田邦造、もり・きよしといった図書館史の教科書によく採られている人物はもちろんのこと、在野の図書館人が数多く含まれている点に特徴がある。著名人では、民俗学者の柳田國男や文学者の椋鳩十などの名前が見られる。柳田は内閣記録課長時代に内閣文庫の目録整備を担当し、椋は鹿児島県立図書館館長として読書運動を推進した経歴をもったことから、採録対象となっている。

　この分野には、1995年に石井敦元東洋大学教授が編纂した『簡約日本図書館先賢事典：未定稿』（私家版）があったが、採録者が限定され、普及も一部にとどまった。この人物事典をベースに、2012年秋、日本図書館文化史研究会において図書館人に関する本格的なレファレンスブックの作成が企図され、その後5年の歳月をかけて編纂されたのがこの『図書館人物事典』であった。編集上の特色としては、すべての項目（人物）に出典が明示され、「人名索引」「図書館・団体名索引」「事項索引」が設けられるほか、巻末に「人物調査のための文献案内」が付され、立項されていない人物を含め、とくに近現代日本の図書館関係者が網羅的に調べられるようになっている。

　『近代日本公共図書館年表　1867-2005』（日本図書館協会、2009）を編纂し、この事典の編集代表でもある奥泉和久は、「図書館員として活躍した人でも、その多くは一般の人物事典には掲載されていない。そうした人物に関する情報に辿り着くには、さまざまなツールを駆使しなければならない。幸い本書の作成には、145人の執筆者（刊行後に1名を追加）が携わることになり、多種多様な資料・情報を掲載することができた」と述べている。さまざまな資料や人的ネットワークを活用しながら、これまでの図書館活動やその展開に多くの人びとが関わってきたことを浮かび上がらせる、人物史研究の成果といえよう。

【参考文献】「『図書館人物事典』刊行記念シンポジウム」［2018］『日本図書館文化史研究会 2018年度研究集会・会員総会予稿集』pp.4-9.　　　　　　　（三浦太郎）

| 第12章 | 戦前の図書館 |

　本章では、第11章の近代初期に続いて、20世紀初頭から1930年代中頃にかけての日本の近代公共図書館の歴史を、法制度を中心に概説する。

1　図書館令の制定

　欧米の図書館制度の紹介と摂取は幕末期に始まるが、近代期日本においてその普及は必ずしも順調ではなかった。その一つの原因は、法的整備の立ち遅れにあるだろう。図書館に関する規定は教育令などに分散し、不安定であった。
　1897（明治30）年4月、帝国図書館官制が公布された。国立の図書館の存在が認知され、他の種類の図書館に対する理解も進んだ。この帝国図書館官制制定が大きな契機となって、1899（明治32）年11月、図書館令が公布された。日本で最初の図書館に関する単独法令である。
　図書館設立の法的根拠が明確になったことで、各地での図書館開設が促進された。1900（明治33）年には43館に過ぎなかった図書館数は、1915（大正4）年には900館に増加した（表12.1）。図書館令の制定が、公共図書館の数的な拡大に役立ったことは間違いない。
　一方この図書館令には、いくつかの問題点を指摘することができる。まず図書館の目的や定義が明らかでない点であるが、これについては第3節で述べる。また図書館を支える専門的職員に関する規定も不十分であるが、これについては次節で述べる。
　そして第7条に「公立図書館ニ於テハ図書閲覧料ヲ徴収スルコトヲ得」とあり、有料公開を認めたことは大きな欠点である。公立図書館の無料公開制度は、

第12章　戦前の図書館

表12.1　公共図書館数の推移（1890-1947年）

年度	合計	国立	公立	私立
1890（明治23）	20	2	8	10
1895（明治28）	25	1	4	20
1900（明治33）	43	1	15	27
1905（明治38）	101	1	30	70
1910（明治43）	374	1	128	245
1915（大正4）	900	1	393	506
1920（大正9）	1,670	1	1,604	605
1925（大正14）	3,904	1	2,546	1,357
1930（昭和5）	4,609	1	3,234	1,374
1935（昭和10）	4,759	1	3,350	1,408
1940（昭和15）	4,776	1	3,451	1,324
1947（昭和22）	1,551	1	1,386	164

（出所）文部省（1972）『学制百年史 資料編』帝国地方行政学会、pp.449-450より作成。

図書館令（明治三十二年十一月十一日勅令第四百二十九号）

第一条　北海道府県郡市町村北海道及沖縄県ヲ含ムニ於テハ図書ヲ蒐集シ公衆ノ閲覧ニ供セムカ為図書館ヲ設置スルコトヲ得

第二条　明治二十六年勅令第三十三号ノ規定ハ図書館ニ関シ之ヲ準用ス

第三条　私人ハ本令ノ規定ニ依リ図書館ヲ設置スルコトヲ得

第四条　図書館ハ公立学校又ハ私立学校ニ附設スルコトヲ得

第五条　図書館ノ設置廃止ハ其ノ公立ニ係ルモノハ文部大臣ノ認可ヲ受ケ其ノ私立ニ係ルモノハ文部大臣ニ開申スヘシ

第六条　公立図書館ニハ館長及書記ヲ置キ地方長官之ヲ任免ス

　　　館長書記ハ判任文官ト同一ノ待遇ヲ受ク其ノ等級配当ニ関シテハ館長ニハ明治二十五年勅令第三十九号中判任文官ト同一ノ待遇ヲ受クル公立中学校教諭ニ関スル規定、書記ニハ公立中学校書記ニ関スル規定ヲ準用ス

第七条　公立図書館ニ於テハ図書閲覧料ヲ徴収スルコトヲ得

附則

第八条　諸学校通則第三条中及小学校令中書籍館及図書館ニ関スル規定ハ之ヲ廃止ス

（出所）文部省（1972）『学制百年史 資料編』帝国地方行政学会、p.201.

1933（昭和8）年7月の図書館令の全面改正でも実現せず（第6節）、1950（昭和25）年の図書館法制定を待たなければならなかった。

②　司書の法制化

　帝国図書館官制第2条では、帝国図書館の職員として、館長、司書官、司書、書記を置くことを定めていた。司書官は「館長ノ命ヲ承ケ図書記録及閲覧ニ関スル事務ヲ掌ル」（第4条）職であり、司書は「上官ノ命ヲ承ケ図書記録整理保存及閲覧ニ関スル事務ニ従事ス」（第5条）、書記は「館長ノ命ヲ承ケ庶務会計ニ従事ス」（第6条）である[1]。

　一方図書館令第6条では、公立図書館に館長と書記を置くことは定めていたが、司書の配置については及んでいない。「図書記録整理保存及閲覧ニ関スル事務ニ従事ス」る専門職員が不在では、図書館はその機能を十分に発揮することはできない。

　1906（明治39）年11月、図書館令が一部改正された。第6条が「公立図書館ニ館長司書及書記ヲ置クコトヲ得」となり、「司書」が明記された。この改正により、司書が制度化され、図書館員の身分・地位が保証された。図書館の運営には司書が必要であることが法律の上からも認められた。

　また同時に館長・司書は奏任官待遇に引き上げられた。これはその地位の向上を示すものであるが、司書養成の定めが欠けているため、官吏であれば誰でも司書になれるとの誤解を与えかねない。司書の養成制度の確立が次の課題となった。

　1907（明治40）年9月、日本文庫協会（1908年日本図書館協会と改称）は国による図書館事項講習会開催を求める建議を文部大臣に提出、文部省は翌1908（明治41）年7月に図書館事項夏期講習会を実施した。また1907年10月の第2回全国図書館大会で国による図書館員養成所設置を求める決議を可決、さらに1910（明治43）年11月の第5回大会で図書館職員養成所設置の建議が上程され、養成

1)（1901）『帝国図書館一覧』帝国図書館。

所設置のための調査委員会が作られた。1912（明治45）年5月、日本図書館協会は「図書館員養成所設置建議」を文部省に提出した。

こうした図書館界の運動を受け、1921（大正10）年6月文部省図書館員教習所が設立され、図書館員の養成が始まった。翌年3月初めての卒業生17名を送り出したが、そのうち4名が女性であった。

図書館員教習所はその後1925年3月に図書館講習所、1949年4月図書館職員養成所と改称され、1965年3月図書館短期大学への改組にともない廃止された。図書館短期大学は1980年図書館情報大学となり、2002年筑波大学に統合された。

3 佐野友三郎の実践

図書館令の制定が一つの契機となって、各地で図書館の設置が進んだ。加えていくつかの図書館での先進的な実践によって、徐々に図書館サービスが深化し拡大した。

本節では、決して十分とはいえない国の図書館政策を補う、地域における活動事例として、佐野友三郎の秋田・山口両県での取り組みを紹介する。

佐野友三郎は、学友である武田千代三郎秋田県知事の招きにより1900（明治33）年4月秋田県立秋田図書館長に就任した。佐野は武田の理解を得て、夜間閲覧の実施、『秋田図書館和漢書書名目録』の編纂などを行った。さらに図書館サービスの全県的拡充をめざし、アメリカの巡回文庫（traveling library）の研究を基に、1902（明治35）年10月より巡回文庫を開始する。

武田は1902年2月山口県知事に転じ、県立図書館新設を進めた。武田は佐野に相談しながら、自ら図書館の設計図を引いた。武田の招請を受けた佐野は、秋田図書館長を辞し、1903（明治36）年3月初代の山口県立山口図書館長となった。

県立山口図書館は、同年7月の開館時より児童閲覧室を設置し（ただし開館当初は新聞雑誌閲覧室と兼用で、児童室専用となったのは1920年1月）、児童へのサービスを重視した。また同室では自由接架式（開架式）が採用され、約400冊の図書を直接手に取ることができた。当時の日本の図書館では前例のない、画期的

なサービスである。

また1904（明治37）年1月から、秋田図書館の巡回文庫と同様の巡回書庫の回付が始まった。児童閲覧室で実施されていた公開書架は、1907年4月から普通閲覧室や婦人閲覧室にも拡充された。その他山口県関係資料の網羅的収集（防長叢書）や十進法を取り入れた「山口図書館分類表」の考案など、佐野の功績は大きい。

山口図書館の先進的な実践は、全国的にも影響を及ぼした。例えば児童閲覧室の設置について1900年版の『図書館管理法』ではまったく触れていないが、1912年版では言及している。

1909（明治42）年12月、小松原英太郎文部大臣は山口図書館を視察した。翌年に発せられた文部大臣訓令は、その活動を参考にしていると思われる。『図書館管理法』やこの訓令については、次節で取り上げる[2]。

④ 小松原訓令

1892（明治25）年12月に刊行された西村竹間編『図書館管理法』は、わが国初の図書館関係の単行本である。編者の西村は帝国図書館司書官であるが、同館館長田中稲城が序文を寄せており、同書の編集に田中が関わっていたとみられる。

1900（明治33）年7月刊行の文部省編『図書館管理法』は、1899年の図書館令公布を受け、西村同名書を増補改訂したものである。文部省編纂と表記しているが、同省から委託され田中が執筆した。同書は1912年5月再び改訂されるが、これも田中が編成した。

これらはその書名が示すとおり、図書館運営の実務について簡潔にまとめており、図書館の発展に役立った。しかし図書館の役割や意義ついては、学校図書館を補完するものであるとは述べるが、その独自性については必ずしも明白

---

[2]（2004）『山口県立山口図書館100年のあゆみ：山口県立山口図書館開設100周年記念誌』山口県立山口図書館など参照。

でない。田中自身も不満に思っていたと思われるが、図書館に対する理解がまだ不十分であったことを示している。

　1910（明治43）年2月、文部省は「図書館設立ニ関スル注意事項」を訓令した。この訓令は当時の文部大臣が小松原英太郎であったことから「小松原訓令」とも呼ばれる。訓令は現在の文部科学大臣告示に近いものであり、「図書館の設置及び運営上の望ましい基準」に相当するだろう。

　この小松原訓令は、図書館令の不備を補完し、図書館行政の充実をめざす田中稲城などの図書館関係者の働きかけや、佐野友三郎などの実践から生まれたものである。そこには、次のようなそれまでの国の図書館政策にはみられない特色があった。

① 新刊図書の積極的収集を提起した。
② 館内閲覧に加え、館外貸出の実施を推奨した。
③ 分館の設置や巡回文庫の巡回による全域的なサービスの実施を求めた。
④ 学校や家庭との連携を期待した。
⑤ 地域の実情に応じた図書選択の必要性を示した。
⑥ 地域資料の収集が重要であることを示した。
⑦ 児童室の設置に触れ、児童サービスの実施を推奨した。
⑧ 婦人室の設置にも触れ、女性の利用保障を求めた。
⑨ 利用者を主体とした施設・設備の充実を提起した。

　一方、小松原訓令には「健全有益な選択」などの表現が繰り返し登場し、強調される。この訓令が発出された1910年は、明治天皇の暗殺を計画したとして幸徳秋水ら多数の社会主義者や無政府主義者が逮捕された思想弾圧事件（大逆事件）が起こった[3]。

　翌1911（明治44）年1月幸徳ら12人が処刑される。同年10月、文部省は図書

---

[3] 大逆事件と図書館の関連については、小黒浩司［1990］「大逆事件と図書館」『図書館界』第41巻6号、pp.280-287を参照。

第Ⅱ部　国内編

館に備えるべき「健全有益」な図書をまとめて、『図書館書籍標準目録』(国定教科書共同販売所)を刊行した。小松原訓令は図書館が国民教化の機関として歩み始めるきっかけともなった。

図書館設立ニ関スル注意事項
曩ニ図書館令発布セラレシヨリ以来公立私立図書館ノ設置漸ク多キヲ加フルノ状アルハ洵ニ喜フヘキ現象ナリトス然レトモ此等図書館ノ内容ヲ観察スレハ往々施設未タ其ノ宜シキヲ得サルモノナキニアラス依テ茲ニ図書館ノ施設ニ関シ特ニ注意ヲ要スル事項ヲ掲ケ以テ大体ノ標準ヲ示サントス
図書館ノ施設ハ規模ノ大小ニ応シテ取捨斟酌宜シキヲ得サルヘカラス近時各地方ニ於テ設立セラルル通俗図書館又ハ小学校ニ附設スル図書館ノ類ハ施設其ノ宜シキヲ得サルトキハ小学校及家庭ノ教育ヲ裨補スル上ニ於テ其ノ効益尠少ニ非サルヘシ而シテ此ノ類ノ図書館ニ在テハ健全有益ノ図書ヲ選択スルコト最肝要ナリトス故ニ成ルヘク其ノ施設ハ簡易ニシ主トシテ力ヲ有益ナル図書ノ蒐集ニ用ヒシメンコトヲ要ス若シ夫レ相当ノ資力ヲ有シ完全ナル図書館ヲ設立セントスルモノニ在リテハ地方ノ実況ニ応シテ成ルヘク此ノ標準ニ準拠シテ適当ノ施設ヲ為サシメ以テ十分ノ効果ヲ収メンコトフ期セシムヘシ
右訓令ス

明治四十三年二月三日
図書館設立ニ関スル注意事項
文部大臣　小松原英太郎

一、図書館ハ学術研究ニ資スルト共ニ一般公衆ノ読書趣味ヲ涵養シ其ノ風尚ヲ高メ其ノ智徳ヲ進ムルノ用ニ供スルモノナレハ図書館ノ種類目的ニ応シ適当ニシテ有益ナル書籍ヲ選択蒐集センコトヲ要ス通俗図書館ニ在リテハ殊ニ然リトス依テ其ノ蒐集スヘキ書籍ハ勿論其ノ寄贈ニ依ルモノ、如キモ一般公衆殊ニ青年児童ノ閲覧ニ供スヘキ雑誌類ニ就キテハ十分取捨選択ニ注意シ最健全ニシテ有益ナルモノヲ選ミテ閲覧用ノ書目ヲ調製スヘシ

一、数個ノ図書館ヲ有スル地方ニ於テハ成ルヘク毎年各図書館主任者ノ会議ヲ開キ其ノ閲覧ニ供スヘキ図書ト種目ニ関シ標準ヲ議定スルヲ可トス
一、図書館ハ単ニ其ノ地方ニ古来存在セル古書類ヲ収容シ又ハ寄贈ヲ受ケテ之ヲ閲覧セシムルニ止マラス常ニ有益ナル新刊図書ノ増加ヲ図リ館内ニ於テ閲覧ニ供スルハ勿論広ク館外ニ貸出シ稍々規模ノ大ナル図書館ニアリテハ或ハ分館ヲ設ケ或ハ巡回文庫ノ制ヲ立ツル等成ルヘク地方一般ニ書籍ノ供給ヲ図ランコトヲ要ス
一、図書館ハ一般公衆ノ知識ヲ進メ修養ニ資スヘキハ勿論ナリト雖特ニ学校及家庭ト相待テ教育ノ効果ヲ収ムルコトニ務メ或ハ学校ト聯絡シテ教員ノ学科教授上ニ於ケル参考ニ供シ或ハ家庭ニ対シテ其ノ子弟ノ閲読スヘキ健全ナル良書ノ標準ヲ示シ以テ子弟ヲシテ幼時ヨリ陋劣ナル書籍ヲ手ニセサルノ習慣ヲ養成セシムヘシ
一、図書館ハ土地ノ情況及読者ノ種類ニ応シ適切ナル図書ノ選択ヲ為サヽルヘカラス例ヘハ工業地ニハ工業ニ商業地ニハ商業ニ農業地ニハ農業ニ関シ各必要ナル図書ヲ供給スルカ如シ又其ノ所在地ニ関スル図書記録類並其ノ地方人士ノ著述ヲ蒐集スルコト最肝要ナリトス
一、図書館ヲ建設セントスルニ方リテ府県庁所在地其他稍々大ナル市街地ニ在リテハ其ノ敷地ハ主トシテ交通、風教、衛生ノ諸方面ヨリ観察シテ最適当ナル場所ヲ選ヒ其ノ建築ハ閲覧、管理、衛生上ノ便ヲ図リカメテ外観ノ虚飾ヲ去リ質素堅牢ヲ旨トスヘシ而シテ土地ノ情況ニ依リ図書館ノ敷地ヲ交通ノ便ナル所ニ求メ難キトキハ分館又ハ巡回文庫ノ制ニ依リ其ノ欠点ヲ補足スルヲ可トス
一、図書館ノ設備ハ概ネ左ノ各号ニ依ルヘシ但簡易ナル図書館並小学校等ニ附設スルモノハ此ノ例ニ依ルコトヲ要セス
　一、図書館ハ閲覧室、書庫及事務室ヲ区分スルヲ可トス其ノ他地方ノ必要ト経費ノ多少トニ相応シ成ルヘク児童室、婦人室、特別閲覧室、休憩室、製本室、使丁室等ヲ設クルヲ便トス
　二、閲覧室ノ構造ハ主トシテ通風及採光ニ注意スヘク書庫ハ成ルヘク煉瓦造又ハ土蔵造トシ廊下ヲ以テ閲覧室ニ接続セシメ点燈其ノ他必要已ムコトヲ得サル場合ノ外火気ヲ其ノ内ニ入レサルヲ可トス書庫ノ天井ト床トノ距離ハ九尺乃至十尺トシ書函ト側壁トノ間隔及書函ト書函トノ間隔ハ共ニ約二尺五寸トシテ之ヲ

通路ニ充ツルヲ可トス
　三、器具ハ閲覧室用卓子、椅子、図書出納台、牌子目録函、辞書台、貸出目録函
　　　ノ類ニシテ実際ノ必要ニ応シ成ルヘク之ヲ具備スルヲ可トス
　四、帳簿目録類ハ事務用トシテ図書原簿、函架目録、事務用牌子目録、貸出牌子
　　　目録等ニシテ閲覧用トシテ件名目録、洋書著者目録、同分類目録、和漢書書名
　　　目録、同分類目録等ニシテ実際ノ必要ニ応シ成ルヘク之ヲ具備スルヲ可トス而
　　　シテ目録類ハ原簿、函架目録ノ類ヲ除クノ外成ルヘク一般ニ牌子式ニ依リ帳簿
　　　記入ニ依ラサルヲ便トス

(出所) 文部省編 (1912) 『図書館管理法』金港堂書籍、附録。

⑤　東京市立図書館の活動

　小松原訓令で示された図書館サービスの可能性は、1910年代から20年代にかけての、いわゆる大正デモクラシー期に花開いた。本節では、その一例として東京市立図書館の活動を概観する[4]。

　東京市内[5]には、前章でみたように1872（明治5）年8月に文部省が書籍館を設置しており、国立の図書館は存在した。しかし東京市立、あるいは府立の図書館不在の時代が長く続いた。

　この不備を補ったのが、1887（明治20）年3月開館の大日本教育会附属書籍館（1896年12月帝国教育会書籍館と改称）と、1902（明治35）年6月開館の私立大橋図書館である。だが首都東京に、市民のための公立図書館はないのは異様である。1901（明治34）年東京府の人口は200万人を超えていた[6]。都市整備の上

---

[4] 東京市立図書館の実践については、小川徹・奥泉和久・小黒浩司（2006）『公共図書館サービス・運動の歴史　1』日本図書館協会、pp.134-170などを参照。

[5] 1889年5月、東京府の東部15区が分立して東京市となった。1932年10月、近接する82町村を編入して35区となり、戦後23区に再編された。なお東京都は、東京府と東京市を統合して1943年7月に成立した。

[6] 「人口の推移（東京都、全国）（明治5～平成29年）」「東京都の統計」中の「人口の動き（平成29年中）」の「参考表4」（http://www.toukei.metro.tokyo.jp/jugoki/2017/ju17q10000.htm, アクセス2019.3.17）。

からも、公立図書館の設置が要請された。

1904年3月の東京市会で、坪谷善四郎議員（大橋図書館理事）による市立図書館設立の建議が可決され、1908（明治41）年11月市立日比谷図書館（以下、日比谷図書館）が開館した。翌年9月の市立深川図書館開館を皮切りに、市内に図書館が順次整備され、1914年6月には市内全15区に19館が開設された。

1915（大正4）年4月、日比谷図書館を中心に市立図書館を一体的に運営する機構改革が実施され、日比谷図書館の館頭（館長）に今沢慈海が就任した。今沢の指揮のもと、東京市立図書館は以下のようなサービスの拡充に努め、市民の利用を促進した。

① 閲覧料を無料とした（日比谷図書館の成人部を除く）。
② 館外貸出を重視し、貸出方法を改善した。
③ 開架式を積極的に導入した。
④ 図書館網を活用した同盟貸附（相互貸借）を実施した。
⑤ 夜間開館を実施した（日比谷図書館は開館時から実施）。
⑥ 『市立図書館と其事業』（1923年9月創刊）などの館報類を発刊し、広報活動を重視した。
⑦ 各種目録の編集などにより、利用者の利便性を高めた。
⑧ 京橋図書館の実業図書室など、地域の実情を考慮したサービスを展開した。
⑨ 各館に児童室を設置し、児童サービスを重視した。

1923（大正12）年9月の関東大震災により、東京市立図書館は20館中12館が焼失するなど、大きな被害を受けた。しかし深川、駿河台、京橋の3館は鉄筋コンクリート造の大型館に生まれ変わるなど、復興が進められた。

ところが1931（昭和6）年4月、東京市立図書館処務規程が改正され、東京市教育局が図書館を統括することになった。この政策変更によって、日比谷図書館を中心とする図書館網は崩壊し、今沢も3月末で館頭を退く。有料公開、

閉架式の復活など、そのサービスは大きく後退する。

　この東京市による図書館再編は、次節に述べる図書館令の全面改正という、国による図書館統制強化を先取りするものであり、デモクラシーの時代の終わりを知らせるものであった。

6 改正図書館令

　1929（昭和4）年10月のニューヨーク・ウォール街での株価大暴落に端を発する金融危機は、日本など世界各国に波及し、世界恐慌へと発展した。この危機に対応するために日本は、近隣アジア諸国への侵略を加速し、1931（昭和6）年9月満洲事変を引き起こし、翌1932年3月「満洲国」を建国する。だがその結果、英米などとの対立が激化し、日本は1933年3月国際連盟から脱退する。

　一方国内では、政党政治に不満を募らせる一部の急進派軍部や国家主義者たちは、要人襲撃事件などを繰り返し、1932年5月には犬養毅首相を暗殺する（五一五事件）。この事件以後ファシズムが猛威をふるい、日本は戦争へと突き進んでいく。

　図書館令は1933（昭和8）年7月に全面改正される。同改正以後の図書館令は「改正図書館令」と呼ばれる。この全面改正は、図書館の充実を望む図書館関係者の働きかけが実を結んだともいえる。帝国図書館長松本喜一は「わが図書館発達史上まさに画期的とも謂つべき根本的の大改正」と評している[7]。

　だが上述のような時代背景を考えるならば、図書館令の全面改正は図書館に対する統制強化を企図するものであったといえよう。国家主義・軍国主義が台頭するなかで、文部省は図書館の役割の再定義をめざした。それは、図書館が国民を戦争へと先導する教化機関としての役割を強めることであった。

---

7) 松本喜一［1933］「図書館令の改正」『図書館雑誌』27年10号, p.275.

図書館令（昭和八年勅令第一七五号）

第一条　図書館ハ図書記録ノ類ヲ蒐集保存シテ公衆ノ閲覧ニ供シ其ノ教養及学術研究ニ資スルヲ以テ目的トス

二　図書館ハ社会教育ニ関シ附帯施設ヲ為スコトヲ得

第二条　北海道府県、市町村、市町村学校組合、町村学校組合並ニ町村制ヲ施行セザル地域ニ於ケル町村ニ準ズベキ公共団体及其ノ組合ハ図書館ヲ設置スルコトヲ得

第三条　道府県立図書館ハ地方長官、市町村立図書館ハ市町村長之ヲ管理ス

二　前項中市町村ノ図書館ニ関スル規定ハ市町村学校組合、町村学校組合並ニ町村制ヲ施行セザル地域ニ於ケル町村ニ準ズベキ公共団体及其ノ組合ノ図書館ニ関シ之ヲ準用ス

第四条　商工会議所、農会其ノ他ノ公共団体ハ図書館ヲ設置スルコトヲ得

二　前項ノ規定ニ依リ設置シタル図書館ハ私立トス

第五条　私人ハ図書館ヲ設置スルコトヲ得

第六条　図書館ハ公立又ハ私立ノ学校、博物館等ニ附設スルコトヲ得

第七条　図書館ノ設置廃止ハ道府県立ノモノニ在リテハ文部大臣、其ノ他ノモノニ在リテハ地方長官ノ認可ヲ受クベシ

二　図書館ノ設置廃止ニ関スル規定ハ文部大臣之ヲ定ム

第八条　図書館ニハ分館ヲ設置スルコトヲ得

二　前条ノ規定ハ分館ノ設置廃止ニ之ヲ準用ス

第九条　図書館ノ設備及経費ニ関シ必要ナル事項ハ文部大臣之ヲ定ム

第十条　地方長官ハ管内ニ於ケル図書館ヲ指導シ其ノ聯絡統一ヲ図リ之ガ機能ヲ全カラシムル為文部大臣ノ認可ヲ受ケ公立図書館中ノ一館ヲ中央図書館ニ指定スベシ

二　中央図書館ノ職能ニ関シ必要ナル事項ハ文部大臣之ヲ定ム

第十一条　図書館ニハ館長並ニ相当員数ノ司書及書記ヲ置クベシ

第十二条　文部大臣ハ図書館事業ノ奨励上必要アリト認ムルトキハ公立又ハ私立ノ図書館ニ対シ毎年度予算ノ定ムル所ニ依リ奨励金ヲ交付ス

> 第十三条　公立図書館ニ於テハ閲覧料又ハ附帯施設ノ使用料ヲ徴収スルコトヲ得
> 第十四条　私立学校令第一条、第三条、第七条及第十条乃至第十二条ノ規定ハ私立図書館ニ関シ之ヲ準用ス
>
> 　附　則
> 一　本令ハ昭和八年八月一日ヨリ之ヲ施行ス
> 二　本令施行ノ際現ニ存スル私立図書館ニシテ従前ノ規定ニ依リ其ノ設置ヲ開申シタルモノハ本令ニ依リ其ノ設置ニ付認可ヲ受ケタルモノト看做ス
> 三　前項ニ規定スル図書館ノ館長ニシテ本令施行ノ際現ニ其ノ職ニ在ル者ハ本令施行後一月内ニ其ノ住所及氏名ヲ地方長官ニ届出デタル者ニ限リ本令ニ依ル認可ヲ受ケタル者ト看做ス

(出所)『官報』1949号（1933年7月1日）p.1.

7　図書館附帯施設論争

　旧図書館令では図書館の目的が明らかではなかったが、改正図書館令では第1条に簡略ではあるものの「図書記録ノ類ヲ蒐集保存シテ公衆ノ閲覧ニ供シ其ノ教養及学術研究ニ資スルヲ以テ目的トス」と、明示された。ところが第1条には「図書館ハ社会教育ニ関シ附帯施設ヲ為スコトヲ得」という第2項も設けられた。

　この国の図書館は、第1条に示された図書館の基本的な機能さえ十分に達成できていない貧しい現状にある。まずは図書などの資料の収集と提供という基本的なサービスの実践が優先される。石川県立図書館長の中田邦造は、「附帯事業」を限定的・付随的に解釈した[8]。

　これに対して文部省の成人教育課長松尾友雄は、中田の見解を「遺憾ながら制定の趣旨と齟齬するもの」と批判した。第2項は、図書館が第1項に掲げるような目的にとどまることなく、さまざまな「附帯事業」を行うことをうなが

8) 中田邦造 [1934]「図書館員の拠つて立つところ」『図書館雑誌』28年1号, p.8.

したのであり、行政の効率化のためには町村の小規模な図書館は「軈て町村社会教育館に変化してゆく運命」にある、とした[9]。

近い将来、図書館は「社会教育館」に統合される定めにあるとも受け取れる松尾の論に対し、中田は図書館は図書館として発達すべきであると反論し[10]、それにまた松尾が反論した[11]。これが「図書館附帯施設論争」である。

文部省が推進しようとすることに違和感を感じた図書館関係者も多かった。しかしこの国が戦争へのあゆみを加速する時代に「図書を通じて人心の底にふれるような図書館的働が行はれ且つ発展して行く」と反論すれば、読書による国策への協力の方向に向かわざるを得ないのかもしれない。

8 中央図書館制度

改正図書館令の眼目は、第10条に定める中央図書館制度の導入にあった。同条にいう地方長官とは、今日の都道府県（以下、県と略称）の知事に相当するが、旧憲法下では中央政府から派遣された、おもに内務省の官僚が知事に就任した。中央図書館制度の目的は、帝国図書館を頂点に、県立図書館（中央図書館）―県内公私立中小図書館という、図書館における中央集権体制の確立にあったといえる。

改正図書館令の施行にあわせて、図書館令施行規則が定められた。その第7条には、中央図書館における実施事項が以下のように列記されている[12]。

(一) 貸出文庫等ノ施設
(二) 図書館経営ニ関スル調査研究及指導

---

9) 松尾友雄［1934］「図書館令第一条第二項」『図書館雑誌』28年2号, pp.33-36.
10) 中田邦造［1934］「図書館は図書館として発達せしめよ：図書館令第一条の再吟味」『図書館雑誌』28年4号 pp.90-96.
11) 松尾友雄［1934］「図書館の附帯事業に関する見解の対立」『図書館雑誌』28年4号, pp.97-104.
12) 武田英治・山本順一編集責任（2002）『図書館法規基準総覧（第2版）』日本図書館協会, p.128.

(三) 図書館書籍標準目録ノ編纂頒布
(四) 図書館ニ関スル機関紙類ノ発行
(五) 図書館ニ関スル研究会、協議会、展覧会等ノ開催並ニ其ノ開催斡旋
(六) 図書及図書館用品ノ共同購入ノ斡旋
(七) 郷土資料ノ蒐集其ノ他適当ナル附帯施設
(八) 前各号ノ外図書館ノ指導聯絡統一上必要ナル事項

　また改正図書館令第12条では、図書館事業のための奨励金交付を定めていた。文部省の図書館行政に沿った運営を実施する図書館を、「優良図書館」として顕彰し、他の図書館を同じ方向に導くための手段となる。

　ところが改正図書館令制定時で約３割が県立図書館未設置であり、その機能を十分に発揮している県立図書館も少ないのが実情であった。文部省が期待したような中央図書館制度がある程度機能したのは、静岡県や長野県など数県にとどまった。

　中央図書館も、改正図書館令制定から約１年の間で30館が指定されたが、その後の指定は頭打ちになり、５県が未指定のまま敗戦を迎えた（表12.2）。改正図書館令の目論みは失敗に終わったといえよう。

　公共図書館数の推移をみると、最多期4700館を超えた図書館数は、敗戦後の1947（昭和22）年には1551館に激減し、1920年以前の館数に戻った（表12.1）。図書館が国の政策にあらがうことに限界はあろうが、進まぬ図書館の地位向上に焦り、国策に加担した代償はあまりに大きかった。

第12章 戦前の図書館

表12.2 戦前期の県立図書館設置状況と中央図書館指定状況

都道府県名	県立図書館設置状況		中央図書館指定状況	
	設立年月	名　称	指定年月	備　考
北海道	1924.3	北海道庁立	1934.3	
青森県	1928.4	青森県立	1934.5	
岩手県	1921.10	岩手県立	1934.5	
宮城県	1907.4	宮城県立	1933.9	
秋田県	1899.4	秋田県立秋田	1933.9	
山形県	1910.5	山形県立	1934.4	
福島県	1929.2	福島県立	1933.11	
茨城県	1903.2	茨城県立	1938.5	
栃木県				
群馬県			1943.11	前橋市立
埼玉県	1924.3	埼玉県立埼玉	1933.10	
千葉県	1924.3	千葉県	1933.10	
東京都	1943.7	東京都立日比谷	1943.10	
神奈川県				
新潟県	1915.3	新潟県立	1933.9	
富山県	1940.2	富山県立	1934.5	富山市立
石川県	1910.11	石川県立	1933.9	
福井県			1940.7	福井市立
山梨県	1931.3	山梨県立	1934.6	
長野県	1929.2	県立長野	1933.10	
岐阜県	1934.3	岐阜県立岐阜	1941.2	
静岡県	1922.11	静岡県立葵	1933.9	
愛知県				
三重県	1937.1	三重県立	1939.7	
滋賀県	1942.5	滋賀県立	1943.5	
京都府	1898.4	京都府立	1933.10	
大阪府	1903.4	大阪	1936.4	
兵庫県				
奈良県	1906.2	奈良県立奈良	1934.5	
和歌山県	1908.2	和歌山県立	1933.10	

239

第Ⅱ部　国内編

鳥取県	1929.8	鳥取県立鳥取	1933.11	
島根県				
岡山県	1906.3	岡山県立	1933.10	
広島県			1934.10	広島市立浅野
山口県	1902.12	山口県立山口	1933.9	
徳島県	1916.7	徳島県立光慶	1933.9	
香川県	1934.3	香川県立	1934.7	
愛媛県	1935.4	愛媛県立	1936.2	
高知県	1916.3	高知県立	1934.2	
福岡県	1915.12	福岡県立	1933.9	
佐賀県	1929.4	佐賀県立佐賀	1934.2	
長崎県	1912.6	長崎県立長崎	1933.9	
熊本県	1912.4	熊本県立熊本	1933.9	
大分県	1931.4	大分県立大分	1944.8	
宮崎県	1902.4	宮崎県立宮崎	1934.2	
鹿児島県	1912.4	鹿児島県立	1933.9	
沖縄県	1910.8	沖縄県立沖縄	1940.4	

（出所）奥泉和久編著（2009）『近代日本公共図書館年表：1867-2005』日本図書館協会、より作成。

第13章　戦後占領期改革

　1945（昭和20）年8月にポツダム宣言が受諾されてのち、1952（昭和27）年まで日本はアメリカを中心とする連合国最高司令官総司令部（GHQ/SCAP）の占領下に置かれた。この戦後占領期には、民間情報教育局（CIE）教育課に図書館担当官（Library Officer）が置かれ、日本の図書館制度に対する改革が図られた。初代図書館担当官キーニー（Philip O. Keeney）は図書館再建計画（キーニー・プラン）を発表したが、これはGHQ/SCAPの容れるところとはならず、図書館政策は、図書館法制定に向けた動きを中心に進められることとなった。法制定の過程を見ると、日本側では義務設置や中央図書館制度を求める意見が強く、無料公開のような理念についても、図書館法に条文化されるに当たってはアメリカ側の意向の大きかったことがわかる[1]。また、1950（昭和25）年の法制定後、1951（昭和26）年4月には慶應義塾大学に「ジャパン・ライブラリースクール」（JLS）が設立され、アメリカの関与は専門職図書館員の養成に焦点化された。

　本章では、図書館法制定過程を中心に戦後占領期の動向を確認し、とくにアメリカの関与について整理しておきたい。

1　初代図書館担当官キーニー

　GHQ/SCAPにおいて図書館が政策の文言の上に現れるのはCIEの発足時である。1945年9月、アメリカ太平洋陸軍総司令部（GHQ/USAFPAC）にCIEが

---

[1] 三浦太郎（2013）「占領下日本における図書館法制定過程」今まど子・高山正也編著『現代日本の図書館構想：戦後改革とその展開』勉誠出版，pp.249-270.

図13.1 CIE 図書館
(出所) https://commons.wikimedia.org/wiki/File:CIE_Library.JPG（アクセス 2019.3.29）

設置され、10月に GHQ/SCAP が創設されることにともなって、CIE は GHQ/SCAP において民事問題を扱う幕僚部の一部局となった。CIE の主要な任務は、ポツダム宣言の基本方針に基づき、民主主義思想の普及と軍国主義の排除を行うことを柱とし、日本の諸教育機関との連携や、最高司令官マッカーサー（Douglas McArthur）の教育方針の実施に必要な計画の策定および情報収集を行うものであった。さらに、美術品、古器物、文化財、宗教上の作品、図書館、博物館、公文書保管庫、宗教建築物および史的記念物の保護、保存、救出あるいはその処分に関する事項について、総司令官に勧告を作成することも任務に加えられ、文化遺産としての図書館の保護も所管対象となった。民主化の理解を図る目的で、CIE 図書館（第 5 節参照）も各地に設置された（図13.1）。

　CIE では発足直後の 9 月下旬の時点から、日本の文部省との協力のもとで教育使節団の招聘が計画された。これは、日本の教育改革を進める上で、力量の不足する CIE スタッフを補佐する優れた教育家の必要性を、CIE と文部省の双方が認識したためと考えられている。翌1946年 1 月にニューヨークタイムズ紙が使節団について報道した際には、使節団の使命のひとつに「日本における図書館、科学研究所、博物館の利用状況、研究者の自由について留意しつつ、高等教育の状況を調査すること」が挙げられており、高等教育の一機関として

第13章　戦後占領期改革

図書館が注目されている。

　図書館に関して具体的な政策提言がなされるのは、1946（昭和21）年3月にアメリカ対日教育使節団が来日して以降のことである。4月に公表された使節団報告書では、第5章の「成人教育」と第6章の「高等教育」の中で、図書館が独立した項として扱われている。この使節団報告書では以下2点が特に重要である。すなわち、①第5章に「公共図書館」の項目が立てられ、そのなかではじめて図書館が成人教育機関として位置づけられたことと、②公共図書館は民主思想を普及するための機関のひとつであると定義され、あらゆる者の自由な利用が主張されたことである。その際、戦前の入館料や貸出料の徴収は批判され、政府負担に裏打ちされた無料公開の実現が主張された。この使節団にはシカゴ大学大学院図書館学研究科（GLS）教授のカーノフスキー（Leon Carnovsky）が参加しており、アメリカ図書館界の考えが反映されたと言える。すべての人びとへの図書館の無料公開は、その後の図書館法制定の過程でもアメリカ側から再三にわたって主張されるところとなった。

　占領期初代図書館担当官を務めたのはキーニーである[2]。キーニーは民政局（GS）からCIE教育課に移って使節団の受け入れ準備に協力し、日本側の図書館関係者と接点をもった。7月には正式に図書館担当官に就任し、翌1947年4月までその任を果たした。使節団報告書公表の翌日（4月8日）、キーニーは「日本のための統合的図書館サービス」（Unified Library Service for Japan）いわゆる「キーニー・プラン」を作成している。キーニー・プランは8月には文部省社会教育局で翻訳され、日本の図書館関係者にも周知された。

　キーニー・プランでは、まず成人教育の文脈の中で統合的な図書館システムを構築すべき旨が主張され、「無料公共図書館の設立に向けた動きは、民主思想の進展のために重要な要素である」と述べ、使節団報告書の提言に沿った主張がなされている。そして、アメリカ・カリフォルニア州の制度を例としながら、統合的な図書館制度を提唱した。これは、日本全国をカリフォルニア州、

---

[2] 三浦太郎［2007］「戦後占領期初代図書館担当官キーニー」日本図書館文化史研究会編『図書館人物伝：図書館を育てた20人の功績と生涯』日外アソシエーツ，pp.367-388.

都道府県をカウンティにそれぞれ見立て、日本の国立図書館、都道府県立図書館、市町村立図書館、さらには学校図書館や大学図書館までも「統合」しようとする制度構想であった。ここでいう「統合」とは、総合目録の作成を通じて資料貸借を実施し、日本の図書館ネットワークを整備する意である。キーニーの意図は、戦争による被害状況の中で、戦前から財源不足に苦しんだ日本の図書館において効率的なサービスを行うため、資料購入費を抑え図書館資料を活用する制度を構築することにあった。

1946年6月、文部省で全国都道府県の中央図書館長会議が開かれた。これに先立ち、図書館法案制定に向けた議論の叩き台となる「図書館法規に規定さるべき事項」が作成されている。この「事項」は、東京都立図書館長となっていた中田邦造を中心にまとめられ、第1章「総則」において、図書館を、図書館令の規定したような社会教育の附帯施設とはせず、広く文化厚生施設とすることを謳っている。すでに1933（昭和8）年の図書館令改正の際に附帯施設論争があったが、この「事項」の文言には、思想統制の手段であった社会教育機関に批判的であった中田の意図がうかがわれる。また、「事項」では「図書館は閲覧料使用料等の徴収を為さざること」（第7章）として無料制が謳われている。

このほかにも、「図書館組織に関する事項」として、国立中央図書館を図書館組織の「基幹」とすべき旨が述べられ、さらに、全国を数地方に分かち、地方の中心の都道府県立中央図書館に連絡局を設けるべきことが主張されている。その意図は、国立中央図書館に設けた中央連絡局とこれら地方連絡局とを結び「管下図書館の連絡指導」体制を築き上げることであった。全国をいくつかの地方に分ける考えにキーニー・プランとの相似性がうかがえるが、キーニーが資料貸借の枠組みを作ろうとしたのとは異なり、ここでは図書館の指導体制の構築が想定されている。キーニーの構想と「事項」とでは、この点で決定的に異なったといえる。その他、「事項」では、蔵書構成や経常費の基準、職員組織など、日本側の図書館人が温めてきたと考えられる規定が随所にあり、キーニーの提言を吸収しつつ、中央図書館制度の構築を図った点が大きな特色であった。

8月には、帝国図書館において全国の各地域の代表ら19名から構成される「図書館制度改革委員会」の会合が開かれた。「事項」やその後の議論に基づいた討論がなされ、「図書館制度改革に関する委員会報告書」が作成された。この報告書では、閲覧料を原則無料としながらも「使用料」の徴収を認めている。無料制について、委員長であった長田富作大阪府立図書館長は、「利用者は入館料を支払えば書物を熟読するであろうから、その徴収を支持する」と否定的な見解を述べている。

　文部省では当初、法案を1947年1月からの第92帝国議会へ提出することを予定していたが、教育基本法など重要法案が多数提出されており、結局、上程には至らなかった。教育基本法は1946年9月に文部省で立案が開始され、11月から文部省とCIEとの間で協議が行われており、社会教育条項についても文部省側からの働きかけで基本法に含むことが決められていた。

　キーニーはその後、各地で図書館員と会合を開き、強制的にプランの実現を図るのではなく、館界の意向を聞きながら説得的に事を進めようと配慮したことがうかがえる。最高司令官マッカーサーは日本人の手による改革の自主性を重視したと言われ、日本側の意欲の尊重はGHQ/SCAPの占領政策にも沿っていた。しかし、1947年4月、キーニーは共産主義との関わりを理由に図書館担当官の任を解かれ、志半ばで日本を去ることとなった。

② 成人教育担当官ネルソン

　キーニー帰国後、10月にバーネット（Paul J. Burnette）が図書館担当官として着任するまで、成人教育担当官ネルソン（John M. Nelson）が図書館を担当した。ネルソンはCIEの施策に基づき社会教育行政の分権化構想を提示していた。

　1947（昭和22）年5月、在京の図書館人が集まる「金曜会」の席上で、ネルソンから東京帝国大学司書官河合博に対し、年末に予定される第2国会に図書館法案を上程してはどうかと提案がなされ、金曜会において検討が始められたという。CIEでは成人教育プログラムの一環として新図書館法案の作成が把握

されていたが、ネルソンは「現在の図書館法規は機能していない」旨をキーニーから伝えられており、戦前の図書館令に代わる法案の必要性を感じていた。

　ここで、図書館法を単独法の形で進めた理由について一言しておきたい。1946年5月の時点でネルソンは、文部省社会教育局の寺中作雄事務官から、社会教育基本法の草案が起草中であることを知らされており、図書館も含めた総合法的な社会教育立法の動きを把握していた。寺中は公民館構想の主導者であり、図書館を機能的に公民館に併合し、公民館と一体的に運営する考えをもっていた。これに対し、ネルソンは教育の地方分権化の手段として公民館を活用することには積極的であったものの、他方で文部省における権力の集中は否定しており、文部省が公民館と図書館とを一体的に統制する危険性について敏感であった。図書館の統制は文部省から完全に分離させ、日本図書館協会が図書館を監督すべきとの見解も示し、こうした立場から、図書館法の制定について館界独自の動きを奨励したと考えられる。

　金曜会での討議を踏まえ、1947年7月に日本図書館協会から覚書が発表されると、「『社会教育法』の制定が考慮されてゐる様に聞くが、図書館は…社会教育法の中に入れて縛って了ふことはできない」と述べられた。この覚書で特徴的なのは、文部省による図書館統制に関する文言が削除され、権限の分散が図られていることである。例えば、国立中央図書館に文部事務官などを配置する旨を定めた案文が削除されている。また、図書館委員の役割が拡大され、「館長の任免、予算その他運営上の重要事項に参画」すると改められた。図書館委員会の規定は先の「事項」にもあるが、委員会がこれほどに積極的な役割を担ってはいなかった。翌8月に「公共図書館法案（修正仮案）」が作成されたが、ここにおいて（一時的であるが）中央図書館構想が姿を消している。中央図書館構想は館界の念願であり、この「修正仮案」にはネルソンの影響が色濃い。

　こうした議論を受け、9月に第2回都道府県中央図書館長会議が開かれ、会議の席上、図書館法の単独法化が参加者の間で確認された。ネルソンはアメリカ教育使節団の勧告の説明を行い、無料制の原則を強調したほか、おそらく単独法化に向けての館界の意欲を十分に認識したためであろう、文部省に図書館

法案の作成を命じている。文部省では同月に「公共図書館法案（修正仮案）―加藤・雨宮案」をまとめCIEに提出した。しかしながら、この「加藤・雨宮案」では、監督庁の許可があれば閲覧料の徴収は可能と定められたほか、中央図書館制度の規定も復活するなど、ネルソンが取り組んだ分権化の意向にはそぐわない内容であった。

ネルソンが図書館担当官を兼任したこの時期には、第一に、図書館法の単独法化が決定づけられた点が重要であった。第二に、図書館法制定の議論の中で、分権化政策というCIE全体の枠組みと図書館政策の対応づけが図

図13.2　CIE 図書館の開架雑誌室（1947年10月）

（出所）今まど子・高山正也編著（2013）『現代日本の図書館構想：戦後改革とその展開』勉誠出版, p.100.

られた点に注意を要する。しかし、図書館界の意向と分権化を推進するネルソンの考えとの間には隔たりがあり、図書館法の実現にはさらなる時間が必要であった。

③　第2代図書館担当官バーネット

社会教育局文化課では兵藤清事務官を中心に文部省案の作成が進められ、1947年10〜11月に4案の作成をみた。「兵藤案」では、文化施設としての図書館の位置づけ、および社会教育の振興への寄与、中央図書館制度の採用、資料の相互貸借の重要性、図書館員養成機関の設置が文言化され、第2案以降に無料制が、また、第3案から地方教育委員会の任命による図書館委員の設置が、それぞれ記された。

この時期に第2代図書館担当官バーネットが来日している[3]。バーネットは

占領当初の時期に東京 CIE 図書館の初代館長を務めた人物であり、9月にアメリカで ALA 東洋部委員長のブラウン（Charles H. Brown）と事前に会合を行った際には、アメリカから派遣される図書館員への支援のほか、図書館学教育、図書館員の交流、アメリカの雑誌や図書の収集に重点を置き、日本の図書館に対して全面的に支援策を講じるよう求められている。

　バーネットがとくに重視したのは、国会図書館の運営に助言を行う図書館使節の来日に向けた準備であった。すでに1947年6月に、羽仁五郎参議院図書館運営委員長らと民政局（GS）のウィリアムズ（Justin Williams）の間で会合が開かれ、新たな国立図書館の創設に関して、図書館の専門家をアメリカから招聘することが決められていたが、10月に入って CIE に対し、図書館使節に報告を行う日本側代表の選定や討議資料の作成が求められたのである。12月に LC 副館長のクラップ（Varner W. Clapp）と ALA のブラウンが図書館使節として来日したが、CIE の「1948年に向けた目標」には、「国立国会図書館の設立を、日本の図書館界の中でもっとも重要な事業として位置づける」ことが謳われた。

　1948（昭和23）年1月28日付の *CIE Weekly Report* には、バーネットと文部省社会教育局の柴沼直局長らの間で会議のあったことが記されている。議題は、図書館使節が上野の国立図書館と国会図書館の統合を提言していることに対する意見を問うものであった。社会教育局側は「国会図書館が、核心部分において一般の人びとを考慮しているか疑問である」として反対の意を示している。それまでに社会教育局で作成した図書館法案諸案では、中央図書館構想に立ち、国立中央図書館の規定も含めた立法化を目指していただけに、国立国会図書館を独自に設立する構想は容れられないものであった。しかし、2月に「国立国会図書館法」は成立し、第22条において、上野の国立図書館は国立国会図書館の支部とすることが定められた。

　この国立国会図書館（図13.3）の設立を受け、1948年2月に作成された「兵藤第5案」では、依然として中央図書館制度の枠組みが残されているものの、

3）三浦太郎［2006］「占領下日本における CIE 第2代図書館担当官バーネットの活動」『東京大学大学院教育学研究科紀要』第45巻, pp.266-277.

条文の文言から国立図書館の規定が消えている。図書館法の範疇から「国立図書館」が除かれ、ここに中央図書館制度の内実は変質を余儀なくされたとみることができよう。

1948（昭和23）年3月に入り、公共図書館法案の草案「兵藤第6案」が文部省からバーネットに提出された。*CIE Weekly Report* の中でバーネットは、それまでの草

図13.3　国立国会図書館（1948年設立）
（出所）https://commons.wikimedia.org/wiki/File:Old_National_Diet_Library.JPG（アクセス 2019.3.29）

案で望ましくない点として、「都道府県立図書館が都道府県教育委員会の下に置かれ、市町村立図書館が市町村教育委員会の下に置かれる」ことを挙げ、首長部局の任命による図書館協議員会（Library Board）を設置する必要性を主張している。ネルソンの考えとの相違がうかがえる。

文部省では同月、「公共図書館法案―文部省社会教育局文化課案」を公表した。この「文化課案」では、社会教育の振興および文化活動の進展への寄与、中央図書館制度の採用、図書館間相互貸借の促進、図書館員養成機関の設置、図書館委員の設置などが規定されるほか、地方教育委員会が図書館協議員会の意見を聞かなければならない事項を挙げ、図書館協議員会の発言権を強めている。一方、公立図書館に対する閲覧料徴収の許可が想定されており、無料公開性の理念は採用されていない。

公表後、各地方中央図書館長に対して「文化課案」への意見が求められたが、早々に館界の意見を集めることはできず、この結果、同案の第2国会への上程は見送られた。6月に入ると戦後最初の図書館大会が東京で開催され、「文化課案」が検討された。東京が主導的に図書館法制化を進めていることへの批判が出され、バーネットは「あらゆる図書館員の観点が法案に入れられることを

勧告」し、これは日本図書館協会に「公共図書館法委員会」が設置されることへとつながった。

　図書館大会後、バーネットと柴沼社会教育局長との間で会合が開かれ、当面の問題点が協議された。まず、①図書館協議員会の位置づけに関して、柴沼が教育委員会の任命によるとしたのに対し、バーネットは独立した部局を主張した。②無料制に関しても、入館料の徴収は「浮浪者」を締め出す利点があると主張する柴沼にバーネットが反対し、法案では無料制を文言化することで合意を得た。さらには、③図書館学校の位置づけに関して、バーネットは複数創設する必要性を強調した。

　この後、図書館法案の制定は日本側の「公共図書館法委員会」を中心にして進められ、バーネットの関与はほとんどなくなる。*CIE Weekly Report* を見る限り、国立国会図書館における職員研修、『学校図書館の手引き』の作成助言、大学図書館基準の討議、対日教育使節団の「贈り物委員会」が日本に送付した書籍の展示、日本の図書館への「コンプトン辞書」の配布といった問題が、CIEでの検討の中心となっている。

　11〜12月、中井正一、廿日出逸暁、中田邦造の3名で構成される「図書館法実施促進委員会」からバーネットに宛てて書簡が送られた。1通目の書簡は、11月に完成した「公共図書館法案—日本図書館協会案」の完成を知らせる内容であった。バーネットは「この法案の目的は、図書館令に代わるというだけでなく、訓練された図書館員の専門的地位を高め、無料公共図書館運動の基盤を拡大することにある」と記している。2通目は、この「協会案」が文部省に提出されたが、「全体が採用されることにはならない」との見通しが記され、「文部省が恣意的に法案修正を行うことに、我々れ図書館員は断固として反対」するので、バーネットの理解を求めるという内容である。この書簡で注目されるのは、「図書館法は社会教育法の下に置かれるべきではないと、我々れは固く信じている」と述べられたほか、図書館協議員会の位置づけについて、文部省は同協議員会を教育委員会の下に永続的に置く考えをもっているとして批判している点である。

バーネットは前年に「民主的図書館へ発展の指標」と題する講演の中で、「公共図書館は成人に対して、他の事業の附帯事業ではなく、中枢事業として」教育的サービスを行う教育機関であると述べ、「図書館は強い法律的基礎」をもたなければならないと主張していた。また、12月には日本図書館協会が「公共図書館法の制定について館界は如く望んでいる」という声明を発表し、「図書館は最も広義の文化機関として法律的にも独立の立場を持つべきである」とする見解や、「［将来、図書館は］制度的にも『教育委員会』に従属せず、『図書館委員会』を独立にもつべきものと思う」との考えを示した。

年が明け、1949（昭和24）年1月に文部省から「公共図書館法案―文部省案」が出されたが、その内容は「協会案」とは異質であった。例えば、公共図書館を「文化機関」として規定した文言は消え、また、無料公開制についても、市町村立公共図書館が閲覧料を徴収することができる旨が定められている。さらに、図書館協議員会は教育委員会によって任命されるが、その委員について、「協会案」では図書館関係者の推薦による者が挙げられていたのと対照的に、「文部省案」ではこれが除かれ、社会教育委員や学校長が代わりに挙げられている。図書館協議員会を社会教育に引きつけて組織する意図がうかがえる。ほかにも、公民館図書室を公共図書館に読み替えられることが新たに規定された。

社会教育局内ではこのとき社会教育法案の制定が進められており、1948年10月に各都道府県主管課長会議において意見のとりまとめがなされたのち、年明けには文部省で審議が進められているところであった。「文部省案」の作成には、そうした局の意向との整合性が模索されたと考えられる。

社会教育法が第5国会へと順調に提出されたのに対し、図書館法案は再び上程が見送られた。文部省社会教育局において社会教育法制定が最優先に考えられており、図書館法案の内容に館界の意見が十分に反映されていなかったことに加え、法案制定の折には36億円にも及ぶ予算措置が必要となることがわかり、緊縮財政の下では実現が適う道理もなかったためである。また、1949年3月に急遽バーネットが帰国することとなり、図書館法案の上程に必要なCIEからの働きかけが得られなかったことも要因に数えられよう。

バーネットの役割については、「図書館制度改革問題の解決には関心を示さなかった」とも批判されるが（裏田武夫・小川剛編『図書館法成立史資料』）、国立・学校・大学図書館など他館種の図書館関係者との関わりが、要因としては大きかったと考えられる。

国立国会図書館に関しては、バーネットの着任と同時に図書館使節が来日し、さらに1948年7月にはCIE特別顧問としてイリノイ大学図書館長ダウンズ（Robert B. Downs）が来日するなど、ALA関係者が国立国会図書館の問題に積極的に関与した。バーネットもまた、職員養成をはじめとする国立国会図書館の問題を優先的に取り扱う必要が生じたのである。また、学校図書館に関しては、学校教育の大枠が示された1947年春にALAの意向を受けてグラハム（Mae Graham）が来日し、初代図書館担当官キーニーとは別に、学校図書館問題に関わっていた。ALAと接点をもって着任したバーネットが、グラハムが日本でやり残した仕事を継続するのは自然であり、『学校図書館の手引き』の作成などにも関係した[4]。また、図書館員養成の課題をもって来日したバーネットにとって大学教育の関係者との交流も重要であった。

4 図書館法制定へ

1949年4月、バーネットの後任として図書館担当官に任じられたフェアウェザー（Jane Fairweather）を訪ねて、中田邦造と廿日出逸暁がCIEに赴いている。1949年4月14日の *CIE Weekly Report* によれば、公共図書館法案の新たな修正案が提出され、日本側から図書館担当官に対して法案への賛同と速やかな行動が求められたという。7月には、①国庫補助の規定は非現実的であること、②義務設置は望ましくなく、民意の実現を待つこと、③現職図書館員の再教育の必要性などが確認されている。しかし、9月に急遽フェアウェザーは帰国する

4）戦後占領期における学校図書館の改革については、以下の文献を参照。中村百合子（2009）『占領下日本の学校図書館改革：アメリカの学校図書館の受容』慶應義塾大学出版会，394p.；今井福司（2016）『日本占領期の学校図書館：アメリカ学校図書館導入の歴史』勉誠出版，329p.

こととなり、国会上程に向けた問題の解決は残された。フェアウェザー帰国後、図書館関連事項は、再び成人教育担当官ネルソンの責任となった。

9月末、東京上野で「全国公共図書館職員講習協議会」が開かれ、同時に「公共図書館法協議会」が開催された。その後、社会教育局長西崎恵が率先して図書館関係者への働きかけを行うなどした結果、館界側と文部省社会教育局との協調が実現する。翌1950年1月までに閣議を通過しなければ法案の成立は覚束ないことが明らかとなり、館界の意見は、社会教育法が通過したのち図書館法制定に積極的となった文部省に作成を委ね、第7国会での成立を目指すという形にまとめられていった。

公共図書館の義務設置制については、すでに1946年6月の「事項」に、「一定標準」を満たした公共図書館を市町村に設置することが規定されていたが、法案制定の議論が進むにつれ、次第に義務設置制が強く主張されるようになっていた。1949年9月に作成された「公共図書館法案要綱（案）」においても、市町村までの義務設置が規定され、国が図書館設置費、運営費の2分の1を負担すると定められていたが、9月末に上野で開かれた「協議会」をはさんで、10月の「図書館法案要綱（案）」ではそれらの義務規定がいずれも見られなくなった。

12月に開かれた「図書館法委員会」では、中井正一ら同委員会のCIE担当班とネルソンとの会合の模様が報告された。ネルソンからは、①教育委員会の自主性を重んじる上からも中央図書館制度は難しいこと、②国庫補助については、困難であるが交渉を図ること、③変更の可能性の強い「基準」は法制化に不適当であること、が述べられた。

①に関しては、10月の「図書館法案要綱（案）」で中央図書館の規定は見られなくなっている。さらに12月の「図書館法案要綱」では、都道府県立図書館が市町村立図書館や私立図書館の求めに応じ、これらの指導や助言を行うことができると規定されていたが、最終的な「図書館法案」ではそうした指導助言の規定も見られなくなった。最終的な局面で、ついに館界は中央図書館制度を断念したのである。②に関しては、12月の「図書館法案要綱」では補助金の規

定自体がなくなっていたが、最終的な「図書館法案」の中では、国は最低基準を満たした公立図書館に補助金を与えるとの文言が入れられた。③については、12月の「図書館法案要綱」では蔵書、建物、職員の基準が設けられていたが、「図書館法案」では削除された。

　また、無料制に関して、10月の「図書館法案要綱（案）」では、許可が得られれば閲覧料の徴収は可能であると規定されていたが、12月の「図書館法案要綱」では閲覧料の徴収が禁じられ、最終的な「図書館法案」では入館料その他の利用料を一切徴収してはならない旨が定められた。アメリカ側の一貫した主張がようやく法規定に定着したのである。

　12月末、「図書館法案」は文部省議を通過した。ただし、その後も関係部局との折衝が残されており、1950（昭和25）年1月19日付けの *CIE Weekly Report* によれば、大蔵省が適正な範囲内で補助金を提供するという条項に賛成しておらず、その削減を求めていると報告されている。日本図書館協会から発行された「図書館法情報」（第5号）には、ネルソンが補助金の義務（shall）を主張するのは「図書館界への親心から」であり、もし may といった場合、実質的に補助金を得ることが難しいと述べている。結局、CIE 側は譲歩を余儀なくされたが、ネルソンは「国会で義務規定に変えることも可能」であるとして義務規定を再度主張している。

　国庫補助の導入に反対したネルソンが、それほどまでに補助金の助成にこだわった理由は何であろうか。法制定後の1950年8月になってネルソンは、「入館料が禁じられたので、図書館が補助金を得られるよう CIE 教育課は力を貸す必要がある」と述べている。このことから、ネルソンの考えでは、せめて最低基準を満たした図書館に対する助成の道を残しておかなければ、日本の公立図書館は経済的に立ち行かなくなると考えていたことが分かる。1949年12月の段階で法案から削除された国庫補助の規定が、最低基準の考えと合わせて「図書館法案」に現れたのは、こうした意図からだと考えることができる。

　1950年2月23日付けの *CIE Weekly Report* をみると、今度は自治省からの反対が唱えられている。自治省側の最大の批判点は、最低基準に見合う図書館を

設置できない地方公共団体の問題であった。これに対してネルソンが、最低基準は補助金を得る図書館のための規定であり、文部省によって望ましい基準が制定され周知される旨を説明して、同意が得られた。3月に入って民政局（GS）が「図書館法案」を承認し、図書館法案は3月31日に参議院、4月8日に衆議院をそれぞれ通過し、成立した。

この時期のネルソンの関わりは、館界で待望されていた中央図書館制度を最終的に断念させ、法の実現をもたらした点が第一に重要である。そして、アメリカ側が再三にわたって主張してきた無料公開を文言化することに成功したのも、直接的にはネルソンに負っている。また彼は、4年に及ぶCIEの経験を活かし、図書館法制定に向けた最終的な調整に尽力した。

5 ジャパン・ライブラリースクールの創設

戦後占領期日本におけるアメリカの関与として、図書館法の制定と並んで重要なのは専門職図書館員養成である。1951（昭和26）年4月、慶應義塾大学に設立された「ジャパン・ライブラリースクール」（JLS）はその賜物であった。JLSの創設とともに、占領当初から課題のひとつであった専門職図書館員の養成が本格的に取り組まれた[5]。その創設経緯について以下に見ておきたい。

1951年3月、JLS開校に当たって校長ギトラー（Robert L. Gitler）は『図書館雑誌』に文章を寄せ、日本の図書館学を推進し、よく訓練された図書館員を育成するために「アメリカ図書館協会と連合国軍総司令部との共同の努力によって、新しい図書館学校が創設されることとなつた」と述べている。この文言からするとJLS設立はALAとGHQ/SCAPが共同で計画して推進したもののように受け取られるが、当初、日本にライブラリースクールを創設する意向を表明したのは軍の側であった。

その前年1950年5月、LCのクラップからALA事務局長コーリー（John M.

---

5) 三浦太郎・根本彰 [2002]「占領期日本におけるジャパン・ライブラリースクールの創設」『東京大学大学院教育学研究科紀要』第41巻, pp.475-489.

Cory）に連絡があり、クラップが陸軍省に確認したところ、陸軍省では図書館学を教える機関を日本に設立する意向を持っていることがわかったという。陸軍省では設立の財源に10万ドルを用意し、図書館関係者と善後策を協議するためクラップに連絡を取ったのである。これを受けて5月下旬、ALA では、①日本にライブラリースクールを設置するプロジェクトに ALA は関心を抱いていること、②国立国会図書館の設立に際して渡日経験のあるダウンズを日本に送り、事前の下調べをすることを決定した。

　ギトラーはその自伝で、CIE 情報課長ドン・ブラウン（Donald Brown）が JLS 創設に関する意向を陸軍省に伝え、陸軍省が ALA に働きかけたと述べている。ギトラーの回想によれば、ドン・ブラウンの考えは CIE 図書館を日本人の手で運営する上で、日本人職員を訓練するための教育機関を設置すべきというものであった。

　ドン・ブラウンは戦時中に戦時情報局（OWI）で働いた経歴をもつ[6]。OWI では戦時情報の分析やニュースの配信に加え、戦時情報に関わるパブリック・リレーション全般を担っており、その代表的な文化プロジェクトが、①外国人ジャーナリストらの招聘、②図書や雑誌の供給、③国外におけるアメリカ図書館の設立であった。CBS ラジオのコメンテーターから局長に抜擢されたデーヴィス（Elmer Davis）と、議会図書館副館長であったマクリーシュ（Archibald MacLeish）、劇作家のシャーウッド（Robert E. Sherwood）という2人の個性的な副局長のもと、OWI では民主主義社会の実現とそれを支える事実情報の開示が活動目標に掲げられ、戦時情報の伝達経路として図書館は、ニュース機関、出版流通機関、娯楽施設（映画館・劇場）とならぶ情報伝達の柱として捉えられていたのである。

　ドン・ブラウンの所管する CIE 情報課では、CIE 図書館の活用が図られた。CIE 図書館は、終戦から3か月を経た1945年11月、東京千代田区内幸町の旧放送会館（Radio Tokyo Building）108号室に最初の東京 CIE 図書館が開館したこと

6）三浦太郎［2013］「ドン・ブラウンと再教育メディアとしての図書館」今まど子・高山正也編著『現代日本の図書館構想：戦後改革とその展開』pp.197-212.

を皮切りに、日本人の利用を目的として開かれたレファレンス・ライブラリー（参考図書館）である。1946年2月にアメリカ対日教育使節団員たちの手引書として刊行された『日本の教育』（*Education in Japan*）には、「日本の文筆家・学者・官僚・政治家・諸団体ならびに一般人を対象に、国際関係や第2次世界大戦についての参考資料や書物を提供し、米国の慣習・法律・社会・政治機構に根ざす活動や政策の実体を知らせようとするもの」（第2部）とその意図が記述されている。やがてCIE図書館は東京のほか京都や名古屋をはじめ都市部に設立され、1948年10月までに17館、さらに講和条約締結直前の1951年6月までに6館、合わせて23館が設けられた[7]。

なお、CIE情報課では「格子なき図書館」（1950年公開）をはじめとするCIE映画（ナトコ映画）も製作されている[8]。アメリカの生活様式を紹介したり、民主主義を啓蒙したりする内容の映画が約400本公開されたのである。

1950年5月のALAと陸軍省の会談結果を受け、翌6月、ダウンズが調査のために再来日した。ダウンズは、CIEの関係者、国立国会図書館、6大学（東京大学、慶應義塾大学、早稲田大学、日本大学、京都大学、同志社大学）の関係者とそれぞれ会談を行ったのち、7月にALA事務局長コーリー宛てに報告書を送っている。報告書の中では、東京大学のもつ伝統や、十分な図書館学文献のコレクション、東京の知的環境などを考慮し、最終的に東京大学を第一候補に選定すると述べた。しかし、同時にダウンズはコーリー宛の私信のなかで、①財政的な問題と、②ライブラリースクールの設置場所の2点を課題として挙げている。とくに②については、東京大学が選択肢として提示したような研究機関（institute）を創設することが妥当なのか確信が持てないと述べ、ダウンズ自身は京都大学の方が好ましいと考えているが、それでも東京という都市の利便性は大きな利点であると、気持ちの揺れを伝えている。

こうしたことから読み取れるように、ダウンズはALAに対して東京大学へ

---

7) 今まど子［2013］「CIEインフォメーション・センターの活動」今まど子・高山正也編著『現代日本の図書館構想：戦後改革とその展開』pp.87-154.
8) 三浦太郎［2015］「CIE映画『格子なき図書館』の成立に関する考察」『明治大学図書館情報学研究会紀要』第6号，pp.11-18.

の JLS 設置を強く主張したわけではなかった。ギトラーが自伝のなかで、「彼［ダウンズ、筆者註］はライブラリースクールが実現可能だと考えましたが、問題はそれをどこへ設置するかでした。彼は決定を躊躇しました。『候補地の各大学に関する徹底的な調査と将来の見通しについての分析が必要になるだろう』といったのです」と回想したように、JLS 候補地に関する再調査は、「ダウンズ報告」の作成時点ですでに議論の俎上にのせられていたのである。

ALA では 8 月末、事務局長コーリー、IRB 委員長ラディントン、そして日本から帰国したダウンズの 3 人がペンタゴンに赴き、JLS プロジェクトに関する陸軍省との会合に参加した。このとき ALA 側は「ジャパン・ライブラリースクール設置案」を提案した。設置案では、ライブラリースクールの目的について、「CIE 図書館や国立国会図書館をはじめ、日本のすべての館種の図書館で質の高い日本人図書館員が不足しており、その養成を図る」こと、また、教育のレベルについて、「当面は学部レベルで開設し、将来的には大学院レベルの教育に展開する」ことを指摘している。

9 月〜10 月、ダウンズを中心に JLS 校長の選考が進められ、当時ワシントン大学図書館に勤めていたギトラーが最終的に選ばれた。11 月、JLS 諮問委員会の会合が開かれ、ギトラーは JLS 教員の選定を一任されるとともに、開校 3 か月前に日本に渡りライブラリースクールをどの大学に設立するかを決める責務を負うこととなった。

ギトラーは1951（昭和26）年 1 月に報告書を作成し、16の事項を検討した結果、東京大学、慶應義塾大学、京都大学のうち慶應義塾大学に最も高い評価が与えられるとし、JLS を慶應義塾大学（図13.4）に設立することを提言した。16の事項のうち、ギトラーが特に重視したのは「西洋式の考え、思想、教育的アプローチに対する包括的な理念、理解、受容」であったが、彼は慶應義塾大学に最高評価の「1」、東京大学に最低評価の「5」をつけている。日本の近代化を推し進めた福澤諭吉の自伝の英訳をギトラーが入手し、その考えに感銘を受けたことはつとに知られている。ギトラーは回想録の中で、東京大学でいくつかの学部の学部長と会ったがどの学部長も自分のところの教育課程にライ

第13章　戦後占領期改革

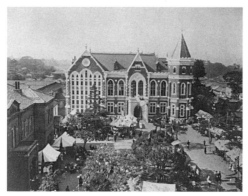

図13.4　慶應義塾大学図書館旧館（1912年設立）
（出所）https://commons.wikimedia.org/wiki/File:Keio_University_Library,1912.jpg（アクセス 2019.3.29）

ブラリースクールを組み込むことを拒否し、結局、この時点でも東京大学は独立した研究所を望んだと述べている。このことをもって、東京大学が「きわめて保守的（feudal）」だとの印象を抱いたようである。ギトラーにとって、旧来の学問構造が固まっているかに見える東京大学は新たな図書館学教育の場として適切ではなかった。

　この年4月から JLS は開学したが、講義はすべて英語で行われ、教室には必ず日本人通訳が置かれた。また英語教材には和文が併記して刷られていた。多くの宿題を課して学生の研究意識を高めたり討論を重視したりする授業スタイルは、講義中心の旧来の日本の授業風景を一変させるものであったという。開設時のカリキュラムは、アメリカの典型的なライブラリースクールにおけるそれであり、その後も本質的にはその枠組みが維持された。教育の中核となる専任教員は1954（昭和29）年まですべてアメリカ人であり、内容的には特に公共図書館員を志す学生の期待に応えるものであった[9]。

　当初は占領終結後のスクールの維持について未定であったが、ギトラーらの

---

9) 高山正也（2016）『歴史に見る日本の図書館：知的精華の受容と伝承』勁草書房，pp.137-152.

努力により、1951年6月にロックフェラー財団から5年間、総額14万2800ドルの資金援助が行われることが決められ、ここにJLSの存続が確かとなった。ギトラーは当初1年間の滞在予定だったが、このロックフェラーの資金提供が続いた5年のあいだ、JLS校長の任を全うすることになる。図書館学の根付いていない日本の風土のなかでアメリカ流の図書館員養成を継続するには、アメリカの援助が不可欠であったといえる。

■□コラム□■

CIE 映画「格子なき図書館」

　占領期を通じて CIE 映画は400本以上を数えた。「アメリカの国立図書館」「アメリカの公共図書館」など、図書館を取り上げた映画も数本あるが、図書館界で特に知られたのは「格子なき図書館」である。この映画は日本映画社により新潟県立図書館などを舞台に製作され、1950年12月5日に公開された。

　映画では冒頭、有料で金網ごしに書架が見え、利用者の閲覧要求に応えられない旧来の日本の図書館が否定的に描かれるが、背景音楽の曲調が一転すると、無料で開放的で、多様な資料を提供する占領下の図書館・視聴覚ライブラリーが明るく映し出される。人びとは図書館に来て図書やレコードなど図書館資料を自由に使うことができ、図書館協議員会に参加して意見を述べ合うこともできる。また、巡回文庫の実施によって、図書館未設置の地域の人びとでも図書を通じて文化に触れることのできる様子が描かれた。

　雑誌『読書相談』（1950年9月号）に「CIE 映画　格子なき図書館　シナリオ」（脚本・吉見泰）が掲載されている。冒頭で探しものに訪れた「竹田さん」が、目録の引きにくさや閉架式書庫から出納されてくる時間の遅さなどに辟易しながら、「書庫の中へ自由にはいれて、読みたい本を探せるのだったら、どんなに素晴らしいだろう。そういう気持のいい図書館はないものか」と感想を抱くモノローグが記される。そしてフェードアウト後、宮城県図書館、新潟県立図書館、千葉県を走る移動図書館と紹介されていき、「暗く古く単に書物倉庫に過ぎなかった日本の図書館も、書棚の自由に開放された明るい図書館へと徐々にとは云え着実に変りつつあるのです」と、利用制約のない開架制図書館への展開が描かれた。

　戦後の新たな図書館像を提示した「格子なき図書館」は、2014年、第100回全国図書館大会開催記念事業の一環として DVD『映像でみる戦後日本図書館のあゆみ』のなかに収録され、今日、広く見られるようになっている。

【参考文献】三浦太郎［2019］「戦後占領期におけるアメリカ図書館像：CIE 図書館のサービスを中心に」『図書館と読書をめぐる理念と現実』松籟社，pp.95-137.

（三浦太郎）

第14章　『市民の図書館』とその時代

1　戦後の図書館と「図書館の自由に関する宣言」

1.1　戦後日本の図書館の状況

　第二次世界大戦後、図書館法（1950年）の成立により公共図書館の法的背景が定まった。とはいえ、小規模な自治体が多いなかで公立図書館の数は多くなく、また設置されている場合でもその規模は必ずしも十分なものではなかったようである。

　統計により違いが見られるものの、1946（昭和21）年の公立図書館数は2500館あまり[1]であった。しかし、1955（昭和30）年の文部省「社会教育調査報告書」では、独立して設置された本館が、都道府県立で46館、市区立で219館、町立51館、村立11館、地方公共団体の組合立1館の計328館、分館を含めると708館の公立図書館が設置されていることが報告されている。

　このような急激な数値の変化をもたらした社会状況として、いわゆる昭和の大合併がある。1945（昭和20）年10月には205市、1797町、8518村であったものが、1951（昭和26）年6月時点では556市、1935町、981村へと合併が進行しており、公立図書館の設置母体となる自治体数が大きく変化した。また、「国民の教養を高め」「町村自治体に民主主義の実際的訓練を与える」（文部次官通牒「公民館の設置運営について」1946年）公民館の設置が奨励される中で、社会教育法（1949年）の制定により公民館の設置が市町村の法的な権限となり、既存の施設の性格を転換する自治体が現れたことも図書館数の減少に影響している。

---

[1] 日本図書館協会『図書館雑誌』第42巻2号では4500館あまりとされる。

1.2 「図書館の自由に関する宣言」

　東西冷戦が深化するなかで、連合国による占領政策は1949（昭和24）年以降、いわゆる「逆コース」の道をたどり、政治的にも共産主義・社会主義者を排除しようとする「マッカーシズム」（赤狩り）が日本にも波及し、1万人以上が職場を追われる状況が生じていた。

　このようななかで、1952（昭和27）年の第5回全国図書館大会を期に、破壊活動防止法により「かつての戦時中と同様或種の資料の入手公開が圧迫され、図書館の中立性、自由が犯される」ことを危惧する動きが図書館界において現れてきた。日本図書館協会では機関誌『図書館雑誌』などにおいて図書館の中立性をめぐる誌上討論を呼びかけ、これを承ける形で当時の誌面などにさまざまな意見が表れている。そのなかには、警察による閲覧カードの調査や、購入図書に対する教育委員会からの干渉などを報告したものも見られる。

　さらに、埼玉県立図書館からの「図書館憲章」制定の提言などを契機に日本図書館協会に図書館憲章委員会が設けられ、アメリカ図書館協会・アメリカ出版者協議会共同宣言「読書の自由」など海外の事例も紹介されながら図書館の中立性に関わる議論は続けられた。

　このような経緯を経て1954（昭和29）年の第7回全国図書館大会において「図書館の自由に関する宣言」の主文が採択され、副文はさらに効果的なものとなるよう、検討を続けることとなった。

　図書館の自由に関する宣言は、当初は「理念の表明」[2]であったが、1973（昭和48）年に山口県立山口図書館において共産党関係、在日朝鮮人問題、反戦平和運動などを扱う資料が段ボール箱に入れられて放置されたことが判明し、後に担当者が「図書館の中立性を欠く」「公序良俗に反する」観点から除去したとその動機を説明するといった事態が生じた。

　図書館の日常活動が図書館の自由と具体的に結びつく問題への対応が求められ、日本図書館協会では「図書館の自由に関する調査委員会」を1975（昭和50）年に発足させるとともに、図書館の自由に関する宣言の副文案の改訂等に取り

2）日本図書館協会（2004）『「図書館の自由に関する宣言1979年改訂」解説　第2版』．

組み、1979（昭和54）年の全国図書館大会において「図書館の自由に関する宣言 1979年改訂」が採択された。

　　図書館の自由に関する宣言　1979年改訂　（主文のみ掲載）
　図書館は、基本的人権のひとつとして知る自由をもつ国民に、資料と施設を提供することを、もっとも重要な任務とする。
　この任務を果たすため、図書館は次のことを確認し実践する。
　第1　図書館は資料収集の自由を有する。
　第2　図書館は資料提供の自由を有する。
　第3　図書館は利用者の秘密を守る。
　第4　図書館はすべての検閲に反対する。
　図書館の自由が侵されるとき、われわれは団結して、あくまで自由を守る。

　このように、「図書館の自由に関する宣言」は、図書館の活動が人々の身近なものになるに従ってその意義がより重要となってきた。現在でも新たに生じているさまざまな事例に対して、図書館が対応を考える際の立脚点となる共有すべき価値として検証が重ねられている。

2　『市民の図書館』前史
——中小レポート——

2.1　市町村立図書館の発展と新たな課題
　第1節で述べたように市の数が増える中で、多くの市が図書館を設置するようになり、従来は道府県立図書館が重要な役割を果たし、図書館を設置する市町村が限られていた図書館サービスの供給について、その担い手の変化がもたらされた。
　1961（昭和36）年の調査では、556市に対して391館が設置されており、設置率は70.3％であった。しかし、このような状況は、あらたに市となった自治体に設置されている図書館の多くが、市としての規模に見合った図書館サービス

の提供経験が乏しい状況にあったことを意味している。実態として、1963（昭和38）年度の全国の人口1人あたり貸出冊数は0.09冊であり、国内の全図書館の総貸出冊数は欧米のひとつの大都市に設置される図書館の総貸出冊数と同じ程度にとどまる規模であった。

　このような状況が認識されるなかで、後に見る中小公共図書館運営基準委員会報告『中小都市における公共図書館の運営』（日本図書館協会、1963年。以下、「中小レポート」と略記）につながる取り組みが日本図書館協会により開始された。

　清水正三委員長以外が若手の委員で構成された中小公共図書館運営基準委員会では、作成する運営基準の対象を人口5万～20万人の都市とした。5万人とは、委員会において図書館として存立可能な自治体の規模を議論するなかで到達した基準であったが、地方自治法が定める市となる要件と一致している。また、20万人とは、「西欧なみの都市としての形態」がこの規模から見られるとの判断によるものであった。同委員会の全国委員であった黒田一之は、日本図書館協会の有山崧（たかし）事務局長からの指示が中小図書館の運営基準の作成だけであり、具体的な指示はなかったと回想している[3]。

　ここで表14.1をもとに、「人口5万～20万人の市」が当時どのような意味を持っていたのかを見てみよう。

　1961（昭和36）年当時、全国に556市が存在したが、「人口5万～20万人の市」は228市におよび、全体の41.0％を占めている。また、これらの市の総人口は約2000万人であり、全国の市の住民に対し40.0％を占めている。また、これらの市が設立した公立図書館は169館であり、全国の市立図書館に対して49.7％を占めている。

　「人口5万～20万人の市」とは、市全般に対する対象となる市の比率、居住人口、市立図書館設置数において一定の範囲を占めており、さらに設置率にお

3）黒田一之［1995］「『清水レポート』の背景」是枝英子・野瀬里久子・松岡要・若杉隆志編著『現代の公共図書館・半世紀の歩み』日本図書館協会，pp71-81．なお、同書では「中小レポート」のことを、報告をまとめた委員長名を付して「清水レポート」と表記している。

第Ⅱ部　国内編

表14.1　人口段階別市数、人口および図書館設置市数

人口段階 (万人)	市数	同構成比 (%)	総人口 (人)	同構成比 (%)	図書館 設置市数	同構成比 (%)	設置率 (%)
～5	287	51.6	11,042,099	21.6	139	40.9	48.4
5～20	228	41.0	20,459,403	40.1	169	49.7	74.1
20～	41	7.4	19,578,474	38.3	32	9.4	78.0

(出所)「中小レポート」p.56の表をもとに集計して作成。

いてもそれ以上の規模の都市に匹敵する状況にあった。

　このようにして、図書館の規模ではなく、図書館を設置する自治体の規模に応じた図書館基準という性格が定まった。そして、当時の図書館の実情ではなく、自治体の状況から図書館に求められる機能を導出し、それを達成する上で求められる基準を提示するという方針が採られた。

　同委員会は、このような方針の下に人口5万～20万人の都市にある既存の図書館の調査を実施する。その調査対象館を選定するにあたっての条件のひとつに、「館外貸出」の実施が含まれている。

　このような調査を行った背景をふたたび黒田の回想に求めると、次のようなことが指摘されている。まず、「東京という大都市もしくはその周辺に住み、大都市にある図書館しか実務経験のない者にとって、全国にちらばる中小都市の実態と、その図書館については、たまたま訪れたことはあったとしても、それだけのことに過ぎない」というもので、前述の大図書館と中小図書館のギャップを裏付けるものといえよう。また、「従来ナショナルプランとして論じられてきたものは、それが完成したときにそう呼ばれるものであっても、初めはまず住民に直接サービスに当たっている第一線の図書館のあり方から構築されていくものでなければならない」とも回想されている。同委員会が、数を増やしつつある中小図書館の運営基準を、ボトムアップ的に構築しようとしたことが見て取れよう。

　調査により、人口5万人台の都市では図書館員個人の働きによって図書館活動が支えられる傾向があること、7万人台となると単館でのサービス提供が困難となり、分館等によるサービスが求められるようになることなどが確認され

ている。このような調査を踏まえて作成されたのが、次項で概説する「中小レポート」である。

2.2 「中小レポート」の概要

前述のように、1963年に公表された「中小レポート」は、1960（昭和35）年度から1962（昭和37）年度までに実施された分館等を含む71館の調査と、それをもとにした委員会の議論の成果としてまとめられた。また、先述した当時の図書館の活動が海外に比べて活発ではない状況について、町村合併により既存館の分館化・廃止が生じるとともに、市の規模の拡大に図書館の伸長が伴わず、相対的に図書館サービスが縮小していたとまとめている。

このような公共図書館の不振理由の一端として、「中小レポート」では、①戦後に出版された図書館経営論に関わる文献が大図書館を基底に置いていたこと、②その内容が館内奉仕を詳述する一方で館外奉仕に触れない、あるいは不十分なものであったこと、が指摘されている。館内奉仕を中心とする大図書館経営論によって運営された結果、例えば大図書館であれば十分な人員で運営される業務を少数の人員で実施するといったように、中小図書館を大図書館のミニチュアにしてしまう状況が生じ、結果として中小図書館の不振を招いているというのである。

その上で、「中小レポート」は図書館法第2条、第3条に規定された図書館の目的および図書館奉仕の例示は「公共図書館奉仕の全領域であるといってよい」と評価しつつ、各種の奉仕が同じ比重で示されており、もっとも本質的な奉仕とはなにかが見失われがちであると指摘する。その上で、公共図書館の役割を「公共図書館の本質的な機能は、資料を求めるあらゆる人々やグループに対し、効果的にかつ無料で資料を提供するとともに、住民の資料要求を増大させるのが目的である」と委員会としての結論を提示する。そして、「資料提供という機能は、公共図書館にとって本質的、基本的、核心的なものであり、その他の図書館機能のいずれにも優先する」と述べ、他の奉仕（読書相談や参考業務など）は資料提供と結びついてはじめて図書館業務として意味をもつとした。

さらに、「提供」についても、従来の公共図書館は館内閲覧偏重であり館外貸出が軽視されてきたことに触れ、提供とは館内で利用することとともに館外へ持ち出せることを意味し、その対象も図書資料に限られないとした。

その上で「以上の機能を達成するためには、現在の人員、予算ではおそらく不可能であろう。しかしもともと公共図書館とはそのようなものとして出発しなければならないのではないだろうか」と問いかけ、従来の図書館像からの脱却を求めている。

このように公共図書館のあり方を示した上で、「中小レポート」は「中小公共図書館こそ公共図書館である」と宣言する。その背景には、先に述べた調査時に、中小図書館職員の多くが大図書館に対して「劣等と羨望の意識」「対抗意識」を持っていたとの認識がある。そして、①「日本国民＝利用者とは、地域住民＝市町村民の総称である」②「利用者は大図書館を望んでいない」③「大図書館は、中小図書館の後盾として必要である」として、公共図書館のあるべき姿を描き出す。

①は、公共図書館のサービスを受けられる権利が行使できるためには、「実際に生活する小地域（市区町村）に設けられた公共図書館のサービス・エリアの中」に含まれる必要があり、それゆえ中小図書館が重要であることを示している。②も同様に、「生活の場の手近な所に在る、または通勤通学の途中に立ち寄れる近距離に在る数多い図書館施設」が利用者に求められており、そのような図書館が機能していれば大図書館までは求められないとの考えによっている。以上をふまえ、③では、大図書館が、その所在都市を対象としたあり方から「中小図書館をたすけ、それを育てる方向」にサービスを見直すことを期待している。

「中小レポート」は、その後に中小図書館の歴史、現状等に触れた上で、「２　図書館奉仕」「３　図書館資料とその整理」「４　管理」「５　図書館の施設」「６　図書館設置と相互協力」の各項目について提言を重ねている。次項以降では、館外奉仕の重視と図書費充実の２つの観点に関わる事項について、「中小レポート」の記述を見ていくこととする。

2.3　「中小レポート」における館外奉仕の重視

　「中小レポート」は、これまでにも述べているように、従来の図書館像では重視されてこなかった貸出を資料提供の手段として重視する立場を取っている。それとともに重視されているのが、分館の設置や貸出文庫などを含む館外奉仕である。市町村合併が進行したことにより、従来の市街地の周辺に新たに合併した旧自治体が一定の広さと人口をもって存在しており、図書館の存在する中心市街地において閲覧中心のサービス提供だけでは変化に対応できないことがその理由となっている。そのような状況下では、図書館に来館することが困難な、あるいはそもそも図書館を利用しようとしない住民は図書館の価値を認めず、図書館の価値を知り支持する利用者層にはなり得ない。「中小レポート」では図書館を設置する自治体を１つの「ユニット」とみなし、「建物としての図書館を考えるのではなく、１つの都市に数館ある場合も、都市（自治体）を１つの単位として考える」方針をとっているが、このユニットが機能する上で必要な条件を探ることで、図書館のナショナルプランを考える際の基礎データとなることも期待されていた。

　このような状況に対し、市の中心部にある図書館に場所を限定せず、「積極的に図書館が持つサービス機能を、住民の手許まで拡大接近」させる必要があり、そのことを通して住民に図書館の存在理由を知ってもらうことが求められる。その例として、中央館を新設あるいは改築する際にその予算の半分または一部で小さな独立した分館を設置し、中央館と分館の関係で運営することで利用者に親しまれ、歓迎されるのではないか、との試案も提示されている。

　また、館内サービスを合理化することで「できるだけ館員のエネルギーをたくわえ、それを館外奉仕活動にふりむけられるよう」にしつつ、「館内活動が地域住民へのサービスの拠点的働きをすることの意義」を見落とさないことも提言している。このような合理化の目は整理業務にも向けられ、目録作業は「図書館のあらゆる作業の中で、最も多くの無用な時間と労力を注いできた」と評され、「奉仕のための資料であり、整理であって、（略）整理のための整理におちいってはならない」との観点から印刷カードの使用などにより業務を軽

表14.2 蔵書の最低標準の例
（冊）

	館内	館外	計
参考図書	1,000		1,000
小説読物	6,000	7,200	13,200
児童図書	2,500	2,400	4,900
一般図書	8,000	2,400	10,400
計	17,500	12,000	29,500

（出所）「中小レポート」p.134の表をもとに作成。

表14.3 図書の耐用年数 （年）

	館内	館外
参考図書	15	−
小説読物	4	4
児童図書	5	4
一般図書	10	5

（出所）「中小レポート」p.167の表をもとに作成。

表14.4 最低の図書補充冊数および図書費の概算

	補充冊数（約）	図書費（約）	平均単価（約）
館内	2,870冊	1,380,000円	482円
館外	2,880冊	1,248,000円	433円
計	5,750冊	2,628,000円	457円

（出所）表14.3と同じ。

減化し、また余計な目録を作らないことなどが提言されている。

2.4 「中小レポート」における図書費充実の提言

　「中小レポート」では、蔵書計画についても提言している。人口約5万人に対して個人貸出が年間4万～5万人、館外サービスとして移動図書館車や配本所等を運営する自治体を想定して作られた「大まかな最低標準」をまとめたのが表14.2である。

　さらに、「図書館予算の中核は資料費である」として公共図書館の現状は「あまりに少額」であるとした上で、図書の耐用年数を表14.3のように想定した場合の「蔵書を維持するだけであって増加しないギリギリの額」を試算した。その結果、人口5万人の市において、最低262万円の予算が必要とされた（表14.4）。

　1961年時点の市立図書館の資料費（予算額）は、約半数が年間44万円以下であり、五大市[4]を除いてもっとも予算額が多い高知市で295万円、200万円を越

---

4) 当時の政令指定都市で、横浜市・名古屋市・京都市・大阪市・神戸市。

第14章 『市民の図書館』とその時代

表14.5 「必要な統計」に挙げられた項目

```
(イ)利用統計
  (a) 個人貸出登録者数（一般、学生、児童別）
  (b) 個人貸出利用人員、貸出冊数（一般、学生、児童別）
  (c) 団体貸出登録総数
  (d) 団体貸出利用延団体数、貸出冊数
  (e) 貸出文庫送附ヶ所数
  (f) 貸出文庫送附回数、送附冊数
  (g) 自動車文庫駐車場数
  (h) 自動車文庫個人登録者数
  (i) 自動車文庫登録団体数
  (j) 自動車文庫貸出冊数
  (k) 相談受付数（口頭、電話、文書別）
(ロ)資料統計
  (a) 年度末蔵書冊数（NDC分類、参考図書、児童）
  (b) 年間受入冊数（寄贈、購入別）
  (c) 除籍冊数
  (d) 視聴覚資料
```

える図書館はほかに３館（１館は開館直後の時期）のみであった。当時の状況に対して、中小レポートの試算は「高すぎるようにみえる」と委員会も認めるところではあったが、実地調査を背景とする「確信」に基づく結論であった。

「中小レポート」では、さらに図書館統計の重要性を説いている。その意義は次のように説明される。①理事者に図書館の真の姿を知ってもらう、②住民に図書館の現状を報告する、③館員全部が図書館の活動を知悉し行動する、④図書館同士がその活動を比較し合い、自館の問題点を知るため、この４点が統計をとる目的とされた。具体的には、（イ）利用統計（個人貸出登録者数など）、（ロ）資料統計（年度末蔵書冊数など）、に分けられた15項目（下位の項目を含まない）の集計が必要であるとしている。そして、これらをもとに貸出利用者数などの指標を算出し、自館の実情を把握することが提案されている（表14.5）。

3 『市民の図書館』の登場

3.1 「中小レポート」に対する反応

　調査と議論を重ねて公表された「中小レポート」であったが、館界の反応は芳しいものではなかった。「中小レポート」のなかでも認められていることであるが、資料費の見積りは、当時にあっては人口5万人の市において実現可能と思われる規模ではなく、むしろ都道府県立図書館の予算額に近い数字であった。

　また、これも「中小レポート」の中で認められていることであるが、目録業務の見直しに関連して提案された印刷カードの利用は、その切り替えに際して多くの障害があると見られており、スムースに移行することは困難であると見なされた。

　また、統計の対象項目には館内閲覧が含まれておらず、館外貸出を重視する「中小レポート」の姿勢を反映するように、利用に関しては利用登録や貸出冊数を重視していた。

　このように、「中小レポート」は従来の図書館像からの転換を提示するものの、なかには必ずしも十分な実態をともなわない提案も含まれており、従来の図書館（府県立図書館など）からの批判も出された。一方で、このような「中小レポート」の性格について、図書館の実情が貧しかった当時において、「中小図書館本来の体系をもつべき」との観点を示し、「いま何に1番力を傾けなければならないかという、多分に政策的な、戦術的なもの」を示したとも評価され[5]ており、実際の業務に応用したとの報告も出ている。

3.2 『市民の図書館』の刊行

　新たな県立図書館の経営論の確立を企図した調査の計画や、日本図書館協会

---

5) 笠師昇［1973］「中小レポートの10年」日本図書館協会『図書館雑誌』第67巻4号 pp.6-9. 笠師は中小レポートの作成委員であった。

による公共図書館振興プロジェクトなど、「中小レポート」をめぐるさまざまな動きがあるなかで、日本図書館協会事務局長であった有山崧が日野市長となり、「中小レポート」の作成にも携わった前川恒雄が初代日野市立図書館長に就任した。

日野市は1963（昭和38）年に市制に移行し、1965年の人口は約6万8000人と「中小レポート」の対象となる規模の自治体であり、また1960年に比べて約57％の人口増加が見られるように、成長を遂げつつある自治体であった[6]。

日野市立図書館では、中央館よりも移動図書館車や貸出文庫を優先する取り組みを行った。例えば、移動図書館車によるサービス開始は1965（昭和40）年であるが、中央図書館の開館はさらに遅れて1973（昭和48）年となった。また、予算を資料購入費に集中させる経営により、年額で約500万円（1965年度）、約920万円（1966年度）を確保し、さらに児童の利用拡大への取り組みにより登録利用者の約6割が児童となり、また購入図書における児童書の比率が5割強となった。このような取り組みにより「書庫から図書がなくなる」とさえ言われる活発な利用状況が実現した。

このような日野市をはじめとするさまざまな図書館実践の積み重ねを反映し、「ポジティブな仮説」であった「中小レポート」を、「論理的に明晰さを加え、運営方法は現実的な説得力をますもの」[7]へと修正・発展させた『市民の図書館』が1970（昭和45）年に刊行された。

3.3 『市民の図書館』が描く図書館像

『市民の図書館』は、「市立図書館がやらなければならないこと」を①市民の求める図書を自由に気軽に貸出すこと、②児童の読書要求にこたえ、徹底して児童にサービスすること、③あらゆる人々に図書を貸出し、図書館を市民の身近に置くために、全域にサービス網をはりめぐらすこと、の3点を挙げ、「これらについて、どのように考えどのように取り組んだらいいかを明らかにす

---

6) 人口は「昭和40年国勢調査」による。
7) 日本図書館協会（1993）『近代日本図書館の歩み』日本図書館協会.

る」のが同書であると説明している。

『市民の図書館』は、公共図書館の基本的機能が「資料を求めるあらゆる人々に、資料を提供すること」にあると宣言する。それは「自由で民主的な社会は、国民の自由な思考と判断によって築かれる」からであるが、その国民の自由な思考と判断は、「自由で公平で積極的な資料提供によって保証される」ものであり、このような「資料の提供は公共図書館によって公的に保証され、誰でもめいめいの判断資料を公共図書館によって得ることができる」ことを強調する。『市民の図書館』は、このような観点から「公共図書館は、国民の知的自由を支える機関であり、知識と教養を社会的に保証する機関である」と説明する。

また、学問の発達と技術の進歩により「人々は、それぞれの仕事や生活のなかでみずから学び、みずからを教育しなければならなくなっ」ており、図書館は「住民の自由意志による自己教育を、資料の提供によって助けることができる」のであり、その役割は今後ますます重要になるであろうと指摘している。中産階級あるいはインテリ層に焦点を当てた図書館サービス観もあるなかで、「国民」を図書館のサービス対象とするこのような考え方は、中小レポートにも見ることができる[8]。

そして、このような図書館のサービスを直接に提供できるのは市町村立図書館であり、その意味で「市町村立図書館こそ公共図書館の中核」と、市町村立図書館、特に市立図書館の重要性を強調する。

これらの公共図書館が全市民にサービスを提供するには、どのような方策が必要であろうか？『市民の図書館』では、「市立図書館は一つの建物ではない」として、本館―分館―移動図書館からなる一つの「組織」として図書館を構築する必要性を説いている。このような図書館を構築することにより、「全市に張りめぐらされたサービス施設」のいずれでも市民の要求を受け止め、必

---

8) この点については、石井敦氏に対して山口源治郎・奥泉和久・横山道子氏がおこなったインタビュー記録（オーラルヒストリー研究会編〔1998年〕『「中小都市における公共図書館の運営」の成立とその時代』日本図書館協会, p.81）を参照のこと。

第14章 『市民の図書館』とその時代

図14.1 着ぶくれた服を脱ぎ、ランニングシャツで力
いっぱい走ってみよう
（出所）日本図書館協会（1970）『市民の図書館』p.36.

要に応じて本館も関わりながら利用者に資料を届けることができるのである。
　資料提供という公共図書館に求められる基本的機能は、貸出とともにレファレンスという方法で実現されることもまた指摘されている。『市民の図書館』では、従来の閲覧が「援助なきレファレンス」にとどまっていたとして、適切な図書と利用者を結びつけるレファレンスを、貸出とともに重視している。
　このような公共図書館において、本項の冒頭に挙げた３点の「市立図書館がやらなければならないこと」を実現するにあたり、『市民の図書館』はこれら「一番基礎となる業務に全力を挙げようではないか。ここからすべてのサービスはあるべき位置で自然にあらわれてくるはずである」と呼びかける。従来の図書館は、一つひとつが大切で不必要ではないさまざまな業務を抱えており、しかもあたかも「チョッキも背広もオーバーもマフラーも何でも着込み、しか

もチョッキの下にオーバーを着たり、下着なしでマフラーをつけよう」とする状態（図14.1）であったと指摘されており、基本となる業務をベースとした業務の再構築の提言であった。このような指摘は、「中小レポート」において業務の合理化が提言されていたことと一致している。

業務の再構築には、「中小レポート」において提案された印刷カードの活用も含まれている。さらには、高知市民図書館における移動図書館用図書の目録を作成しない実践例を挙げつつ、図書館の規模、職員数、サービスの内容によってどのような目録を作るかを各図書館が決定することを提言している。

一方で、「中小レポート」においてその重要性が指摘された統計であるが、入館時に記入する入館票が「図書館を市民からへだてている第一の壁」であるとして、統計のための取り組みが利用者の妨げとなっていないか注意を払う必要性も指摘している。貸出手続きについても、一部の図書について貸出手続きを省略している海外の図書館の事例が紹介され、利用者の負担軽減に向けた取り組みを探ることを提言している。

「中小レポート」では利用者の潜在的な要求を汲み取る必要性を述べているものの、リクエストサービスまではほぼ言及されていなかったが、『市民の図書館』では項目を立てて解説を加えている。『市民の図書館』に先立つ日野市立図書館の実践にもリクエスト制度が含まれており、イギリスの公共図書館を視察して取り入れられたものとされている。館長の前川は、限られた図書を積載する移動図書館によるサービスを提供している図書館にとっては、リクエストサービスがより重要であると述べており[9]、『市民の図書館』もまた、予約サービスを「図書館が「何でも」貸すことを実行する」上で重要な仕事と位置づけている。図書館間相互貸借についても、「中小レポート」では「公共図書館において、相互貸借は殆ど行なわれていない」との認識に立っていたものが、予約サービスの手法として採り入れられている。

---

9) 前川恒雄「予約サービス・その意義と問題点」日本図書館協会『図書館雑誌』第62巻9号, pp.26-30.

4 『市民の図書館』の影響

4.1 『市民の図書館』に対する反響

　本節では、『市民の図書館』の反響を、日本図書館協会によるまとめを通して見てみよう。そこでは、日野市立図書館が「『中小レポート』の理論を具体化する過程で、理論をさらに高め精密に固めていった」と評している。具体的には日野市立図書館は「中小レポート」理論を「そのままを実行した図書館であるが、実行の過程で新しい問題に直面し、これらを解決する努力の中から新しい理論を生み図書館サービス論をより広く、より鋭く鍛えていったのである。これによって、図書館の分野で理論の正しさが証明され、図書館員に理論への確信を持たせた」とされている。このことが、「正しい図書館理論を実現することも夢でないという気迫を図書館員に与え」、「図書館不振の原因は市民にあるのではなく、自治体と図書館にあること」を明らかにし、その後、1970年代の公共図書館の増加、年間貸出冊数の増加につながったというのである[10]。このような変化は図書館設立運動といった住民の側からの働きかけとも相互作用し、図書館活動の充実へと展開していくこととなる。

4.2 『市民の図書館』影響の波及

　このようななかで、北海道置戸町の町立図書館が人口1人あたり貸出冊数で日本一の記録を達成した。図書館問題研究会による調査によると、「置戸の発展は『市民の図書館』で述べられた3つの課題を実践する中で創られてきたもの」であり、「単なる機械的模倣だけでなくその自治体の状況にあった適用が必要なことはいうまでもないが、置戸の経験は、3つの課題がその応用の礎となる図書館の原則であることを示している」と『市民の図書館』の影響が評されている。

　その上で同調査は、「現時点からふりかえってみれば、置戸町立図書館の活

---

10) 日本図書館協会（1993）『近代日本図書館の歩み　本篇』.

動は特に目新しいものではない。それは現在の眼でみれば『あたりまえ』のことであり、『置戸の秘密は』と問われれば『あたりまえのことをキチンとやっていることだ』と答えることになる」と述べ[11]た上で、その「あたりまえのこと」の認識が必ずしも共有されていないなかで、『市民の図書館』をそのまま導入し、そのことによりできた「断層を自覚することによって、町村図書館がみずからの手で町村における図書館のあり方をさぐり、『市民の図書館』における住民と図書館のあり方を町村においても具現すべく努力していくべき」[12]として取り組みを続け、町村図書館としてのあり方を模索したところに、置戸町立図書館の活動の意義があると評している。

このほかにも、この時期には『市民の図書館』の影響を受けつつ、図書館づくりの活動を展開していった自治体の事例がさまざまに報告されている。

5 おわりに

まもなく刊行から50年を迎えようとしている現在でも、『市民の図書館』の考え方は図書館の現場に広く根づいている。その一方で、『市民の図書館』の示した運営方針が、ともすると当時における「従来型」の図書館活動を過度に萎縮させる結果をもたらしたのではないかとの見解も示されている。また、近年の図書館に対して出されているさまざまな要望は、あるいは地域の図書館が「身軽な」状態であり続けることを将来的に難しくするのかもしれない。しかし、新たな図書館経営論を生みだそうとした当時の取り組みには、現在でも学ぶ所は多いと思われる。ぜひ、これらの取り組みの記録などに目を通してほしい。

---

11) 図書館問題研究会編著（1981）『まちの図書館：北海道のある自治体の実践』日本図書館協会.
12) 沢田正春「町村図書館の立場から：『市民の図書館』をどう読んだか」日本図書館協会『図書館雑誌』第66巻5号, pp.14-15.

人名索引

あ 行

アーカート，D. J. 162
アイゼンステイン，E. 52
アウレリアヌス 18
足利義兼 181
足利義満 184
飛鳥井雅康 185
アスター，J. 127, 205
アッタロス1世 20
姉小路基綱 185
アムル・イブン・アル＝アース 19
アリスタルコス 13
アリストファネス 13, 17
有山崧 265, 273
アルクィン 29
アルドゥス・マヌトゥス 52
アルベルトゥス・マグヌス 36
アレクサンドロス3世 3
アンダーソン，B. 61
アンダーソン大佐 141
イートン，J. Jr. 132
石井敦 223
石井桃子 167
イシドルス 28-30
石上宅嗣 176
市川清流 206, 210
一条兼良 185
今沢慈海 233
ヴァテマール，A. 115
ヴァンスリック，A. 144
ウィーガンド，W. 139
ウィンザー，J. 130-131, 133
上杉憲実 181
ヴォルテール 77
エヴァレット，E. 108, 115-120, 124, 127
エウメネス2世 20
エーベルト，F. A. 80-82
エドワーズ，E. 151-154
エドワーズ，J. P. 155-156
エピファニオス司教 18
エラスムス 55
大内教弘 184
大内政弘 184
大内持盛 184
大内持世 184
大内盛見 184
大内義興 184
大内義隆 184
大内義弘 184
大江匡房 192
荻生徂徠 193
奥泉和久 223
長田富作 245
大仏時通 179
小野篁 181
オルデンブルク，H. 58
オング，W. 53

か 行

カーネギー，A. 126, 140-145, 155-156
カーノフスキー，L. 243
カーライル，T. 149-150
カール大帝（シャルルマーニュ） 29
カエサル，G. I. 17-18
カエサル，J. 17
カッシオドルス 26
カッター，C. 131-134, 138
加藤在止 200
カトラー，M. 138
金沢貞顕 179
カリマコス 13-17
河井弘志 78-79, 81
川崎良孝 86, 91, 105, 130
閑室三要 182
カント，I. 70, 72

279

キーニー,P. 241,243-245,252
ギトラー,R.L. 255-256,258-260
キャクストン,W. 51
曲亭馬琴 200
清原教隆 178
清原頼業 176
クウィンシー,J. 115,217
グーテンベルク,J. 48-52
九条兼実 176
虞世南 176
九戸政実 182
クラップ,V.W. 248
グリーン,S. 134
グリーンウッド,T. 152,156
クレオパトラ 18
黒田一之 265-266
グロティウス 91
桂庵玄樹 184
ゲスナー,C. 58,76
ゲスナー,J.M. 72-73
ケニヨン,F.G. 161
ゲラー,E. 134,139
光明皇后 174
コグズウェル,J. 127,205
小松原英太郎 228,230
コルウェル,E. 166
近藤重蔵 178
ゴンパーズ,S. 141

さ 行

サヴィジ,E. 157
佐野友三郎 219,223,227-229
サロ,D. 57
三条公敦 185
三条西実隆 184-185
ジャスト,L.S. 157,159
シェーファー,P. 51
シェラ,J. 116
ジョンソン,S. 62,148
シクストゥス4世 42
柴沼直 248,250
シャートリフ,N. 123
シャルチエ,R. 53,55

ジューエット,C. 93-95,124
シュレッティンガー,M. 70,77-83
聖徳太子(厩戸皇子) 171-173
聖武天皇 174
昭明太子 174
スウィフト,J. 61
ストラボン 6,9
スパッフォード,A. 134
セイヤーズ,W.C.B. 157,159,166
関正成 190
ゼノドトス 13
ゼノビア 18
宗祇 184
蘇我馬子 172
ソルボン,R. 38
尊者ベーダ 30

た 行

ダウンズ,R.B. 252,257-258
武田千代三郎 227
竹林熊彦 207
田中稲城 228-229
田中不二麿 211-218,220-221
ダランベール,J. 72,75-76
チェタム,H. 148
チェンバース,R. 76
智憬 174
ツェツェス 12-13
津田仙 221
坪谷善四郎 233
ティクノア,G. 95,117-120,127
ディツィオン,S. 118
ディドロ,D. 59,72,75
テオフィルス 19
テオン 19
手島精一 216
テニソン,T. 148
デフォー,D. 61
デメトリオス 5
寺中作雄 246
デューイ,M. 126,132-140,218
道証 185
十市遠忠 185

人名索引

徳川家光　189,194
徳川家康　180,183,188-189
徳川綱吉　194
徳川吉宗　191-193
トマス・アクイナス　36
ドミニクス　35
豊臣秀次　180,182-183
豊臣秀吉　180,182-183,187
豊臣秀頼　187

　　　　　な　行

永井久一郎　215
中井正一　250,253
中田邦造　223,236-237,244,250,252
名村五八郎　205
ニコラウス5世　42
ニコルソン，E.W.　158
ニュートン，I.　62,90
西尾正保　190
西川如見　200
西崎恵　253
西村竹間　228
二条良基　184
ネルソン，J.M.　245-247,249,253-255
能阿弥　185
ノーデ，G.　67-70
野之口隆正　199

　　　　　は　行

バークベック，G.　150
バートラム，J.　142
バーナード，F.　136
バーネット，P.　245,247-252
ハーバーマス，J.　61
バウカー，R.　133
畠山義成　216
羽田野敬道　198
羽田野敬雄　198
パニッツィ，A.　153,206
林鵞峯　194
林羅山　189,194
ハリス，S.M.　98
ハリス，W.　132,213-214

ハンフリー公　39
ヒエロニュムス，E.S.　25,28,33
ビュデ，G.　67
ヒュパティア　19
平田篤胤　198
ビリングス，J.　131
ブーディロン，H.T.　163
プール，F.　131,133-134
フェアウェザー，J.　252-253
フェリペ2世　65
福澤諭吉　206-209,258
藤野幸雄　74
藤森弘庵　200
フスト，J.　50-51
プトレマイオス1世ソテル　4-7,11
ブラウン，C.H.　248
ブラウン，D.　256
ブラウン，J.D.　157-158
フランクリン，B.　84-92
フランソワ1世　67
フランチェスコ　35
フリードリヒ1世　59,71
プリニウス，G.　20-21,76
プルタルコス　12
ブレイ，T.　148
ブレット，W.　142
フロイス，L.　182
ベイカー，E.B.H.　164
ベーコン，F.　52
ペトラルカ，F.　52
ベネディクトゥス　25-26
ベルナール　33
ベンサム，J.　150
北条氏政　180
北条実時　178
北条泰時　178
星合具枚　190
ボドリー，T.　67
ボナヴェントゥラ　36

　　　　　ま　行

前川恒雄　273,276
マクルーハン，M.　53

281

町田久成　209-211
松尾友雄　236-237
マッコルヴィン, L. R.　157,161-162
松本喜一　234
マン, H.　107-113
三雲成賢　190
源頼朝　178
箕作阮甫　208
ミューディ, C.　149
ミル, J. S.　150
ミルトン, J.　60
室鳩巣　200
目賀田種太郎　218-219
物部守屋　172
もり・きよし　223
森田岡太郎　203
モルレー, D.　214,220
モンテスキュー　59,72,77

や　ら　わ　行

八木原喜代松　202
ユーワート, W.　151
ヨーフム　79
ラーニド, J.　138
ライト, C.　150
ライプニッツ, G. W.　62,73-75
ランガナータン, S. R.　157
リーボルト, F.　133
リチャードソン, S.　100
龍派禅珠　183
リンド, W.　102
ルソー, J. J.　59,72
ルター, M.　55-56,64-65
冷泉為相　178
ロウソン, S.　100
ロスト, G.　66,81
ロック, J.　72,85,89-90
ロニー, L.　207
ロバーツ, S. C.　163
ワイト, J.　116
和田万吉　223

事項索引

欧　文

1876年図書館員大会　132-134,139,218
CIE 映画　257,261
CIE 図書館　242,248,256-258
CILIP（Chartered Institute of Library and Information Professionals）　159
Journal des sçavans　57
papier　44
Philosophical Transactions　58
WASP　126,134-135,144-145

あ　行

アイルランドじゃがいも大飢饉　117
『青砥藤綱模稜案』　200
アカデミー　58,71
アカデミーフランセーズ　71
秋田県立秋田図書館　227
悪書　139
『赤穂実録』　200
浅草文庫　213
足利学校　180-183
足利学校遺蹟図書館　183
アスター図書館　127-128,142,203-205,212
『吾妻鏡』　179
『アダムズ報告』　160
アッシジ修道院図書室　37
アッパー・ホール　122-124,129-130
アメリカ議会図書館　204,212,215,256
アメリカ対日教育使節団　243
アメリカ独立宣言　84,90
アメリカ独立戦争　59,84,97
アメリカ図書館協会　134,138-140,218,255-258,263
アメリカン・ドリーム　129
『アメリカン・ライブラリー・ジャーナル』　133
アリストテレス学派（ペリパトス学派）　6
アルマリウス　32

アルマリウム　27,33-34
アレクサンドリア図書館　6-23
イギリス王立協会　58,71
移動図書館　157,270,273,276
移民の国民化　110
岩倉使節団　211
インキュナブラ（揺籃期本）　50
印刷カード　272
『インデックス・メディカス』　132
ウィヴァリウム　26
ウェルズ大聖堂　40-41
『ヴォランズ報告』　162
『ウルガタ聖書』（ウルガタ訳『聖書』）　27,56
芸亭　176
『英国における古の学者と著者の書物の一覧』　44
『映像でみる戦後日本図書館のあゆみ』　261
エスコリアル宮殿　65-66
「応写疏本勘定目録」　174
大内版　184
『大岡忠相政務実録』　200
大坂の陣　188
大橋図書館　232
大広間図書館　66
置戸町立図書館　277-278
オックスフォード大学　37-39,67,153
『臣連伴造国造百八十部并公民等本記』　172
音読　42-43,54

か　行

カーネギー英国財団　156
カーネギー図書館　140-145,156
会員制図書館　84,87-89,93-94,96,149-150,220
改正図書館令　234-237
開架制（開架式）　140,142-143,157,227,233,261
『海防備論』　200
『戒律』　25,35
学術雑誌　57-58

283

学術図書館　23
学生図書館　94
革新主義運動　144
貸出図書館（貸出部門）　47,121
貸出手続き　120-121,199,276
貸本屋　102,149,198
カトリック　56,118
『花鳥余情』　185
「学監考案日本教育法」　220
学校区図書館　94,112-114,212
学校図書館　228,252
『学校図書館の手引き』　250,252
学校区図書館文庫　114,118
学生中央図書館　161
学問（文字）の共和国　57
活版印刷　49-57
神奈川県立金沢文庫　180
金沢文庫　178-180
紙　49
カルトゥジオ会修道院　35
カロリング朝小文字書体　30
カロリング・ルネサンス　29
館外貸出　120-121,130,196,200,229,233,266,273
館外奉仕　267,269
監視　143
『管子』　172
巻子本　10-11,178
「キーニー・プラン」　243-244
機会の均等　111-112,129
「95ヶ条の提題」　55
教育令　221
教区図書館　148
経蔵　173
共通文庫（Bibliotheca publica）　37
共和主義　109-110,118
『玉葉』　176
キリスト教　19,24,26,28-29,48,56,90,99,108-109,132,207
『禁書目録』　56
金属活字　49
「金めっき時代」　140-141
「グーテンベルク聖書」（42行聖書）　50,207

鎖付き図書館　45-47
クレルヴォー大修道院　34
『群書治要』　179
敬田院　173
啓蒙主義（啓蒙思想）　59,70-73,75-77
啓蒙専制君主　59,65
『啓蒙とは何か』　70
結縄　171
決定版写本　12
ゲッティンゲン大学　72
『ゲッティンゲン学術批評』　75
『ケニヨン報告』　161
『元治増補御書籍目録』　190
『源語秘訣』　185
『源氏物語』　179
元和偃武　188
ケンブリッジ　38,153-154,219
憲法十七条　172
公開書架　228
公開制　117
『孝経』　172
公共圏　61
公共図書館　23,146-147,151-166,198,200,216,220,224,238,243,251,253,259,267-268,273-274,276
公共図書館・博物館法　164
公共図書館法　146-148,151-155
「公共図書館法案」　246-247,253
『康熙字典』　196
『孝義録』　200
『江次第』　192
皇室図書館　65
「格子なき図書館」　257,261
工場付設図書館　102-103
高知市民図書館　276
公費負担　117
興福寺　173
公民館　246,251,262
『綱要』　26
公立図書館　106,115-117,120,124,126-127,131-132,138,140-142,218,224-226,232,254,262
興隆寺　186
コーデクス・アミアティヌス　27

事項索引

コーデクス・グランディオル　26
コーヒーハウス　61,85,148
五経註疏本　181
国民国家　61
国立公文書館　193
国立国会図書館　248,252,256-258
『語源誌』　28
『古事記』　199
御成敗式目　179
『国記』　172
小松原訓令　228-232
コロンビア大学　136,138

さ 行

サービス・エリア　268
「最善の読書」　138
ザクセン州立図書館　65
ザクセン選帝侯図書館　65
『雑誌記事索引』　131
冊子本（コーデクス）　10,43,53
サロン　71
産業革命　110
『三経義疏』　172
ザンクト・ガレン修道院　29-33
『ザンクト・ガレン修道院の書物概要』　32
参考図書　119,121,124,196,270
参考図書館（参考部門）　47,119,257
三十日伺　192
サンフランシスコ商業図書館　207
『三略』　188
シカゴ万国博覧会　138
『史記抄』　182
『詩経』　172
司書　11-13,16,139,197,226
『辞書体目録規則』　131,134
自助努力　141
「市町に公立図書館を設立し維持する権限を付与する法律」　116
四天王寺　173
児童閲覧室（児童室）　143,157,166,218-219,227-229,231,233
児童図書　270,273
児童分館　143

シトー会　33-35
四部分類　190
『市民の図書館』　272-278
ジャーナリズム　59
『シャーロット・テンプル』　100
社会改革運動　144
社会教育法　250-251,262
写経所　174-175
ジャパン・ライブラリースクール（JLS）　241,255-260
写本　11,29-32,36-37,39,49,202
『シャルトルーズ修道院慣習律』　35
ジャントー　85-89
『周易註疏』　181
宗教改革　55-56,64
修道院平面図　30-31
鞣皮紙　21,30-31,43,45
住民の資料要求　267
『十問最秘抄』　184
自由労働　128
「示諭事項」　221
主題別書誌　16
十進分類法　132-133,138
熟練工　129
『春雨楼詩抄』　200
巡回文庫　137-138,227-229,231
『春秋』　172
『春秋左氏伝』　179
『春秋左氏伝註疏』　181
ジェンダー　129
松蔭学舎　199
『貞観政要』　176
商業図書館　102-104
『尚書』　172
『尚書正義』　181
『上宮聖徳法王帝説』　171
「少年少女の家」　167
昌平坂学問所　194-196,204
『勝鬘経義疏』　172
照明　45,98
称名寺　179
上流階級　89,128,139
『続日本紀』　179

285

職人　129
『続本朝文枠』　179
書見台　36,38,40,42,45-46
書誌学　58
書籍院　206
書籍館　203-205,209-211,213,216-222
職工　99,101,111,129,150
職工講習所　149-150
書物奉行　190,192-193
書物方同心　193
所有者図書館　96
市立図書館　233,265,274
『市立図書館と其事業』　233
市立日比谷図書館　233-234
資料提供　267,274
資料費　270
『神学大全』（Summa theologica）　36
新聞　60-61
新聞雑誌・書籍縦覧所　221
人文主義　49,55
『隋書』　171
「スコラ学的読書」　43
図書寮　175
ストゥディウム・ゲネラーレ　37
スプートニク・ショック　162
『すべての人に無料の図書館』　144
素読吟味　195
駿河版　188
駿河文庫　189
性別役割分業　129
成徳書院　196
生活給　141
製造者と村の図書館　102
聖ドメニコ修道院図書室　36
『西洋事情』初編　207-209
整理業務　269
聖ローマ教会文書館（聖ラテラノ閲覧室）　28
セイラム・ソーシャル・ライブラリー　93
『世界書誌』　58,76
セツルメント運動　144
セラペウム　5,8-9,17
全国図書館大会　263
戦時情報局（OWI）　256

セント・マーティン小修道院　44
『千字文』　171,179
「専門職」　133
総貸出冊数　265
総合目録　132,161-162
想像の政治共同体　61
ソーシャル・ライブラリー　84-85,93-104,106,116
『蔵乗法数』　184
蔵書計画　270
蔵書の家　200
ソルボンヌ学寮図書室　38

た　行

大英博物館　75,158,161,203,209,215
大英博物館図書館　149,153,206,208,210
大学図書館　38-39,80-81,94,132,136,219
大逆事件　229
『大蔵経』　184
大日本教育会附属書籍館　221,232
『太平御覧』　182
『太平国恩俚譚』　200
托鉢修道会　36
ダラム図書館会社　97
地域資料　229
竹簡　173
中央図書館制度　237-238,244,247,249,253
中産階級　128-129,135,139,144-145,274
『中小都市における公共図書館の運営』　265
「中小レポート」　265,267-268,270-273,275-276
著作権　61-62,209
賃金労働者　111,128
通俗　119-120,124
通俗図書館　119,222
『帝王略論』　176
『帝鑑図説』　187
帝国教育会書籍館　232
帝国図書館　215,226
帝国図書館官制　224,226
帝室ロシアアカデミー　71
丁未の乱　172
『手に負えない改革者』　139
寺子屋　198

点字資料　137
展開分類法　138
「天使の塔」　42
『天皇記』　172
銅活字　188
東京 CIE 図書館　248,256
東京書籍館　214-216,220
東京市立図書館　232-234
東大寺　173
同盟貸附　233
『徳川実紀』　189
読書相談　267
『図書館員はいかなる人間であらねばならぬか』　72
図書館員養成　132,226
図書館学　77-80,136,139,255,259
『図書館学教科書試論』　78-79
『図書館学ハンドブック』　78-79
図書館学校　80,82,136,138
図書館間相互貸借　137,233,276
『図書館管理法』　228
図書館基準　266
図書館協会（イギリス）　146,158-159,161
図書館協議員会　249-250
図書館経営論　267
図書館サービス論　277
『図書館雑誌』　263
『図書館書籍標準目録』　230
『図書館人物事典』　223
「図書館設立ニ関スル注意事項」　229-232
『図書館設立のための助言』　67-70
『図書館世界』　158
図書館担当官　241,243,245,247,252
図書館統計　271
図書館附帯施設論争（附帯施設論争）　236-237,244
「図書館の自由に関する宣言」　263-264
図書館法　116,126,146,165,226,243-255,262,267
図書館奉仕　267
『図書館法成立史資料』　252
図書館問題研究会　277
図書館令　222,224-226,234-236,244,246,250

徒弟　129
徒弟図書館　99,102-103
ドミニコ会　35-36
「富の社会還元」　141
『ドン・キホーテ』　54

な　行

内閣文庫　193
新潟県立図書館　261
日曜開館　131
「日本教育令」　220
『日本書紀』　171
日本図書館協会　226,246,250-251,254,263,265,272,277
『日本の教育』　257
日本文庫協会　226
ニューポート職工徒弟図書館　101
ニューヨーク公立図書館　132,142
ニューヨーク州立大学　137-138
入館票　276
粘土板　14
農談会　221
納本制　67,208,215

は　行

ハーヴァード大学　92,107,116,131,204,215
バイエルン学術アカデミー　71
バイエルン皇室図書館　78
バイエルン州立図書館　65
バイブル（bible）　11
博物館法　147,152
『博物誌』　20
パシフィック工場図書館　103
羽田八幡宮文庫　198-200
パピルス　10-11
パブリック・ライブラリー　93-95,99,214,216,218
『パミラ』　100
パリ大学　36-38
藩校　196
藩校付属文庫　196
秀頼版　187
ピナケス　14,16

日野市立図書館　273,276-277
ビブリオシカ・アレクサンドリア　21
『百人一首』　199
『百姓嚢』　200
『百科全書』　59,72,75-77
貧困　111,144
フィクション　54,100-102,113,118,124,130
フィラデルフィア図書館会社　84,87-93,96-97,208
フィラデルフィア万国博覧会　215,218
フォッサ・ヌオーヴァ修道院　34
複本　119,121
富士見亭文庫　180
伏見版　188
婦人閲覧室　123,228-229,231
婦人会　144
『風土記』　179
プトレマイオス朝エジプト　3-4
『フランクリン自伝』　84,91-92
フランス革命　59,67,72
フランス国立図書館　67,207-208
フランシスコ会　35-37,44,47
ブリティッシュ・ライブラリー　160,164
プロイセン学術アカデミー　71
プロテスタント　108-109,129
分館　131,142-143,165,214,229,231,267
文久元年遣欧使節　206
『米国学校法』　220
『米国教育年表』　216
『米国図書館特別報告』　94,134,214,216,220
『米国百年期博覧会教育報告』　216-217
ペキア・システム　39
ベネディクト改革　53
ホイッグ(党)　90,107,117
『北条九代記』　179
法隆寺　173
ボストン・アセニアム　95-96,128,131
ボストン公立図書館　107,115-125,129-130,132,218-219
ボストン公立図書館理事会　120
ボストン職工徒弟図書館　103
『法華義疏』　172
『法華経』　184

ボドリー図書館　67,153
ボルティモア商事図書館　103
ボルティモア図書館会社　101
ボローニャ大学　37
『本朝通鑑』　194

ま 行

『枕草子』　179
マサチューセッツ州学校区図書館法　113-114
マサチューセッツ州教育委員会　108,112-114
マサチューセッツ植民地　90,107
『マッコルヴィン報告』　162
マラテスタ図書館　47
万延元年遣米使節　204
マンチェスター公共図書館　153-154,157
「見えざる国教」　109
民間情報教育局（CIE）　241-243,245,247-257
ムセイオン　6-7,9,13,17,23
無料公開　117,126,151,214,216,226,233,243-247,249-251,254-255,267
『孟子』　172,200
『毛詩註疏』　181
木活字　188
木簡　173
木版印刷　198
黙読　42-43,53-55
紅葉山文庫　190-193,208,210
『文選』　174,180
文部省書籍館　209-211,213
文部省図書館員教習所　227

や ら わ 行

夜間開館　196,215
野州足利学校置五経疏本条目　181
山口県立山口図書館　219,227-228
山口殿中文庫　185-186
有料公開　226,234
ユニテリアン　108,117-118
羊皮紙　10,21,49
「汚れた金」　141
読み聞かせ　144
読本　201
ライシアム　94

ライヒェナウの修道院　30
ライブラリー・ビューロー　138
ラテン語　26-27, 47, 52, 91
ランス大聖堂　39, 44
『李花集』　185
リクエストサービス　276
『六諭衍義大意』　200
『六韜』　188
『理事功程』　211-212
『理趣分』　184
律令　175
良書主義　132
良書目録　139
リンカーン大聖堂　40
『類聚三代格』　179
ルネサンス　49
『礼記』　172, 179

『礼記正義』　181
『霊魂の神への旅路』　36
歴史主義　81-82
『列子』　179
レッドウッド図書館　99
レファレンス　119, 139, 192-193, 275
ロアー・ホール　123-124, 129-130
労働者階級　128-129, 135
ローマ教皇庁図書館　40, 42
ロシア帝室図書館　207
ロゼッタストーン　7
ロックフェラー財団　260
『ロバーツ報告』　163
『論語』　171-172
ロンドン図書館　149, 155
分かち書き　53-54

監修者紹介

山本順一（やまもと・じゅんいち）
　早稲田大学第一政治経済学部政治学科卒業。早稲田大学大学院政治学研究科博士課程単位取得満期退学。図書館情報大学大学院図書館情報学研究科修士課程修了。桃山学院大学経営学部・大学院経営学研究科教授を経て、現在、放送大学客員教授。『メディアとICTの知的財産権　第2版』（未来へつなぐデジタルシリーズ）（共著、共立出版、2018）『行政法　第3版』（Next教科書シリーズ）（共著、弘文堂、2017）、『情報メディアの活用　3訂版』（共編著、放送大学教育振興会、2016）、『IFLA公共図書館サービスガイドライン　第2版』（監訳、日本図書館協会、2016）、『新しい時代の図書館情報学　補訂版』（編著、有斐閣、2016）、『図書館概論：デジタル・ネットワーク社会に生きる市民の基礎知識』（単著、ミネルヴァ書房、2015）、『シビックスペース・サイバースペース：情報化社会を活性化するアメリカ公共図書館』（翻訳、勉誠出版、2013）、『学習指導と学校図書館　第3版』（監修、学文社、2013）、など。

執筆者紹介（＊は編著者、執筆順）

中山愛理（なかやま・まなり）**第1章**
　筑波大学大学院図書館情報メディア研究科博士後期課程修了。博士（図書館情報学）。現在、大妻女子大学短期大学部国文科准教授。『情報サービス演習：地域社会と人びとを支援する公共サービスの実践』（編著、ミネルヴァ書房、2017）、『現代の図書館・図書館思想の形成と展開』（共著、京都図書館情報学研究会、2017）ほか。

雪嶋宏一（ゆきしま・こういち）**第2章**
　早稲田大学第一文学部卒業。早稲田大学図書館司書を経て、現在、早稲田大学教育・総合科学学術院教授。『近代人文学はいかに形成されたか』（共著、勉誠出版、2019）、『天文学と印刷：新たな世界像を求めて』（共著、印刷博物館、2018）、『旅の書物／旅する書物』（共著、慶應義塾大学文学部、2015）ほか。

河村俊太郎（かわむら・しゅんたろう）**第3章**
　東京大学大学院教育学研究科博士課程単位取得退学。博士（教育学）。現在、東京大学大学院教育学研究科准教授。『東京帝国大学図書館』（東京大学出版会、2016）、『図書館情報学教育の戦後史』（分担執筆、ミネルヴァ書房、2015）ほか。

*三浦太郎（みうら・たろう）第4章、第5章・コラム、第11章・コラム、第13章・コラム
　編著者紹介欄参照。

松崎博子（まつざき・ひろこ）第6章、第7章
　筑波大学大学院図書館情報メディア研究科博士後期課程修了。博士（図書館情報学）。現在、就実大学人文科学部 総合歴史学科准教授。『図書館人物事典』（共著、日外アソシエーツ、2017）、『新しい時代の図書館情報学』（共著、有斐閣、2013）ほか。

藤野寛之（ふじの・ひろゆき）第8章
　聖徳大学大学院児童学研究科児童学専攻博士後期課程修了。博士（児童学）。現在、阪南大学国際コミュニケーション学部教授。『ブリティッシュ・ライブラリーの起源：成立背景と初期の図書館活動』（金沢文圃閣、2020）、『アメリカの児童図書館・学校図書館：サービス活動の先駆者たち』（編著、日外アソシエーツ、2015）ほか。

新藤　透（しんどう・とおる）第9章、第10章
　筑波大学大学院図書館情報メディア研究科博士後期課程修了。博士（学術）。現在、國學院大學文学部日本文学科教授。『戦国の図書館』（東京堂出版、2020）、『図書館の日本史』（勉誠出版、2019）、『図書館と江戸時代の人びと』（柏書房、2017）、『北海道戦国史と松前氏』（洋泉社、2016）ほか。

小黒浩司（おぐろ・こうじ）第12章
　大東文化大学大学院文学研究科中国学専攻博士前期課程修了。現在、作新学院大学人間文化学部心理コミュニケーション学科教授。『図書館用品カタログ集成 戦前編・戦後編』（編・解題、金沢文圃閣、2016-2019）、『図書館サービス概論：ひろがる図書館のサービス』（編著、ミネルヴァ書房、2018）ほか。

泉山靖人（いずみやま・やすと）第14章
　東北大学大学院教育学研究科教育学博士後期課程単位取得退学。現在、東北学院大学教養学部人間科学科准教授。『現代教育制度改革への提言（下巻）』（共著、東信堂、2013）、『生涯学習：多様化する自治体施策』（共著、東洋館出版社、2010）ほか。

《編著者紹介》

三浦太郎（みうら・たろう）
　東京大学文学部言語文化学科卒業。東京大学大学院教育学研究科博士課程単位取得退学。
　現　在　明治大学文学部教授。
　主　著　『図書館研究の回顧と展望』（共著、松籟社、2020）
　　　　　『図書館と読書をめぐる理念と現実』（共著、松籟社、2019）
　　　　　『現代の図書館・図書館思想の形成と展開』（共著、京都図書館情報学研究会、2017）
　　　　　『新しい時代の図書館情報学　補訂版』（共著、有斐閣、2016）
　　　　　『図書館情報学教育の戦後史』（共編著、ミネルヴァ書房、2015）ほか。

講座・図書館情報学⑫
図書・図書館史
──図書館発展の来し方から見えてくるもの──

2019年8月20日　初版第1刷発行　　　　　　〈検印省略〉
2021年1月20日　初版第2刷発行

定価はカバーに
表示しています

編著者　三　浦　太　郎
発行者　杉　田　啓　三
印刷者　藤　森　英　夫

発行所　株式会社　ミネルヴァ書房
607-8494　京都市山科区日ノ岡堤谷町1
電話代表　(075)581-5191
振替口座　01020-0-8076

© 三浦ほか，2019　　　　　　　　　　　亜細亜印刷

ISBN978-4-623-08472-2
Printed in Japan

山本順一 監修

講座・図書館情報学

全12巻

A 5 判・上製カバー

---

* ①生涯学習概論　　　　　　　　　　　　前平泰志 監修，渡邊洋子 編著
* ②図書館概論　　　　　　　　　　　　　　　　　　　　山本順一 著
* ③図書館制度・経営論　　　　　　　　　　　　　　　　安藤友張 編著
* ④図書館情報技術論　　　　　　　　　　　　　　　　　河島茂生 編著
* ⑤図書館サービス概論　　　　　　　　　　　　　　　　小黒浩司 編著
* ⑥情報サービス論　　　　　　山口真也・千　錫烈・望月道浩 編著
  ⑦児童サービス論　　　　　　　　　　　　林左和子・塚原　博 編著
* ⑧情報サービス演習　　　　　　　　　　　　　　　　　中山愛理 編著
* ⑨図書館情報資源概論　　　　　　　　　　　　　　　　藤原是明 編著
* ⑩情報資源組織論［第 2 版］　　　　　　　　　　　　　志保田務 編著
* ⑪情報資源組織演習　　　竹之内禎・長谷川昭子・西田洋平・田嶋知宏 編著
* ⑫図書・図書館史　　　　　　　　　　　　　　　　　　三浦太郎 編著

（＊は既刊）

――― ミネルヴァ書房 ―――
http://www.minervashobo.co.jp/